L'ART DE PARLER,

AVEC

UN DISCOURS

dans lequel on donne une idée de l'Art de Persuader.

TROISIE'ME EDITION.

Reveuë & augmentée.

A PARIS,

Chez ANDRE' PRALARD, ruë S. Jacques, à l'Occasion.

M. DC. LXXVIII.

AVEC PRIVILEGE DU ROY.

Paraphé suivant le procez verbal
de ce jour 3 avril 1691.
DELABARNIE

PREFACE.

ON se forme ordinairement cette idée de la Rhetorique, que pour parler éloquemment, il suffit de remplir sa memoire des preceptes qu'elle prescrit. Dans cette pensée, plusieurs lisent avec ardeur les Livres qui se font sur cette matiere; mais comme aprés cette lecteure, ils ne se trouvent gueres plus éloquens qu'auparavant, ils se persuadent que c'est la faute de l'Auteur qui n'a pas découvert le secret de l'Art qu'il avoit entrepris de traiter; ainsi ne recueillant pas le fruit qu'ils esperoient, ils n'ont que du dégoût & du mépris de ses Ouvrages.

Je ne me flatterois pas d'un meilleur sort pour cét Ouvrage, si celuy qui en est Auteur n'avoit évité un défaut tres-considerable, qui fait que l'on ne tire presqu'aucun fruit des Livres de Rhetorique.

Il ne propose pas comme on le fait ordinairement une foule de preceptes, qui ne font que charger la memoire & embarrasser l'esprit : il travaille à faire connoistre le fond de l'Art qu'il traite, & ses principes naturels, qui étant bien compris, font qu'on n'a pas besoin d'une multitude de regles qui s'échapent de la memoire presque aussi-tost qu'elles y sont entrées.

Pour faire comprendre les veritables raisons des principes de la Rhetorique, l'Auteur commence d'abord par expliquer comment se forme la parole: & pour apprendre de la nature méme, la forme que doivent avoir lés paroles pour exprimer nos pẽsées & les mouvemens de nostre volonté, il se propose de nouveaux peuples nez dans un nouveau monde, sans le secours d'une langue naturelle pour s'entre-communiquer leurs pensées. Il étudie ce que feroient ces hommes. Il montre qu'ils s'appercevroiẽt bien tost de l'avantage de la parole, & qu'ils se feroient un langage. Il recherche quelle forme ils luy donneroient, & par cette recherche il découvre les fondemens de toutes les Langues, & rend raison de toutes les Regles que prescrivent les Grammairiens. Peut estre que cette recherche paroistra peu considerable à quelques-uns qui seront rebutez de la lecture de cét Ouvrage, quād ils verront dans les premieres pages que l'on y parle de noms substantifs, d'ajectifs, de déclinaisons, de verbes, de conjugaisons, &c. Mais outre que la suite fera voir que cette recherche est utile pour apprendre les Langues avec plus de facilité, & pour les parler avec plus d'exactitude ; l'ordre ne permettoit pas de passer sous silence ces petites choses, qui sont la partie la plus importante de l'Art de Parler, comme Quintilien, l'un des plus excellens Maistres de Rhetorique qui ait jamais esté, le reconnoist en les comparant aux fondemens d'ū édifice, qui en sont la partie la plus necessaire, quoy qu'ils ne paroissent point.

Aprés que ces nouveaux Hommes ont joüé leur persōnage; l'Auteur déclare quelle a esté la veritable origine des Lāgues, & que ce n'est pas le hazard qui a fait trouver aux Hommes l'usage de la parole. Il fait voir neanmoins que le lāgage est soûmis à leur volonté, & que la coûtume ou le consentement commun des hommes exerce un empire absolu sur les mots. C'est pourquoy aprés qu'il a montré quelles sont les Loix que la raison prescrit, il donne des regles pour connoiſtre quelles ſont les Loix de la Coûtume, & ce qu'il faut faire pour les éprouver.

Dans le ſecond Livre, il fait remarquer que les Langues les plus fecondes ne peuvent fournir des termes propres pour exprimer toutes nos idées, & qu'ainſi il faut avoir recours à l'artifice, empruntant des termes de choſes à peu prés ſemblables, ou qui ont quelque liaiſon, & quelque raport avec celles que nous voulons ſignifier, & pour leſquelles l'uſage ordinaire ne donne point de noms propres. Ces expreſſions empruntées ſe nomment *Tropes*. L'on parle de toutes les eſpeces de Tropes, & de leur uſage. L'on remarque dans ce méme Livre, que comme la nature a tellement diſpoſé nôtre corps qu'il prẽd des poſtures propres à fuir ce qui luy peut nuire, & qu'il ſe diſpoſe naturellement de la maniere la plus avantageuſe pour recevoir ce qui luy fait du bien, auſſi la nature nous porte à prẽdre de certains tours en parlant, capables de produire dans l'eſprit de ceux à qui nous parlons les effets que nous ſouhaitõs, ſoit que nous voulions les porter à la colere ou à la douceur, à la haine ou à l'amour. Ces tours ſe nomment *Figures*. L'Auteur traite des

Figures avec un ſoin tout particulier, ne ſe contentant pas de propoſer leur nom avec quelques exemples, comme on le fait ordinairemẽt; il fait cõnoiſtre la nature de chaque Figure, & l'uſage que l'on en doit faire.

La facilité avec laquelle l'on parle, & le plaiſir que donne un diſcours bien prononcé ont porté les hommes, comme le remarque l'Auteur au commencement de ſon Ouvrage, à ſe ſervir de la parole plûtoſt que d'aucun autre ſigne pour exprimer leurs penſées. Ils ſe ſont étudiez à trouver dans l'arrangement des mots, ce qui fait que le diſcours ſe prononce plus facilement, & qu'il eſt entendu avec plus de plaiſir. L'on parle avec étenduë dans le troiſiéme Livre de ces choſes, de ce qu'il faut éviter, de ce qu'il faut obſerver dans l'arrangement des mots pour la facilité de la prononciatiõ, & pour donner du contentement aux oreilles. C'eſt en ce lieu-là que l'on traite des Periodes, que l'on explique l'artifice de la Verſification; & aprés avoir fait remarquer ce qui peut plaire aux oreilles dans le ſon des paroles, l'on montre commẽt les regles que les Maiſtres preſcrivẽt pour la compoſition des Periodes, & la ſtructure des Vers en toutes les Lãgues, ont pour fin de faire trouver dans le discours les conditions qui en rendent la prononciation facile & agreable.

Le dernier Livre traitte des Stiles, ou manieres de parler que les Hommes prennent selon leur inclination, & leurs dispositions naturelles. On propose quelque Avis pour regler ces Stiles ? & parce que chaque matiere veut étre traité d'une maniere qui lui convienne, l'Auteur enseigne comment l'on doit s'élever, ou s'abaisser à proportion que la matiere qui se traite est petite ou grande: comment la qualité du discours doit exprimer la qualité du sujet, étant doux ou fort, austere ou fleury selon que la nature de ce sujet le demande. Il examine quel doit estre le stile des Orateurs, des Poëtes, des Philosophes, des Historiens. Enfin dãs la conclusion de cét Ouvrage, il parle des ornemens du discours qu'il fait voir étre une suite de l'exactitude avec laquelle un discours à esté cõposé selon les Regles qu'il à prescrites.

Ces quatre Livres de l'Art de Parler sont suivis d'un Discours dans lequel l'Auteur donne une idée de l'Art de Persuader. Il rend raison à l'entrée de ce discours pourquoy il a separé cét Art de l'Art de Parler. Il n'est pas necessaire que j'allegue icy ces raisons. Quoy que ce discours soit fort court, je croy neanmoins que l'on y trouvera connoissance plus parfaite de l'Art de Persuader que dans les gros volumes que l'on a composez sur cette matiere. Ainsi l'Auteur découvrant les veritables fondemens de l'Art de parler, & de Persuader, qui sont renfermez dans l'idée que nous avons de la Rhetorique, j'espere que ceux qui liront cét Ouvrage en retireront un fruit qui ne se rencontre point dans les Rhetoriques ordinaires, ou l'on ne propose que des regles dõt on ne fait point cõnoistre les principes.

Quand cette nouvelle Rhetorique ne donneroit que des connoissances speculatives, qui ne rendent pas éloquent ceux qui les possedent, la lecture n'en seroit pas inutile. Car pour découvrir la nature de cét Art, l'on fait plusieurs reflexions importantes sur nostre esprit dont le discours est l'image, qui pouvant cõtribuer à nous faire entrer dans la connoissance de ce que nous sommes, meritent que l'on y fasse attention.

Outre cela je suis persuadé qu'il n'y a point d'esprit curieux qui ne soit bien aise de connoistre les raisons que l'on rend de toutes les regles que l'Art de Parler prescrit. Lorsque l'Auteur parle de ce qui plaist dans le discours, il ne dit pas que c'est *un je ne ſcai quoy*, qui n'a point de nom, il le nomme, & conduiſant juſques à la ſource de ce plaiſir, il faut appercevoir les principes des regles que ſuivent ceux qui ſont agreables. Ce qui doit donner plus de ſatisfactiõ que les Ouvrages mémes de ceux qui plaiſent en pratiquãt ces regles. Car enfin les plaiſirs de l'eſprit ſont preferables à ceux qui touchent le corps. Ce ſeroit un déreglement, dit S. Auguſtin, que de preferer le plaiſir que cauſe la cadence des Vers à la cõnoiſſance de l'artifice avec lequel on les compoſe, puiſque ce ſeroit une marque qu'on feroit plus d'état des oreilles que de l'eſprit. *Nonnulli perversè, magis amant verſum, quàm artem ipſam quâ conficitur verſus; quia plus auribus, quàm intelligentiæ ſeſe dederunt.*

Cét Ouvrage ſera particulierement utile aux jeunes gens, parce que l'Auteur y traite toutes choſes dans un ordre naturel, & conduit l'eſprit des Lecteurs à la connoiſſance de l'Art qu'il enſeigne, par une ſuitte de raiſonnemens faciles, ce que les Maîtres ne font pas avec aſſez de ſoin. L'on ſe plaint tous les jours qu'ils ne travaillent point à rendre juſte l'eſprit des jeunes gens, qu'ils les inſtruiſent comme l'on feroit de jeunes

Perroquets, qu'ils ne leur apprennent que des noms, qu'ils ne cultivent point leur jugement en les accoustumãt à raisonner sur les petites chosesqu'ils leurs enseignẽt. De là vient que les Sciences gatent assez souvent l'esprit, & qu'elles corrompent ce bon sens naturel que l'on remarque plus ordinairement dans ceux qui n'ont point d'Etude.

L'on n'a pas voulu grossir cét Ouvrage de plusieurs exemples qui seroiẽt necessaires, parce que les Maîtres y pourront aisément suppléer eux-mémes, en faisant remarquer à leurs Disciples les beaux endroits de ceux qui ont excellé dans la pratique de l'Art de Parler.

Cét Ovurage ne regarde pas seulement les Orateurs, mais generalement tous ceux qui parlent, & qui écrivent, les Poëtes, les Historiens les Philosophes, les Theologiens. Quoique cét Art de Parler que l'on donne soit composé en Francois, ce n'est pas seulement un Ouvrage pour la Langue Françoise: On y recherche le fondement de toutes les Lãgues, & les Regles qui y sont proposées, ne sont particulieres à aucune Langue.

TABLE DES CHAPITRES.

LIVRE PREMIER.

LIVRE SECOND.

LIVRE TROISIE'ME.

LIVRE QUATRIEME.

DISCOURS.

DANS LEQUEL ON DONNE une idée de l'Art de Persuader.

CHAPITRE PREMIER.

CHAPITRE II.

CHAPITRE III.

CHAPITRE IV.

Fin de la Table des Chapitres.

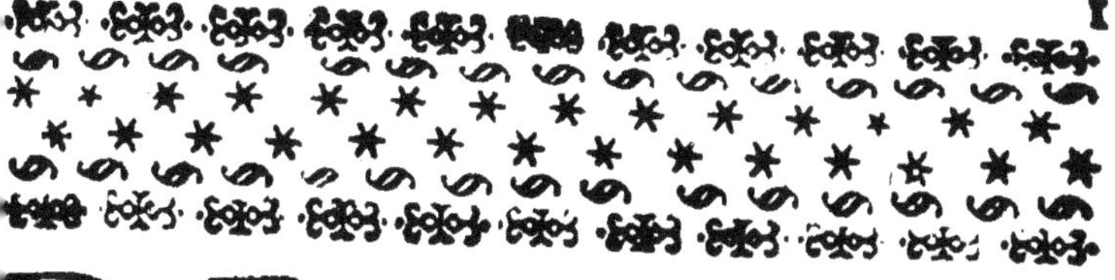

DE LART DE PARLER,

LIVRE PREMIER.

CHAPITRE PREMIER.

Des Organes de la Voix. Comment se forme la parole.

IL n'y auroit point de societé entre les hommes, s'ils ne pouvoiẽt se communiquer leurs pensées les uns aux autres, en marquant par des signes sensibles les idées qui sont pre-
ntes à leur esprit; & les affections de leur volon-
. Ils le peuvent faire avec les yeux, & les doits
omme font les muets, mais outre que cette ma-
iere d'exprimer ce que l'on pense est tres-impar-
aite, elle est encore incommode; car l'on ne peut
oint, sans se fatiguer, faire connoître avec les
eux & les doits toutes les differentes choses
ui viennent dans l'esprit. Nous remuons la
ngue avec facilité, & nous pouvons diversi-
er le son de nôtre voix en differentes manie-
es faciles & agreables; c'est pourquoy la nature
porté les hommes à se servir des Organes de

la Voix pour donner des ſignes ſenſibles de ce qu'ils penſent,& de ce qu'ils veulent.

La diſpoſition de ces Organes eſt merveilleuſe: Nous avons une Orgue naturelle dõt la Trachée-artere,qui vient, des poulmõs,& répond aux racines de la langue,eſt le canal. Les poulmons ſervẽt de ſoufflets;car ils attirent l'air en s'étendant,& le repouſſent en ſe reſſerrant. La partie de la Trachée-artere qui eſt proche de la racine de la langue,s'appelle le Larinx qui eſt entouré de Cartilages & de Muſcles, qui ſervent à l'ouvrir, où à le fermer. C'eſt en ce lieu-là que ſe forme le ſõ de la Voix,Quãd l'ouverture du Larynx eſt étroite,l'air ſortãt avec violẽce ſe froiſſe, & reçoit un mouvemẽt qui fait le ſõ de la Voix, mais qui n'eſt point encore articulée.Cette voix eſt receuë dãs la bouche,où la langue la modifie & luy donne diverſes formes,ſelon qu'elle la pouſſe ou cõtre les dents, ou contre le palais : qu'elle l'arreſte ou la laiſſe couler:que la bouche eſt plus ou moins ouverte.

Les hommes trouvant tant de facilité à exprimer leurs ſentimens par la Voix:ils ſe ſont appliquez à conſiderer toutes les differences qu'elle reçoit par les differẽs mouvemẽs des Organes de la prononciation.Ils ont marqué chacune de ces modificatiõs particulieres par une lettre du caractere. Ces lettres ſont les élemens du lãgage;l'union de deux ou de trois lettres qui peuvent ſe prononcer de compagnie diſtinctement & facilemẽt,fait une ſyllabe. Vne ou pluſieurs ſyllabes,font un mot ou une parole.Dans la ſuite de cét Ouvrage je parleray des lettres,& de leur nombre plus exactemẽt que je ne fais pas icy;cepẽdant je remarquerai en [illegible]t que quoy que le nõbre des lettres ſoit pe-[illegible] ſuffiſent neanmoins pour cõpoſer les termes, je ne dis pas seulemẽt des langues qui se parlent aujourd'huy dans tout le monde; mais de celles qui ont été vivantes, & de celles qui pourront naître dans la suite des siecles. Car quand il n'y auroit que vingt quatre lettres differentes, l'on peut démontrer qu'en les combinant en toutes les manieres possibles, l'on peut premierement faire cinq cens septante six mots de deux lettres; qu'en prenant ces vingt quatre lettres trois, à trois, l'on peut faire un nombre de mots de trois lettres, qui sera vingt quatre fois plus grãd; c'est à dire 13824 & qu'en les prenant quatre à quatre, cinq à cinq, six à six, le nombre des mots de cinq lettres sera vaingt-quatre fois plus grãd que celui de quatre: celui des mots de six lettres sera vingt-quatre fois plus grãd que celuy des mots de cinq lettres Ainsi le nõbre des mots de six, de sept. de huit lettres, & des autres suivans augmenté dans la même proportion; ce qui va si loin que l'imagination se confond, & qu'elle ne peut comprendre ce nombre prodigieux de differents mots que l'on peut faire de la combinaison de vingt quatre lettres. Il est vray que l'on ne pourroit pas se servir de tous ces mots, parce qu'il y en auroit plusieurs qui ne se pourroient prononcer distinctement, & facilemẽt; mais enfin le nombre de ceux dont on pourroit se servir, est presque infiny, & nous donne sujet d'admirer la sagesse de Dieu, qui ayant donné l'usage de la parole aux hommes, pour exprimer leurs differentes pensées, a voulu que la fecondité de la parole répondit à celle de leur esprit.

La parole est un assemblage de sons de la voix que les hommes ont établis pour être les signes de leurs pensées; & qui par consequẽt ont la force de réveiller les idées, ausquelles ils les ont attachées

Il est important de bien marquer la distinction qui est entre l'ame des paroles, & leur corps, c'est à dire entre ce qu'elles ont de corporel, & ce qu'elles ont de spirituel; ce que les oiseaux qui imitẽt la voix des hommes, ont de commun avec nous, & ce qui nous est particulier. Les idées qui sont presentes à nôtre esprit, lors qu'il commande aux Organes de la voix de former les sõs qui sont les signes de ces idées, sont l'ame des Paroles: Les sons que forment les Organes de la Voix, & qui n'ayãt rien de semblable en eux-mémes à ces idées, ne laissent pas de les signifier, sont la partie materielle, ou les corps des paroles.

CHAPITRE II.

La parole est un tableau de nos pensées. Avant que de parler il faut former dans nôtre esprit le desein de ce tableau.

PUisque les paroles sont des signes qui represẽtent les choses qui se passent dans nôtre esprit, l'on peut dire qu'elles sont cõme une peinture de nos pensées, que la langue est le pinceau qui trace cette peinture, & que les mots sont les couleurs. Ainsi comme les Peintres ne couchent leurs couleurs qu'aprés qu'ils on fait dãs leur esprit l'image de ce qu'ils veulent represẽter sur la toile; il faut avant que de parler former en nous mêmes une image reglée des choses que nous pensons, & que nous voulons peindre par nos paroles. Ceux qui nous écoutent ne peuvent pas appercevoir nettement ce que nous voulõs leur dire, si nous ne l'appercevons nous mêmes fort nettement: Nôtre discours n'est qu'une copie de l'original qui est en nô-tre tête:il n'y a point de bonne copie d'un méchãt original. C'est dõc à cét original qu'il faut d'abord travailler. Avant que de remuer le pinceau,c'est à dire la langue, & que d'appliquer les couleurs qui sont les paroles,il faut biẽ sçavoir ce que l'on veut dire, & le disposer d'une maniere reglée;de sorte que lors que le discours exprimera fidelement nos pensées, les Lecteurs y voyent un tableau bien ordõné de ce que nous avons voulu leur representer.

C'est à ceux qui traitent l'art de penser, de parler de cét ordre naturel qu'il faut garder dans l'arrangement de nos pensées. Chaque art a ses bornes qu'il ne faut pas passer;je n'entreprendray donc pas de prescrire icy des regles touchant l'ordre qu'on doit donner aux choses qui sont la matiere du discours. J'avertiray seulement, que l'on doit mediter son sujet,faire dessus toutes les reflexions necessaires pour ne rien oublier qui puisse contribuer à son éclaircissement;prenant garde aussi de ne pas accabler l'esprit des Lecteurs par une trop grande multitude de choses, & de ne pas rendre son discours confus par des explications trop étenduës. L'Abondance cause souvent la sterilité: nous voyons que les Laboureurs craignent la trop grande fecondité des grains en verd,qu'ils la previennent, & qu'ils en font manger l'herbe une partie à leurs troupeaux.

Nous ne concevõs jamais une science,un raisonnement, si nôtre esprit ne supplée les choses necessaires,& s'il ne retranche celles qui sont superfluës. Un Auteur doit épargner cette peine à ceux qu'il entreprend d'instruire ; un livre qui ne dit que la moitié des chose, ne donne que des connoissances imparfaites ; mais ; aussi un grand volume est un grand mal, μέγα βιβλίον, μέγα κακόν. On s'y égare, on s'y perd, à peine a-t-on la patience de le feuïlleter. Aprés avoir donc ramassé avec exactitude toutes les choses qui regardẽt la matiere que l'on traite, il faut les resserrer, leur dõner de justes bornes, & faire un choix severe de ce qui est absolument necessaire; & rejetter ce qui est superflu. On doit envisager continuellement le terme où l'on veut arriver, & prẽdre le chemin le plus court, évitant tous les détours. Si l'õ ne passe vîte pardessus les choses de peu d'importance, & qui ne sont pas essentielles, l'esprit du Lecteur est diverty de l'application qu'il doit donner à celles qui le sont.

Cette breveté si necessaire pour rendre un Ouvrage net & fort ne consiste pas dans le seul retranchement de tout ce qui est inutile; elle demande que l'on fasse entrer dans le discours, de certaines circonstances qui en relevent l'éclat, & qui tiennẽt lieu de plusieurs choses que l'õ ne dit pas. Il faut imiter pour cela l'artifice dõt se servit Timanthe ce fameux Peintre de l'antiquité pour representer dans une petite table la grãdeur prodigieuse d'un Geant; il le peignit couché par terre, dormant au milieu d'une troupe de Satyres, qui se joüoiẽt au tour de luy. L'ũ mesuroit sa tête, un autre appliquoit un Thyrse à son pouce, faisant cõnoître par cette invẽtiõ ingenieuse quelle étoit la grandeur de ce corps, dont les plus petites parties étoient mesurées avec le Thyrse d'un Satyre. Ces inventions demandẽt beaucoup d'esprit, & d'application. C'est pourquoy un Auteur fort celebre qui avoit cette addresse de rẽfermer beaucoup de choses en peu de paroles, s'excuse agreablement de ce que l'une de ses lettres est trop lõgue, sur ce qu'il n'avoit pas eu le loisir de la faire plus courte,

CHAPITRE III

Pour marquer les differens traits du tableau dont on a formé le dessein dans l'esprit, on a besoien de mots de differens ordres.

COmme l'on ne peut pas achever un Tableau avec une seule couleur, & distinguer les differents traits des choses qu'on y doit representer: il est impossible aussi de marquer ce qui se passe dãs nôtre exprit, avec des mots qui soient tous d'un méme ordre. Apprenons de la nature méme quelle doit étre cette distinction; & voyons comment les hommes formeroient leur langage, si la nature les ayant fait naître separément, ils se rencontroient ensuite dans un méme lieu. Usõs de la liberté des Poëtes; & faisons sortir de la terre ou descendre du Ciel une troupe de nouveaux hommes qui ignorent l'usage de la parole. Ce spectacle est agreable: il y a plaisir de se les imaginer parlãs entr'eux avec les mains, avec les yeux, par des gestes, & des contortions de tout le corps; mais apparemment ils se lasseroient biẽ tôt de toutes ces postures, & le hazard ou la prudence leur enseigneroit en peu de temps l'usage de la parole.

Nous ne pouvons découvrir quelle forme ils dõneroient à leur langage qu'en considerant ce que nous ferions, si nous étions dans cette compagnie. La diversité des mots n'étant donc necessaire qu'à cause des differentes choses qui se passent dãs nôtré esprit, & que nous voulons faire connoître; faisõs attẽtiõ à ce qu'il faut faire pour peindre exactement tous les different traits de nos penſées.

Tout ce qui ſe paſſe dãs nôtre eſprit eſt ou une action ou une paſſion. Les paſſions ſõt ces mouvemens d'amour, de haine, de colere, & les autres que nous reſſentons dans de certaines occaſions. Toutes les actiõs ou operatiõs de nôtre eſprit ſe rapportent ordinairement à trois principales, dont la premiere eſt la perception, par laquelle nous appercevons ce qui eſt dans nous-même, & par le moyen de nos ſens ce qui eſt hors de nous. La ſeconde eſt le jugemẽt; juger c'eſt aſſurer d'une choſe, ce qu'elle eſt, ou ce qu'elle n'eſt pas. La troiſiéme eſt le raiſonnement. L'on appelle idée la forme d'une penſée qui eſt l'objet d'une perception. Par exemple, lors que le Soleil frappe mes yeux par ſa lumiere, ce qui eſt pour lors preſent à mon eſprit, & ce que j'apperçois en moy-même, eſt l'idée du Soleil: laquelle demeure dans ma memoire, lors que cét aſtre ne paroît plus. Ainſi nous avons l'eſprit plein des idées d'une infinité de choſes materielles que nous avons vûes, & de pluſieurs veritez qui n'y ſont point entrées par la porte des ſens.

Sans doute ces nouveaux hommes donneroient leurs premiers ſoins à faire des mots pour être les ſignes de toutes ces idées, qui ſont les objets de nôtre perception, qui eſt cõme nous venons de le dire la premiere operatiõ de l'eſprit. Dãs l'infinie varieté de mots, il n'eſt pas difficile de trouver des ſignes particuliers pour marquer chaque idée, & luy donner un nom. Comme l'on ſe ſert naturellemẽt de ces premieres connoiſſances, nous pouvõs croire que lors que d'autres choſes ſe preſenteroient à leur eſprit qui ſeroient ſẽblables à celles à qui ils auroient donné un nom propre, ils ne prẽdroient pas la peine de faire de nouveaux mots ils se serviroient des premiers noms en les changeant un peu pour marquer la difference des choses, ausquelles ils les appliqueroient L'experience me le persuade lors que le mot propre ne viẽt pas assez-tôt à la bouche, on se sert du nom d'un autre chose qui a quelque rapport à celle là. Dans toutes les langues les noms des choses à peu prés sẽblables different peu entr'eux: D'un seul mot plusieurs autres mots prennent leur racine, comme il est facile de le voir dãs les Dictionaires des langues qui nous sont connuës.

Un même mot se peut diversifier en plusieurs manieres : par la transposition, par le retranchement de quelqu'une des lettres qui le composent, ou par l'addition d'une nouvelle voyelle, ou d'une consone; par le changement de la terminaison: de sorte qu'il n'est pas difficile, lors qu'on communique le nom propre d'une chose à toutes celles qui luy sont semblables, de marquer par quelque petit changement, ce que ces choses ont de particulier, & en quoy elles different de celles dont elles ont pris le nom.

Aprés cét établissement les mots qu'ils auroient choisis, & qui par eux mémes ne signifioient riẽ, auroiẽt la force d'exciter les idées des choses ausquelles ils les avoiẽt appliquez. Car les ayãt prononcez, & entendu pronõcer souvent, lors que ces choses leur étoient presente, les idées de ces choses & de ces mots se seroiẽt liées: de sorte que l'une ne pourroit pas être excitée sans l'autre. Cõme quand nous avõs vû souvent une persõne avec un certain habit, d'abord que nous pensons à elle, l'idée de cét habit se presẽte à nous, & la seule idée de cét habit fait que nous pensõs à cette persõne.

CHAPITRE IV.

Des noms Substantifs, & Adjectifs, des Articles. Du nombre, & des cas des noms.

Les mots qui signifient les objets de nos pensées, c'est à dire les choses, sont appellez Noms. On considere en chaque chose son être, ou sa maniere d'être. L'être d'une chose, par exemple, l'être de la cire, est la substance de la cire : la figure ronde ou quarrée, laquelle se peut changer sans qu'elle cesse d'être cire, sont ses manieres d'être. Etre ignorant ou sçavant, sont des manieres de nôtre être. Il faut donc necessairemẽt qu'entre les noms, les uns soient destinez à signifier la substance de l'être, & que les autres expriment la maniere de l'être. Nous appellõs pour cela noms *Substantifs*, ceux qui marquent l'être absolu d'une chose : & *Adjectifs* : ceux qui n'en marquẽt que la maniere ; parce qu'ils ne subsistẽt que par le nom substantif auquel on les ajoûte. Dans ces deux mots *Terre ronde*, le premier est un nom substantif, & le secõd qui ne signifie que la maniere de l'être de la terre est adjectifs. Les noms substantifs deviennent adjectifs, ou plûtôt les choses qui sont des êtres absolus, & des substances, sont exprimées par des noms adjectifs, lors que l'on considere qu'elles sont appliquées à d'autres êtres, dont elles deviennent la maniere d'être. Les Metaux sont des substances, mais parce qu'on les aplique à d'autres substances, on en fait des adjectifs, comme sont ces adjectifs, *doré*, *argenté*, *estame*, *plombé*; & les autres.

Les noms signifient ordinairement les choses d'une maniere vague & generale: Les articles dans les langues où ils sont en usage, comme dans la nôtre, & dans la Grecque, determinent cette signification, & l'appliquent á une particuliere. Quand on dit, c'est un bon heur que d'être *Roy*, cette expression est vague, mais si vous adjoûtez l'article, *le*, devant *Roy*, en disant, c'est un bonheur que d'être *le Roy*, cette expression est determinée, & ne se peut entendre que du Roy de quelque peuple particulier dont on a déja parlé. Ainsi les articles contribuent merveilleusement à la clarté du discours; c'est pourquoy il se peut faire que ces nouveaux hõmes en se faisant un lãgage ne les oublioient pas, & que la necessité de determiner la signification vague des mots, les leur feroit treuver.

Les differentes manieres de terminer un nom peuuent tenir lieu d'un autre nom. Nous voyons dãs toutes les langues que les nõs ont deux terminaisons, dont l'une fait connoître que la chose dont on parle est singuliere, c'est à dire seule en nombre; l'autre qu'elle n'est pas seule, mais qu'elle fait partie d'un nombre: ce qui fait dire que les noms ont deux nombres; le singulier, & le pluriel. Ce mot. *homme*, avec la terminaison du nombre singulier marque un seul homme, mais avec la terminaison du nombre pluriel, *hommes*, il signifie nous ou plusieurs hommes. La consone, *s*; qu'on ajoûte à la terminaison du nombre singulier tient-lieu dans cette occasion de ce mot *tous*, ou *plusieurs*.

Nous ne cõsiderõs pas toûjours simplement les choses qui sont les objets de nos pensées nous les comparons avec d'autres ; nous faisons reflexion sur le lieu où elles sont sur le temps de leur durée, sur ce qu'elles ont, sur ce qu'elles n'ont pas, & sur tous les rapports enfin qu'elles peuvent avoir. On a besoin de termes particuliers pour exprimer ces rapports, & la suite, & la liaison de toutes les idées que la consideration de ces choses excite dans nôtre esprit. Dans quelques langues les differentes terminaisons d'un même nom, qui font que les chûtes ou finales en sont differentes, suppléent à ces mots qui sont necessaires pour exprimer les rapports d'une chose. Ces chûtes que l'on nomme ordinairement *Cas*, sont six dans chaque nombre, dans le singulier, dans le pluriel. *Le nominatif*, *le Genitif*, *le Datif*, *l'Accusatif*, *le Vocatif*, *&* *l'Ablatif*. Un même nom, outre la principale idée de la chose qu'il signifie, enferme un rapport particulier de cette chose avec quelqu'autre, selon qu'il est ou au genitif ou au datif ; &c. *Le Nominatif* signifie simplement la chose, *le Genitif* son rapport avec celle à qui elle appartient, *Palatium Regis* ; *le Datif*, le rapport qu'elle a avec celle qui luy est profitable ou nuisible, *utilis reipublicæ*, *l'Accusatif*, le rapport qu'elle a avec celle qui agit sur elle, *Cæsar vicit Pompejum*. On met le nom au *Vocatif*, l'ors qu'on adresse son discours à la personne, ou à la chose que le nom signifie ; *l'Ablatif* a une infinité d'usages. Il est impossible de les marquer tous.

Les langues dont les noms ne souffrent point ces chûtes differentes, se servent de certains petits mots qu'on appelle Particules, qui font le même effet que les chûtes, comme sont en nôtre langue *de*, *du*, *à*, *par*, *le*, *les*, *aux*, *des*, *&c*. Les Adverbes aussi ont un usage peu different de la chûte des nõs; car ils emportent avec eux la force d'une de ces particules. Cet Adverbe, *sagement*, a la force de ces deux mots, *avec sagesse*. Les differens rapports que les choses ont entr'elles, de lieu de situation, de mouvemens, de repos, de distances, d'opposition, de comparaison sont infinis. On ne pût parler un momẽt sans avoir besoin d'en exprimer quelqu'un à l'occasion des choses dõt on parle. Nous ne pouvons donc pas douter que ces hommes que nous faisons trouver de compagnie, n'inventassent bien-tôt des moyẽs de marquer ces rapports, ou par des particules, comme dans nôtre langue dont les noms n'ont point ces chûtes differentes, ou par les differentes terminaisons des noms des choses mémes, comme dans la langue Greeque, & dans la Latine.

CHAPITRE V.

Des Verbes, de leurs personnes, de leurs temps, de leurs modes, de leur voix active & passive, &c.

SI nous faisons attention à ce qui ce passe dans nôtre esprit, nous remarquerons que l'on considere raremẽt les choses sãs en faire quelque jugement; ainsi aprés que ces nouveaux hommes auroient trouvé ces mots pour signifier les objets de leurs perceptions; ils chercheroient sans doute des termes pour marquer leurs jugemens, c'est à dire cette actiõ de l'esprit par laquelle on juge en asseurãt qu'une chose est telle, ou qu'elle n'est pas telle. La partie du discours qui exprime un jugement, s'appelle proposition. Or une proposition enferme necessairement deux termes, l'un appellé *sujet*, qui est ce dont on affirme; le second qui est ce qui est affirmé, que l'on nomme attribut; comme dans cette proposition, *Dieu est juste*, *Dieu* est le sujet, *juste* qui est le second terme est appellé attribut, qui est ce qu'on affirme, ou ce qu'on attribuë au sujet de la proposition. Outre cela une proposition est composée d'un troisiéme terme qui lie le sujet avec l'attribut, & qui marque cette action de l'esprit par laquelle il juge, affirmant l'attribut du sujet. Dans toutes nos langues nous appellons *Verbes*, les mots qui marquent cette action. Les Verbes, comme l'Auteur de la Grammaire generale & raisonnée l'a judicieusement remarqué, sont des mots qui signifient l'affirmation.

Vn seul mot suffiroit pour marquer toutes les operations semblables de nôtre entendement, tel qu'est ce Verbe *Etre*, qui est le signe naturel & ordinaire de l'affirmation; mais si nous jugeons de ces nouveaux hommes par ceux qui ont vêcu dãs tous les siecles passez, le desir d'abreger leur discours, les porteroit sans doute à donner à un même mot la force de signifier l'affirmation & l'attribut, comme l'on a fait dans toutes les langues, qui ont une infinité de mots qui marquent l'affirmation, & ce qui est affirmé; par exemple celuy ci *je lis*, marque une affirmation, & en méme temps l'action que je fais lors que je lis. Ces mots, comme nous avons dit, sont appellez Verbes. Quand on leur ôte la force de signifier l'affirmation, ils entrent dans la nature des noms; aussi on en fait le même usage que des noms, comme quand on dit *le boire*, *le manger*; Ces mots sont de veritables noms.

Comme la repetition trop frequente des mêmes

mots est desagreable & choquente, & que cependant est obligé de parler, souvent des mémes choses, en toutes les langus, qui nous sont connuës, on a êtably de petits mots, pour tenir la place de ces noms qui pour cette raison sont appellez *Pronoms*. On compte trois pronoms; Le pronom de la premiere personne, tient lieu du nō de celuy qui parle, comme *Moy*, *Ie*. Le Pronom de la seconde personne tient lieu de celle à qui l'on parle, comme *Tu*, *Toy*. Celuy de la troisiéme personne tient lieu de la personne, ou de la chose dont on parle, comme *Il*, *Elle*. Ces Pronoms ont deux nombres, comme les noms; le Pronom de la premiere personne au pluriel, tient la place des noms de ceux qui parlent, comme *Nous*. Celuy de la seconde personne au pluriel tient la place des noms de ceux à qui on parle, comme *Vous*; & le Pronom de la troisiéme personne au pluriel tient la place des nōs des persōnes, & des choses dont on parle, *Ils*, *Elles*.

Pour éviter encore la repetitiō ennuyeuse de ces Pronoms qui reviennent souvent, dās les anciennes langues l'on ajoûte aux verbes quelque terminaison qui tient lieu de ces Pronoms. C'est pourquoy un seul verbe peut faire une proposition entiere. Ce verbe *Verberò* comprend le sens de cette proposition: *Ego sum verberans*; outre qu'il marque l'affirmation, & la chose affirmée, il signifie encore la personne qui frappe, qui est celle qui parle d'elle, méme; parce que ce verbe a une terminaison qui tient lieu du Pronō de la premiere personne.

Ce que l'on asseure du sujet d'une proposition est ou passé ou present, ou futur. Les differentes inflexiōs des Verbes, ont la force de marquer la circonstance du temps de la chose qui est affirmée. Les circonstances du temps sont en grand nõbre. On peut considerer le temps passé par rapport au present, comme lors que nous disons: *Ie lisois lors qu'il entra dans ma chambre*. L'action de ma lecture est passée au regard du tẽps auquel je parle, mais je la marque presente au regard de la chose dont je parle, qui est l'entrée d'un tel. On peut considerer le temps passé par rapport à un autre temps passé. *I'avois soupé lors qu'il est entré*, ces deux actions sõt passées l'une au regard de l'autre. Nous pouvons considerer le temps passé en deux manieres, ou comme défini, ou comme indéfini: marquer precisement quand une action s'est faite ou dire simplemẽt qu'elle s'est faite. Nous considerons le futur en la même maniere, envisageant un terme précis & défini dans le futur, & qu'elquefois n'y mettant aucunes bornes.

Nous ne pouvons sçavoir si dans cette nouvelle langue, dont nous parlons, toutes ces differentes circonstances des temps y seroient marquées par autant d'inflexions particulieres; car nous ne voyõs pas que les peuples ayent distingué avec la même exactitude toutes ces circonstances du temps. Les verbes chez les Hebreux n'ont que deux temps; le preterit ou le passé, & le futur; ils n'ont que deux inflexions differentes pour exprimer la diversité du temps. Ils se servent de l'inflexion du futur pour signifier le tẽps present. Les Grecs sont plus exacts, leurs verbes on tous les tẽps dont nous avons parlé. Ie ne doute point que les termes de ce nouveau lãgage ne portassent au moins les signes de quelqu'une de ces circonstances, puisque dans toute proposition il faut determiner le temps de l'attribut, & que le desir d'abreger

breger le discours est naturel à tous les hommes. Quand je dis, *J'aimerai*, l'inflection du temps futur que je donne à ce verbe, *aimer*, me delivre de la peine de dire cette longue phrase, *Il arrivera un temps que je seray aimant*. Quand je dis : *J'ai aimé*, cette inflexion du preterit m'épargne ce grand nombre de paroles, *Il a été un temps passé que j'étois aimant*.

Les Verbes ont des modes, c'est à dire qu'ils signifient outre les circonstances du temps, les manieres de l'affirmation. Le premier mode est *l'indicatif* qui démontre & indique simplemét ce que l'on asseure. Le second mode est *l'Imperatif*, dont le nom marque l'office, qui est de faire connoître que l'on ordonne à celuy à qui l'on parle, de faire une telle chose. Le troisiéme est *l'Optatif*, qui ne se trouve que chez les Grecs: celuy-là exprime le desir ardent qu'on a qu'une chose arrive. Le quatriéme mode est le *Subjonctif*, ainsi nommé, parce qu'il y a toûjours quelque cõditiõ jointe à ce que l'on asseure, *je l'aimerois*, *s'il m'aimoit* si cette condition n'étoit exprimée aprés le subjonctif, le sens seroit suspendu. Le cinquiéme mode est *Infinitif*. Vn verbe dans ce mode a une signification fort étenduë, & fort indéterminée, comme *boire*, *manger*, *être aimé*, *être frapé*. Nous verrons dans les suites que les infinitifs ont la force de lier deux propositiõs, & que c'est le principal usage que l'on fait des infinitifs.

Le sixiéme mode est le *Participe*. Vn verbe dãs ce participe ne marque simplemẽt que la chose affirmée, & ne signifie point l'affirmation. C'est pourquoy les participes sont appellez, parce qu'ils tiennent du verbe & du nõ, signifiant la chose que le verbe affirme, & étant en même temps dépoüillez de l'affirmation. Le participe *frappé*, marque la chose que signifie le verbe frapper: mais qui dit *frappé* n'affirme rien, s'il n'ajoute ou ne sousentend, *il est*, ou *il a été frappé*.

Tous les verbes, excepté le verbe, *Estre*, *sum*, *es*, *est*, renferment deux idées celle de l'affirmation, & de quelque action qui est affirmée. Or une action a ordinairement deux termes, le premier celuy dont elle part, le second celuy qui la reçoit. Dans une action on considere celuy qui est auteur, qui agit, & celuy sur lequel on agit, qu'on appelle communement le *patient*. Il est necessaire de déterminer quel est le terme de l'action dont en parle: si c'est le sujet de la proposition dont on affiarme cette action qui est agissant ou patient. C'est pourquoy dans les langues anciennes les verbes ont deux terminaisons, & inflexions differentes, qui marquent si le verbe se prend dans une signification active ou passive. *Petrus amat*, & *Petrus amatur*. Pierre aime, & Pierre est aimé. Dans la premiere proposition le verbe qui est à l'actif, marque que c'est Pierre qui porte de l'amour: Dans la seconde ce mesme verbe avec l'inflection du passif, marque que c'est *Pierre* qui est le terme de l'affection dont on parle.

Il se pourroit donc faire que les verbes de la nouvelle langue auroient aussi deux inflexions une active, & l'autre passive. Peut être qu'ils negligeroient de comprendre dans un seul verbe plusieurs autres circonstances d'une action: Si elle a été faite avec diligence, si l'autre de cette action agit sur luy-mesme, s'il la fait faire par quelqu'autre; ce que les Hebreux signifient par leurs verbes, selon les inflexions qu'ils leur donnent. Il y a cent manieres de s'exprimer qui ne sont point essencielles, & qui sont particulieres à certaines langues. Je ne puis pas sçavoir si nôtre nouvelle troupe les negligeroit, & se contenteroit de celles qui sont essentielles, & sans lesquelles on ne peut se faire entendre.

CHAPITRE VI.

Ce grand nombre de declinaisons des noms & de conjugaisons des verbes n'est point absolument necessaire. Proposition d'une nouvelle Langue, dont la Grammaire se pourroit apprendre en moins d'une heure.

Es hommes veulent s'exprimer d'une maniere prompte & facile : ce qui leur a fait introdui dans le langage cette grande diversité de declisons des noms; & cette multitude de differen conjugaisons. Ils ont voulu qu'un même mot arquât plusieurs choses, afin qu'ils pussent s'eximer plus promptement, pour cela ils ont don plusieurs inflexions à un même verbe comme us venons de le voir. Ils ont eu egard à la cilité, & à la douceur de la prononciation, ce a causé dãs les langues une infinité de choses, it on se pourroit passer s'il n'estoit questiõ que faire comprendre ce que l'on pense. Les noms es verbes ne peuvent pas être tous cõposez des mes lettres: Or les mots qui ont des lettres difates ne peuvent souffrir sans violence les méchutes, & les mémes inflexions. C'est pourquoy dans la langue Latine, & dans la Greque où noms ont de differentes chutes ou cas, l'õ voit plusieurs manieres, de decliner les noms. Dans ces mêmes langues, & presque dans toutes les autres il y a une grãde multiplicité de conjugaisons des verbes, que la seule douceur de la prononciation rend necessaires; car elles ne marquent aucune circõstãce particuliere de l'action que le verbe affirme. On peut conter trente six differentes cõjugaisons dans la Grammaire Hebraïque. Il y a treize cõjugaisons de verbes reguliers chez les Grecs, dont chacune a trois voix, l'active, la passive, & celle qu'on appelle le *medium*. Les verbes qu'on nomme anomaux ou irreguliers ont tant d'inflexions particulieres qu'à peine les Grammairiens les peuvent ils nombrer; il en est de méme de la langue Latine, & de plusieurs autres langues. C'est ce qui grossit les Grãmaires de ces langues, & ce qui en rend l'étude difficile.

Nous ne pouvons pas sçavoir, comme j'ay déja dit, si ces nouveaux hommes ne feroient point une maniere de parler moins délicate, mais plus simple. Les Tartares, Monguls ou Mogols n'ont qu'une conjugaison; tous leurs verbes n'ont que deux temps, sçavoir le passé & l'avenir, qu'ils distinguent par deux particules. *Ba* est la marque du passé, & *Mou* celle du futur. La marque de l'infinitif est *Kou*, c'est aussi celle du gerondif. La marque de l'imperatif est B. Celle du participe adjectif est *Gi*. Les premieres, secondes & troisiemes persõnes plurieles & singulieres des verbes ne sõt point marquées par des inflexiõs particulieres; on joint pour les distinguer les pronoms avec le verbe. Les noms n'ont point d'autre changement dãs leur declinaison que celuy qui marque la difference du singulier au pluriel. *Mouri* un cheval *Mouris* les chevaux. Les comparatifs se formẽt ajoûtant la particule *Toutta*, qui signifie plus Le *Mien*, le *T'en* s'exprime de la sorte. *Mourini* ou *Manai mouri* mon cheval. *Nanai mouri*, ton cheval. *Tcanai mouri*, son cheval. Les noms des ouvriers se terminent en *Gi*. Les diminutifs se forment en ajoûtant *Gane*-*Mouri*, un cheval. *Mourigane*, un petit cheval.

L'on peut apprendre toute cette Grãmaire en moins d'une heure. On a proposé quelquefois de faire une nouvelle langue, qui pouvant être apprise en peu de tẽps devint commune à tous les peuples du monde ce qui seroit tres-utile pour le cõmerce. Pour faire cette lãgue, il ne foudroit point établir d'autre Grammaire, que celle de la langue des Tartares; aussi avant que d'avoir vû une relation de cette langue dãs le Recuëil des Relations curieuses que Mõsieur Thevenot a fait imprimer, en parlant de cettte proposition d'une nouvelle lãgue; voila ce que j'en avois dit dans la premiere edition de cet ouvrage. On a quelquefois proposé de faire une nouvelle langue qui pouvant être apprise en peu de tẽps devient commune à toute la terre. Ie coniecture que le secret de ceux qui faisoient cette propositiõ consistoit à faire que cette langue n'eût qu'un petit nombre des mots; ils auroient marqué chaque chose par un seul terme, & auroient fait que ce seul terme avec quelque petit chãgemẽt eût pû signifier toutes les autres choses qui se rapportent à celle-là. Ils auroient fait tous les noms indeclinables, marquãt leurs differẽs cas par des particules, & les trois genres par trois terminaisons. Ils n'auroient fait que deux conjugaisons, l'une pour l'actif, & l'autre pour le passif: Encore chaque temps n'auroit point eu ces differentes terminaisõs, qui tiennent lieu de pronoms de sorte que toute la Grammaire de cette langue se pourroit apprendre en tres-peu de temps.

CHAPITRE VII.

Comment l'on peut exprimer les autres operations de nostre esprit, & les passions ou affections de nôtre volonté.

NOus avons vû cōmēt l'on marque les deux premieres operations de l'esprit, les perceptions ou idées que l'on apperçoit, & les jugemēs que l'on fait des choses que l'on a apperçuës: Voyons de quelle maniere nous pouvōs exprimer la troisiéme operation qui est le raisonnement. Nous raisonnōs lors que d'une ou de deux propositions cl[illegible]es & évidentes, nous concluons la verité ou la fausseté d'une troisiéme propositiō obscure & contestée. Comme si pour prouver que Milon est innocent, nous disions: Il est permis de repousser la force par la force; Milon en tuant Clodius, n'a fait que repousser la force par la force; dōc Milon à pû tuer Clodius. Le raisonnentemēt n'est qu'une extension de la secōde operation. & un enchainement de deux ou plusieurs propositions. Ainsi il est évident que nous n'avōs besoin que de quelques petits mots pour marquer cét enchainement, comme sont les particules, *donc*, *enfin*, *car partant*, *puisque*, *&c.* Quelques Philosophes reconnoissent une quatriéme operation de l'esprit, qu'ils appellent *Methode*. Par cette operation on dispose, & on ordonne plusieurs raisonnemens. On peut exprimer cette disposition, & cét ordre par quelques petites particules.

Toutes les autres actions de nôtre esprit, cõme õt celles par lesquelles nous distinguõs, nous di-isons, nous comparons, nous allions les choses, e rapportent à quelqu'une de ces quatre operaions, & se marquẽt avec des particules qui reçoient differens noms selon leur differẽt office. Celes qui unissent sont appellées *conjonctives*, comme *&* celles qui divisent *negatives*, & *adversati-es*, comme *non*, *mais*. Les autres sont *conditionelles*, comme *Si*, *&c*. Toutes ces particules ne sinifient point les objets de nos pẽsées, mais quelu'une de ces actions dont nous venons de parler. .e discours n'est qu'un tissu de plusieurs proposions; c'est pourquoy les hommes ont cherché les noyẽs de marquer la liaison de plusieurs propositions qui suivent. Nôtre; *Que*, François quiréond à l'ὅτι des Grecs, fait cet office. Comme uand on dit; *Ie sçay que Dieu est bon*, il est évident ue cet mot. *Que*, unit ces deux propositions. *Ie* *ay*, & *Dieu est bon*: il marque que l'esprit lie enmble ces deux propositiõs. Pour abreger, on met verbe de la seconde proposition à l'infinitif; & est un des plus grãds usages de l'infinitif de lier nsi deux propositions : par exemple, *Pierre croit* *ut sçavoir* pour *Pierre croit qu'il sçait tout*.

Nous sçavõs de quelle maniere on peut signifier s actions de nôtre ame; voyons à present ce que nature feroit faire à cette troupe de nouveaux ommes, pour donner de figures de leurs passions est à dire, de l'estime ou du méptis, de l'amour de la haine; qu'ils auroiẽt des choses qui seroiẽ objet de leurs pensées & de leurs affections. Le scours est imparfait, lors qu'il ne porte pas les arques des mouvemens de nôtre volonté; & il ressemble à nôtre esprit, dont il doit être l'image, que comme des cadavres ressemblent aux corps vivans ainsi ils seroient obligez de chercher les moyens d'exprimer leurs passions.

Il y a des noms qui ont deux idées; celle qu'on doit nommer l'idée principale; represente la chose qui est signifiée, l'autre que nous pouvons nommer accessoire, represente chose revêtue de certaines circonstances. Par exemple, ce mot *Menteu*, signifie bien une personne que l'on reprend de n'avoir pas dit la verité, mais outre cela il fait connoître, que l'on regarde celuy à qui l'on fait ce reproche, comme une méchante personne, qui par une heureuse malice a caché la verité, & qui par consequent est digne de haine & de mépris.

Ces secõdes idées que nous avons nommées accessoires, s'attachent d'elles mêmes aux noms des choses : & se lient avec leur idée principale, ce qui se fait ainsi. Lorsque la coûtume s'est introduite de parler avec de certains termes de ce que l'on estime, ces termes acquierent une idée des grandeur: de sorte qu'aussi tôt qu'une personne les emploie, l'on conçoit qu'elle estime les choses dont elle parle Quand nous parlons étant animez de quelque passion, l'air, le ton de la voix, & plusieurs autres circonstances font assez connoitre les mouvemens de nôtre cœur. Or les noms dont nous nous servons dãs ces occasions, peuvent dãs la suite du tẽps renouveller par eux-mémes l'idée de ces mouvemens: Comme lorsque nous avons vû plusieurs fois un ami vêtu d'une certaine maniere, cette sorte de vêtement est capable de nous dõner l'idée de cet ami. De là vient que presque tous les nõs propres des chosesnaturelles ont des idées accessoires sales, parce que les débauchez ne parlant de ces choses que d'une maniere insolente & deshondes honnêtes, les sales images de leur esprit se sont attachées à ces noms: comme un sage Payen s'en est plaint il y a long-temps: Nous n'avons, dit-il, presque plus des mots chastes & honnêtes. *Henesta nomina perdidimus.*

Ainsi les mots contractant eux-mémes ces idées accessoires, c'est à dire qui representēt les choses, & la maniere dont ces choses sont conçeuës, nôtre nouvelle troupe n'auroit pas la peine de chercher des noms pour marquer ces idée s accessoires. Il trouveroit san s artifice, que dans cette nouvelle langue, il y auroit des termes qui exprimeroiēt les differens mouvemens de haine ou d'amour, de mépris ou d'estime qui regnēt en ceux qui parleoient. Outre cela comme nous ferons voir dans la suite de cét Ouvrage les Passions se peignent elles mêmes dãs le discours, & elles ont des caracteres qui se forment sans étude & sans art.

CHAPITRE VIII.

Construction des mots ensemble. Regles de cette construction.

APres avoir trouvé tous les termes d'une langue, il faut pēser à l'ordre, & à l'arrãgemēt de ces termes: Si les mots qui renferment un sens, ne portent des marques de la liaison qu'ils doivent avoir & si on n'aperçoit où ils se rapportent, le discours ne forme aucun sens raisonnable dãs l'esprit de celuy qui l'écoute. Entre les noms, comme nous avons remarqué, les uns signifiēt les choses, les autres les manieres des choses. Les premiers sont appellez substantifs, les seconds sõt nommez adjectifs: ainsi comme les manieres d'être appartiénent à l'être, les adjectifs doivent dépendre des substantifs, & porter les marques de leur dépendãce. Dans une proposition le terme qui en est l'attribut se rapporte à celuy qui en est le sujet : ce rapport doit donc être exprimé.

Dans ces langues connuës, les noms sont distinguez par des terminaisons differentes en deux gẽres: Nous appellons le premier le genre Masculin, le secõd le gẽre Feminin. La bizarrerie de l'usage est étrange dans cette distribution : tantôt il a déterminé le genre par le sexe, faisant de masculin les noms d'hommes, & tout ce qui appartient à l'homme : & de genre feminin les noms de femme, & ce qui regarde ce sexe, n'ayant égard qu'à la seule signification: & tantôt sans considerer, ny la terminaison, ny la signification, il a donné aux noms le genre qu'il luy a plû. Les nõs adjectifs, & les autres mots qui signifient plûtôt les manieres des choses, que les choses, ont ordinairement deux terminaisons, une masculine, l'autre feminine. Les verbes Hebreux sont capables de differens genres, aussi bien que les noms.

Cette difference de genre sert à marquer la liaison des membres du discours, & la dépendence qu'ils ont les uns des autres. On donne toûjours aux adjectifs le genre de leurs substantifs; c'est à dire que si le nom substantif est masculin, son adjectif a une terminaison masculine; & c'est cette terminaison qui fait connoitre à qui il appartient.

Lors qu'un être est multiplié, ses manieres sont aussi multipliées; il faut donc encore que les adjectifs suivent le nombre singulier & pluriel de leur substantif. Les verbes ont deux nombres, comme les noms : au ſingulier ils marquent que le ſujet de la propoſition eſt un nombre: au pluriel leur ſignification enferme la pluralité de ce ſujet ; par conſequent les verbes doivent être mis dans le nombre du nom exprimé ou ſous-entendu, qui eſt le ſujet de la propoſition.

Les hommes ſont quelquefois ſi occupez des choſes, qu'ils ne font pas reflexion ſur leurs noms ; ils ne prennent pas garde quel eſt le genre de ces noms, quel eſt leur nombre ; ils reglent leur diſcours par les choſes : ils placent le verbe au pluriel, quoy que le nombre auquel il ſe rapporte ſoit ſingulier, parce qu'ils conçoivent par ce nom une idée de pluralité. Ainſi Virgile dit : *Pars merſi tenuere ratem*, pour *pars merſa tenuit ratem*, parce que ſans avoir égard à ce nom, *pars*, qui eſt de feminin & au ſingulier, il enviſage les hommes dont il parle. Nous diſons en François, *il eſt ſix heures*, conſiderant *ces ſix heures* comme un ſeul temps déterminé, qui eſt nommé ſix heures. Quelquefois on oublie un mot parce que ceux à qui on parle peuvent le ſuppléer. On dit en Latin, *triſte lupus ſtabulis*, ſouſ-entendant ce mot; *negotium*.

Les Maiſtres de l'art nomment *Figures* les manieres de parler qui ſont extraordinaires. Il y a des figures de Rhethorique, il y a des figures de Grãmaire. Les premiers expriment les mouvemẽs extraordinaires dont l'ame eſt agitée dans les paſſiõs, où elles forment une cadẽce agreable. Les figures de Grammaire ſe font dans la conſtructiõ lors que l'on s'éloigne des regles ordinaires ; par exemple, cette maniere de s'exprimer, *triſte lupus ſtabulis* dont nous venons de parler, eſt une figure que les Grammairiens appellent *Syllepſe*, ou *Conception* parce que pour lors l'on conçoit le sens autrement que les mots ne portent & qu'ainsi l'on fait la construction selon le sens, & non selon les paroles. On peut quelquefois se servir d'expression differentes qui donnent une même idée ; de sorte qu'il semble indifferent de se servir de l'une plûtôt que de l'autre, comme *dare classibus austros* ou *dare classes austris*, Exposer les navires aux vents, ou leur faire recevoir le vent, sont deux expressions qui sont peu differentes. Lors que de ces deux façons de parler on choisit celle qui est moins ordinaire, cela s'appelle *Enallage* ou *changement*.

CHAPITRE IX.

Il faut exprimer toutes les principales Idées, ou traits du Tableau que l'on a formé dans son esprit.

LE discours est imparfait lors que l'on n'y lit pas tous les traits de la forme des pensées de celuy qui parle. Il faut donc quand nous parlons, que chacune de nos idés que nous voulons faire cõnoître, ait dans le discours un signe qui la represente. Mais aussi il faut observer qu'il y a des mots qui ont la force de signifier beaucoup de choses, & qui outre leurs idées principales, peuvét en réveiller plusieurs autres, du nom desquelles ils font par consequent l'office. Lors que toutes nos idées sont exprimées avec leur liaison, ils est impossible que l'on apperçoive ce que nous pensions, puisque nous en donnons tous les signes necessaires. C'est pourquoy ceux-là parlent clairement qui parlent simplement, qui expriment les pensées d'une maniere naturelle, dans le même ordre, dans la même étenduë qu'elles ont dans leur esprit. Il est vray qu'un discours est languissant quand on donne à chaque chose qu'on veut signifier des termes particuliers: On ennuye ceux qui écoutent s'ils ont l'esprit prompt. Outre cela l'ardeur que l'on a de faire connoître ce que l'on pense, ne souffre pas ce grād nombre de paroles; car on voudroit s'il estoit possible s'expliquer par un seul mot ; c'est pourquoy on choisit des termes qui puissent exciter plusieurs idées, & par consequent tenir la place de plusieurs paroles: l'on retranche ceux qui étant oubliez ne peuvent causer d'obscurité. La regle qu l'on doit tenir, c'est d'avoir égard à la qualité de l'esprit de ceux à qui on parle : si ce sont des personnes simples, il ne faut rien laisser, à deviner, & dire les choses abondamment.

Le retranchement de quelque partie du discours qui se peut suppléer, est une figure de Grammaire, qui se nomme *El i e*. Cette expression Latine: *Paucis te volo* où sōt supprimées ces paroles, *Verbis alloqui*, est une Ellipse. Cette figure est fort commune dans les langues Orientales: les peuples d'Orient sont chauds & prompts, ainsi l'ardeur avec laquelle ils parlent, ne leur permet pas de dire ce qui se peut sous-entendre. Nôtre langue ne se sert point de cette figure, ny de toutes les autres figures de Grammaire, elle aime la netteté & la naiveté; c'est pourquoy elle exprime les choses au-ant qu'il se peut dans l'ordre le plus naturel, & e plus simple,

Lors que nous parlons, nous devons avoir un oin particulier des principales choses, & choisir our elles des expressions qui fassent sur l'esprit de ceux qui écoutent des fortes impressions, soit par la multitude des idées qu'elles contiennent, soit par leur étenduë. Les Peintres grossissent les traits principaux de leurs Tableaux, ils en augmentent les couleurs, & affoiblissẽt celles des autres traits, afin que l'obscurité de ces dernieres releve l'éclat de ceux qui doivẽt paroître. Les petites choses, & qui ne sont pas de l'essence d'un discours, ne veulent être dites qu'en passant. C'est une faute de jugement bien grande d'ẽployer pour elles de lõgues phrases; c'est détourner les yeux du Lecteur de ce qu'il est important qu'il considere, & les attacher à une bagatelle. On peche en deux manieres bien differentes cõtre le juste choix que l'on doit faire d'expressions serrées ou étenduës, selon que la matiere le demande. Les uns sont diffus, les autres sõt secs; les uns prodiguent les paroles, les autres ménagent trop; les uns sont steriles, les autres sont trop feconds: Les premiers ne representent que la carcasse des choses, & leurs ouvrages sõt sẽblables aux premiers desseins ou *esquisses* d'un Tableau dans lequel le Peintre n'a fait que marquer par un leger crayon la place des yeux, de la bouche, & des oreilles du Portrait qu'il veut faire. La trop grande fecondité des derniers étouffe les choses. Il faut apporter un juste temperament. Aprés que le Peintre a tiré tous les traits necessaires, ceux qu'il ajoûte en suite gâtent les premiers. Les paroles superfluës obscurcissent les necessaires, elles empêchent que le discours ne soit coulant, elles lassent les oreilles, & s'échapent de la memoire.

Omne supervacuum pleno de pectore manat.

La politesse d'un discours consiste en partie dans

un retranchemét severe de toutes ces paroles perduës qui en sont comme les ordures. Un corps n'est poly qu'aprés qu'õ a ôté avec la lime les petites parties qui rendoient sa surface raboteuse.

Les Grammairiens appellent *Tautologie* cette repetitiõ des mémes choses, qui ne sert qu'à rendre le discours plus long & plus ennuyeux. Lors que l'on dit baucoup plus qu'il n'est necessaire, & que le discours est chargé de paroles superfluës, ce défaut est nommé *Perissologie*. Neanmoins on n'est pas obligé de mènager ses paroles avec tant de scrupule que l'on ne puisse mettre quelque mot de plus qu'il ne faut cõme quand on dit en Latin, *Vivere vitam*, *auribus audire*. Cette maniere de parler qui est figurée, se nomme *Pleonasme* ou *abondance*,

---

CHAPITRE X.

De l'ordre & de l'arangement des mots, de la netteté & des vices qui y sont opposez.

POur l'ordre des mots, & les regles qu'il faut garder dans l'arangement du discours, la lumiere naturelle montre si vivement ce qu'il faut faire? que nous ne pouvons ignorer ce que feroient ceux à qui nous l'avons donnée pour maîtresse. L'on ne peut concevoir le sens d'ũ discours si auparavant on ne sçait quelle en est la matiere L'ordre naturel demande donc que dãs toute proposition le nom qui en exprime le sujet soit placé le premier, s'il est accompagné d'un Adjectif, que cet Adjectif le suive de prés: que l'attribut soit mis aprés le Verbe qui fait la liaisõ du sujet avec l'attribut : que les Particules qui servent à marquer le rapport d'une chose avec une autre, soient inserées entre-elles; enfin que tous les mots qui lient deux propositions se trouvent entre ces deux propositions.

Voilà à peu prés quel est l'ordre naturel du discours qu'il faut suivre ordinairement; car on peut quelquefois le changer avec utilité. Les Grammairiens appellent *Hyperbate* le renversement de cêt ordre, & ils en font une figure; c'est à dire un ornement du discours. Par exemple dans ce vers de Virgile:

Furit immissis Vulcanus habenis,
Transtra per & remos.

dans lequel la proposition *per* n'est pas dans son lieu. Cette hyperbole fait aussi un agrément lors qu'on rejette à la fin de la propositiõ un mot, sans lequel elle n'a aucũ sés: Ce retardemẽt que souffre le Lecteur le rend plus attentif, l'ardeur qu'il a de concevoir les choses devient plus grande, ainsi cette attentiõ fait qu'il les conçoit plus clairement. Outre cela ce petit renversement lie une proposition, & la ramasse en quelque maniere; car le Lecteur est obligé pour l'entendre d'envisager toutes ses parties ensemble, ce qui fait que cette proposition le frappe plus vivement. C'est sans doute cette raison qui a porté les Latins & les Grecs à mettre assez souvent le Verbe à la fin de la proposition ; & l'usage autorisant ce renversement, on ne peut pas le blâmer absolument; mais enfin quand on desire rendre son discours clair & simple, il faut garder l'ordre naturel autant qu'on le peut: Ie dis autant qu'on le peut; car quelquefois on est obligé de faire quelque petit renversement dans l'arrangemẽt naturel des paroles, pour éviter la rencõtre de quelques mots rudes qui ne peuvent pas se joindre les uns avec les autres.

L'arrangement des mots merite une applicatiõ particuliere, & l'on peut dire que c'est par l'art de bien placer les parties du discours que les excellens Orateurs se distinguent de la foule; car enfin les mots sont dans la bouche de tout le monde, les Orateurs ne les font pas; il n'y a que la dispositiõ de ces mots qui leur appartienne, & qui fasse dire qu'ils parlent bien.

Dixeris egregiè, notum si callida verbum.
Reddiderit junctura novum.

Ie ne parle pas encore icy de cét arrangement qui rẽd le discours harmonieux, mais de celuy qui le rend net. La netteté dépẽd sans doute de l'ordre naturel, ainsi les vices qui troublẽt cét ordre empéchent aussi que le discours ne soit net. Or il y a plusieurs vices opposez à l'ordre naturel, & par consequẽt à la netteté, ce qu'il est bon de marquer. Le premier sont les hyperbates, ou transpositions trop hardies & trop frequentes: Nôtre langue aime tant la netteté, qu'elle n'en souffre aucune. Ce n'est pas parler François, dit Monsieur de Vaugelas, que de dire: *Il n'y en a point qui plus que luy se doive iustement prometre la gloire*: Il faut dire, *il n'y en a point qui plus iustement que luy se doive prometre la gloire.* Le second vice est l'embarras de paroles; il se fait lors que l'on prend de longs détours pour dire ce que l'on pense, ou que l'on insere des paroles inutiles: Par exemple : *En cela plusieurs abusent tous les jours merveilleusement de leur loisir.* Cette expression est embarrassée ; elle sera nette si on en retranche ce qui est inutile, la reduisant à ces termes : *En cela plusieurs abusent de leur loisir.* On tombe dans un troisiéme defaut, lors qu'on n'est pas exact à observer les regles de la Syntaxe, ou de la cóstruction ; ce n'est pas parler nettement que de dire : *Il ne se peut taire ny parler*, car on ne dit pas se parler : ainsi il faut dire, *il ne peut se taire ny parler.* Il a des termes dont la signification vague & étéduë ne peut être déterminée que par leur rapport à quelqu'autre terme ; lors que l'on se sert de ces termes, & que l'õ ne fait pas connoître où ils se doivent rapporter, on fait des équivoques. Par exemple, qui diroit : *Il a toûjours aimé cette personne dans son adversité*, il feroit une équivoque ; car le Lecteur n'aperçoit pas où le Pronom, *son*, doit se rapporter, si c'est à cette personne ou à celuy qui a aimé : cette faute est tres considerable. Il y a encore un autre vice contre la netteté, qui sont certaines constructions que Mõsieur de Vaugelas appelle louches, parce que l'õ croit qu'elles regardent d'un côté, & elles regardent de l'autre, comme est ce vers de l'Oracle :

Aio te, Æacida, Romanos vincere posse.

Pyrrhus fils d'Æacidas à qui s'adressoit cét Oracle l'entendoit de cette maniere, *O fils d'Æacidas, je dis que tu pourras vaincre les Romains*, & le sens étoit que les Romains remporteroiét sur luy la victoire. Les Grecs appellent ce vice *Amphibologie.* Les Parentheses trop longues, & trop frequentes sont aussi opposées à la netteté : Les exéples n'en sont que trop frequents dans les Auteurs.

L'avis que j'ay donné de placer les particules dans les lieux où elles sont necessaires, est tres-considerable. Comme nos membres ne feroient pas un corps si elles n'étoient liées les unes avec les autres d'une maniere imperceptible : aussi des paroles & des phrases ne font pas un discours, si elles ne sont liées si étroitement que le Lecteur soit conduit du commencement jusque à las fin, sans presque qu'il s'en apperçoive. Or cela se fait par ces petites particules: ce sont elles qui font un corps de toutes les parties du discours qui en unissent les membres ; c'est pourquoy l'on ne doit point les épargner ; elles font la beauté, & la délicatesse du langage. Ce sont elles qui rendent le discours coulant & suivy, sans elles il est semblable à un corps disloqué, coupé, & mis en pieces; c'est comme du sable sans chaux, *Arena sine calce*, comme l'Empereur Claude disoit du stile de Seneque. Ce qui est un défaut qui rend & languissant & desagreable tout ce que l'on dit. Le ménagement des particules est un des grands secrets de l'éloquence.

CHAPITRE XI.

De l'origine des Langues.

SI ce qne Diodore de Sicile a écrit de l'origine des Langues étoit veritable; ce que nous avons dit de ces nouveaux hômes qui se sont formez une langue ne seroit pas une fable, mais une veritable histoire. Cét Auteur proposant le sentiment des

Grecs touchant le commencement du monde, dit qu'aprés que les êlemens eurent pris leur place dãs l'Univers, & que les eaux se furent écoulées dans la mer; comme la terre qui étoit encore humide, fut échauffée par la chaleur du Soleil, elle devint feconde, & produisit les hommes & les autres animaux. Que ces hommes qui estoient dispersez de côté & d'autre, apprirent par experience, qu'il leur étoit avantageux de vivre ensemble pour se défendre les uns les autres contre les bestes: Que d'abord ils s'étoient servis de paroles confuses & grossieres, lesquelles ils polirent ensuite, & établirent des termes necessaires pour s'expliquer sur toutes les matieres qui se presentoient. Et qu'enfin comme les hommes n'étoient pas nez dans un seul coin de la terre; & que par consequent il s'étoit fait plusieurs societez differentes, dont chacune avoit formé son langage, de là il s'étoit ensuivy que toutes les Nations ne parloient pas une même langue.

Ce sont là les conjectures des Grecs qui n'avoient aucune veritable cõnoissance de l'antiquité, comme Platon le leur reproche dans l'un de ses Dialogues, où il fait dire à Timée, que les Egyptiens avoiẽt coûtume d'appeller les Grecs des enfans, parce qu'ils ne sçavoient non plus que des petits enfans, d'où ils étoient sortis, & ce qui s'étoit passé avant leur naissance; ainsi nous ne devons pas nous arrêter à leurs contes. Tous les anciens monumens de l'antiquité rendent témoignage à la verité de ce que Moyse raconte dãs la Genese de la naissance du monde, & des premier hõmes. Nous apprenõs de ce Livre divin de l'autorité duquel personne ne peut douter, que Dieu forma Adam le premier de tous les hommes, & qu'il luy donna un langage qui fut le seul dont ses enfans se servirent jusqu'au temps qu'ils voulurent élever la tour de Babel, quelques années aprés le déluge. Leur dessein en bâtissant cette tour étoit de se défendre contre Dieu même, s'il vouloit encore punir le monde par un déluge ; qu'ils esperoient ne leur pouvoir plus nuire lorsqu'ils auroient achevé cet ouvrage. Ils parurent si opiniatres dans leur entreprise, que Dieu voyant qu'ils ne cesseroient point d'y travailler, mit une telle confusion dans leurs langues, & dans leurs paroles, qu'il leur étoit impossible de comprendre ce qu'ils s'entredisoient les uns aux autres. Ils furent donc ainsi forcez de laisser imparfait cet ouvrage de leur vanité, & de se separer en divers païs.

L'opinion la plus commune touchant cette confusion, est que Dieu ne confondit pas tellement le langage de ces hõmes, qu'il fist autant de differentes langues qu'ils étoient d'hommes. L'on croit seulement qu'aprés cette confusion, chaque famille se servit d'une langue particuliere: ce qui fit que les familles s'étant separées, les hommes furent distinguez aussi bien par la differẽce de leur langage que par celle des lieux où ils se retirerent. Cette confusion ne consistoit pas seulement en de nouveaux mots; mais aussi dans le chãgemẽt ou transposition, dans l'addition ou retranchemẽt de quelques lettres de celles qui composoient les termes qui estoient en usage avant cette confusion. C'est pourquoy l'on tire facilemẽt de la lãgue Hebraique, que l'on pretend avec raison avoir été celle d'Adam, & qui s'est toûjours conservée, l'origine des anciens noms des villes, des provinces, & des peuples qui les ont premierement habitées; cõme plusieurs sçavant hommes l'ont tres-bien prouvé, mais particulierement Samuël Bochard dans sa Geographie sainte.

Ainsi ce n'est point le hazard qui a fait naître l'usage de la parole, c'est Dieu qui enseigne, & l'on pourroit dire que c'est de la premiere langue qu'il donna à Adam; que toutes les langues sont venuës comme nous venons de le dire; celle-là ayant été pour ainsi dire, divisée & multiplié. Mais cette confusion que Dieu mit dans les paroles de ceux qui vouloient élever la tour de Babel n'est pas la seule cause de cette grande diversité & multiplicité des langues. Celles qui sont en usage aujourd'huy par toute la terre, sont en bien plus grãd nõbre que n'etoiẽt les familles des enfãs de Noé lorsqu'elles se separerent, & bien differentes de leur langage. Il se fait dans les langues, aussi bien que dans toutes les autres choses, des changemens insensibles, qui font qu'aprés quelque temps elles paroissent, être tout autres qu'elles n'étoient dãs leur commencement. Nous ne doutons pas que le Frãçois que nous parlons maintenãt ne vienne de celuy qui étoit en usage il y a cinq cens ans: cependãt à peine pouvons nous entendre le François qui se parloit il y a deux cens ans. Il ne faut pas s'imaginer que ces changemens n'arrivent que dans nôtre langue. Quintilien dit que la langue Romaine de son temps, étoit si differente de celle des premiers Romains, que les Prêtres n'entẽdoiẽt presque plus les Hymnes que les premiers Prêtres de Rome avoient composez pour être chantez devant leurs Idoles.

L'inconstance des hommes est une des principales causes de ce changement; l'amour qu'ils ont pour la nouveauté leur fait établir de nouveaux mots en la place de ceux qu'ils rebutent, & introduire des manieres nouvelles de prononcer qui changent entierement le langage, & qui en font un nouveau dãs la suite des années. Aussi ceux qui recherchẽt l'étymologie ou l'origine des nouvelles langues, pour faire comprendre comment elles viennẽt des anciennes, ont soin de rapporter quelles ont esté les manieres differentes de prononcer en differens temps, & comment par ces differentes manieres les mots ont esté changez de telle sorte qu'ils paroissent tous differens de ce qu'ils étoint dans leur premiere origine. Par exemple, il n'y a pas grande conformité entre *écrire*, & le mot Latin *scribere*; dont vient le François, entre *établir* & *stabilire*: voila d'où vient cette difference. Nos François avoient coûtume en pronoçãt cette lettre S, de faire sonner devant un E, comme on le fait encore au delà de la Loire: Ainsi au lieu de *scribere*, ils prononçoient *escribere*: *establire*, pour *stabilire*. L'on a pris la coûtume ensuite de ne point prononcer la lettre S, aprés E, au commencement des mots, ainsi on a fait *ecribere*, *etabilire*; & enfin en abregeant ces mots, sont venus ces mots François, *écrire*, *établir*. Les changemens qui se sont faits de cette maniere dans la prononciation, ont tellement déguise les mots Latins qu'il s'en est fait une novelle langue. Il en est de toutes les langues comme de la Françoise. Cette langue, l'Espagnole, & l'Italienne viennent du Latin. Le Latin vient du Grec. Le Grec vient de l'Hebreu, comme le Chaldaique & le Syriaque. Ce sont les differentes manieres de prononcer qui ont causé cette grande difference qui est à present entre toutes ces lãgues. L'on s'etonne d'abord quãd on fait venir d'une lãgue plus ancienne quelque mot d'une nouvelle langue. Par exemple, un mot Latin d'un mot Hebreu, si leur differẽce est considerable. Cet étonnement vient de ce que l'õ ne prend pas garde que ce mot Latin, avant que d'avoir la forme qu'il a, a passé par plusieurs païs, & qu'il a été prononcé en differẽtes manieres qui l'ont défiguré.

Les peuples ont des inclinations particulieres pour de certaines lettres, pour de certaines terminaisons, soit par caprice ou par raison, trouvant que la prononciation de ces lettres & de ces terminaisons est plus facile, & s'accommode mieux avec leurs dispositiõs naturelles. Cela se remarque particulierement dans la langue Grecque, & c'est ce qui a introduit dans l'usage commun de cette langue ces particularitez qu'on nomme *Dialectes*. Les Attiques par exemple au lieu de σ; mettent ζι ξῦ ταῦ. Ils ajoûtent cette syllabe ιν, à la fin de beaucoup de mots : ils joignent souvent ι, à la fin des adverbes: ils abregẽt les mots au cõtraire des Ioniens qui les allongent. Les Dores, ou Doriens font dominer l'α presque par tout. Les Eoliens mettent un β avant ρ: de deux μμ, ils font deux ππ, ils changent le θ, en φ. Il en est de méme de la lãgue Chaldaique, au regard de la lãgue Hebraique. Les Italiens, les François, & les Espagnols ont leurs lettres, & leurs terminaisõs particulieres, comme on le peut voir dans les Grammaires, & dans les Dictionaires de ces langues. Ces particularitez, comme il est manifeste, changent beaucoup les langues, & mettent des grãdes differences entre-elles; de sorte que bien qu'elles viennent d'une même mere, s'il m'est permis de parler ainsi, elles ne paroissent point sœurs. Les langues Françoise, Espagnole, & Italienne semblent être sorties de langues toutes d'ifferentes.

Les changemens qui arrivent aux Etats causent

sent aussi des changemens dans le langage. Car dãs ces changemens plusieurs peuples se lient ensemble, duquel mélange l'on voit naître necessairement un langage bizarre. Ainsi nôtre François ne vient pas seulement du Latin, il est composé de plusieurs mots usitez aux anciens Gaulois, & aux Allemans avec lesquels les Romains se mêlerent dans les Gaules. La langue Angloise a plusieurs mots François, ce qui vient de ce que les Anglois ont long temps demeuré dans la France dont ils possedoient une partie tres-considerable. Les Espagnols ont plusieurs môts Arabes, ayant été dominez tres-long-temps par les Maures qui parlent Arabe. Les termes des Arts viennẽt pour l'ordinaire des lieux où ils ont été cultivez. Ainsi les Grecs ayant travaillé avec plus de soin à perfectionner les sciences, les termes des beaux Arts viennent presque tous du Grec. L'art de naviger a été fort cultivé dans le Nort, plusieurs de nos termes de marine viennent du Nort.

Les Colonies ont fort multiplié les langues. On voit que les Tyriens qui trafiquoient autrefois par toute la terre avoient porté leur langage de tous côtez. On parloit à Carthage, colonie des Tyriens, la langue Phenicienne qui est une dialecte de l'Hebreu, comme on le peut démontrer par plusieurs argumens; mais particulierement par les Vers écrits en langage Punique ou Carthaginois qui se lisent dãs Plaute. Or ces colonies multipliẽt une langue comme nous venons de le dire, & d'une elles en font plusieurs. Car outre que ceux qui võt en ces colonies ne sçavent pas assez exactement la langue de leur païs, pour la conserver sans la corrompre: cette langue recevant dans deux differens païs où on la parle des changemens differens, elle se divise, & multiplie necessairement. Il n'est pas difficile de trouver la veritable origine des langues, pourveu que l'on connoisse un peu l'antiquité; mais mõ dessein ne me permet pas de m'arrêter plus long-temps sur cette matiere. De ce que nous avons dit, il suit clairement que l'usage change les langues, qu'il les fait ce qu'elles sont, & qu'il exerce sur elles un souverain empire, comme nous le ferons voir plus amplement dans le Chapitre suivant.

CHAPITRE XII.

L'usage est le Maistre des Langues.

NOus avõs vû ce que les hõmes sont obligez de faire necessairement pour signifier leurs pensées, examinons ce qui dépend de leur liberté. Comme nous avons tous une méme nature, quelque langue que nous parlions, nous suivons ces regles que nous avons fait voir étre essentielles à l'art de parler; mais aussi il a été en la liberté des hommes de choisir dans cette infinie varieté de mots que l'on peut faire de la combinaison des lettres, ceux qu'ils ont voulu. Epicure qui étoit dans la pensée impertinente de ces Philosophes dont nous avons parlé ci-dessus, que les hõmes étoient sortis de la terre comme des potirons, pretend que les mots sont naturels; & que comme nous voyons que les animaux, à la presence de quelque objet extraordinaire, font de certains cris, les hommes ayant été frappez par les images des choses qui se presenterent à eux; l'air qui étoit renfermé dans leurs poûmons, ayant été determiné à sortir d'une certaine maniere, forma une voix que devint le nom de ces choses,

Il est tres-certain qu'il y a des voix naturelles, & que dans les passions l'air sort des poûmõs d'une maniere particuliére, & forme les soûpirs, & plusieurs exclamations, qui sont des voix veritablement naturelles. Mais il y a bien de la difference entre ce langage, qui n'est pas libre, & celuy dont nous usons pour exprimer nos idées. Il y a plusieurs preuves pour prouver que les mots ne sont point naturels. Premierement ils ne sont pas les mêmes entre toutes les langues, ce qui devroit être si la nature avoit trouvé elle-même les mots dõt nous nous servõs. Car les Turcs qui ne parlét pas François ne soûpirent pas d'une autre maniere que lès Frãçois. Toutes les brutes d'une même espece font le même cri ; & communément nous ne voyõs rien faire à un hõme, qui soit different de ce que font les autres hommes, que dãs ce qui dépand de sa liberté ; parce que la nature agit de la même maniere en tous les hommes, & ses operations sont uniformes. Ainsi les peuples ont des langages differens, c'est une marque assurée que le langage n'est point l'ouvrage de leur nature, mais de leur liberté.

Quel rapport est-ce qu'il y a entre la plus grãde partie des choses & leurs noms ? Peut on par exemple appercevoir une si grande liaisõ entre ce mot *Soleil* & la chose qu'il signifie, que ceux qui ont vû cet Astre, ayent été determinez à proferer plûtôt ce mot *Soleil* qu'un autre. Tout le rapport qu'il peut y avoir des noms aux choses, c'est par leur son. Or il faut avoüer que les hommes en cherchant un nom pour une chose, si elle fait un son ils peuvẽt avoir été portez à luy en trouver un dont la cadence exprime en quelque façõ sa nature. Cõme dans la langue Latine quand on a voulu donner un nom au Canon ; on a choisi ce mot *Bombarda*, dont le son imite celui que fait le canon; mais ces mots ne peuvent être qu'en tres-petit nombre, parce qu'il y a peu de choses qui fassent son. Ce son de six lettres *Soleil* si les homme ne l'avoient établi pour être le signe de cet Astre, n'en réveilleroit pas plûtôt l'idée que celle d'une pierre: il dépẽdoit d'eux de choisir un autre mot. Deux personnes se communiquent leurs pensées avec toutes sortes de mots Barbares; quãd une fois ils sõt convenus de ce qu'ils veulent faire signifier à ces mots.

Ainsi l'on ne peut penser ni dire raisonnablement que les mots soient naturels. L'experience montre le contraire. L'on fait tous les jours des mots nouveaux. L'õ en tire quelques-uns des autres langues; mais aussi on en invẽte qui n'ont jamais été. C'est pourquoy ce n'est point la nature que nous devons consulter pour apprendre d'elle quels termes on doit employer. L'usage est nôtre maître, & l'arbitre souverain des langues, personne ne lui peut contester cet empire. Or cet usage n'est rien autre chose que ce que les hommes usãt de leur liberté ont coûtume de faire. Un particulier s'avisa de proposer un certain terme; si plusieurs veulent biẽ prendre la coûtume de se servir de ce terme, c'en est fait, ce n'est plus un son cõfus qui ne signifie rien, mais un veritable mot qui a une idée, qui se lie avec lui par la coûtume que l'on a de penser à la chose qu'il signifie, en même tẽps qu'on le prononce; & qu'on l'entend prononcer. Nous avons vû cy-dessus comment les lãgues s'etoient formées, ce qui confirme encore ce que nous disons que le langage dépend de la volonté des hommes, de la coûtume & de l'usage.

La raisõ & la necessité nous oblige de suivre l'usage; car il est de la nature du signe d'être connu parmi ceux qui s'en servent, les mots n'étant dõc les signes de nos idées, que parce qu'ils ont été liez par l'usage à certaines choses, il est necessaire de les employer seulemẽt pour signifier les choses dont ceux à qui on parle ont coûtume de se servir, & dont ils sçavent la signification. On pouvoit appeller cet animal que nous appellons, *Cheval*, un *Chien*; & celui que nous appellons, *Chien*, un *cheval* : mais l'idée du premiers étant attachée à ce mot, *Cheval*, & celle du second à cet autre mot, *Chien*, on ne peut les confondre, & les prendre l'un pour l'autre sãs mettre une entiere cõfusion dans le commerce des hommes, semblable à celle qui s'éleva parmi ceux qui voulurẽt bâtir la tour de Babel. On méprise la bizarrerie de ceux qui ne suivent pas les modes qu'une longue coûtume autorise, c'est une bizarrerie plus grande, & qui tient de la folie, & s'écarter de l'usage ordinaire lorsqu'õ parle: & dans le temps qu'on veut expliquer ses pensées par les paroles, de les envelopper de tenebres par des termes obscurs & inconnus. Il arrive dans le langage la méme chose que dãs les habits, il y en a qui poussẽt les modes jusques à l'excés ; d'autres prenennt plaisir à s'opposer au torrent de la coûtume. Il y a des persõnes qui affectent de ne se servir que des termes, & des expressions qui sont reçeuës depuis quelque temps : Les autres déterrent le langage de leurs bisayeuls, & parlent avec ceux de leur âge, comme s'ils cõversoient avec ceux qui vivoient il y a deux cẽs ans: les uns & les autres pechent contre le bon sens

Lorsque l'usage ne fournit point de termes propres pour exprimer ce que nous voulons dire, on a droit de rappeller ceux que l'usage à rebuté mal à propos. Un homme est excusable quand pour se faire entendre il fait un nouveau mot; pour lors on doit blâmer la pauvreté de la langue, & loüer la fecondité de l'esprit de celui qui l'a enrichie. *Datur venia verborum novitati, obscuritati rerum servienti.* Pourvû toutesfois que ce nouveau mot soit habillé à la mode, qu'il ne paroisse point étranger; c'est à dire qu'il ait un son qui ne soit pas entierement different de celui des mots usitez.

CHAPITRE XIII.

Les langues s'apprennent par l'usage.

IL ne sera pas inutile pour donner une connoissance plus parfaite de l'Art de parler, de rechercher comme il se fait que les langues s'apprennent par l'usage sans étude & sans art. Le fils d'un artisan, d'un laboureur, par le langage de son pere, il se sert des mêmes mots, des mêmes manieres de parler, & il les prononce avec le mesme ton, sans que son pere l'en instruise, comme font les maitres qui enseignent les langues étrangeres. Et ce qui est merveilleux, c'est que sans presque aucun dessein d'apprendre, l'on apprend bien plus facilement à parler, en entendant parler, que lorsque l'on s'applique à écouter les leçons d'un maitre. Cela vient, comme je le croi, de ce que dans ces occasions on a la nature pour maîtresse, qui de la maniere que je vais l'expliquer, instruit bien plus efficacemẽt que ne fõt pas les autres maîtres,

Les organes de nos ſens ſont preſque tous liez es uns avec les autres;de ſorte par exemple que es oreilles étant remuées par un certain mouvenent , la langue eſt déterminée à un mouvenent proportionné à celuy qui ſe fait dans les reilles. De là vient que lorſque nous entendons hanter ou prononcer quelque parole , nous ſenons dans les organes de la voix , une diſpoſition chanter le méme air, à prononcer la meſme arole. L'homme eſt porté par la nature à imi-r tout ce qu'il voit faire. Si nous obſervions ce i ſe paſſe dans le mouvement des nerfs ou petits lets qui viennent du cerveau , nous verrions ſans oute cette admirable liaiſon , & communication s organes:nous y remarquerions que par le chãt une perſonne,les nerfs des oreilles ſont remuez une certaine maniere,que ce mouvemẽt ſe comunique aux filets qui ſervent aux organes de la role, qui ainſi reçoivent une diſpoſition pour oduire le même chant.

Cela étant on conçoit facilement comment un fant apprend le langage de ſon pere,& commẽt prononce avec le même ton , & de la même aniere les paroles qu'il entend. Son pere en luy eſentant du pain ou qu'elqu'autre choſe , a ſount fait ſonner à ſes oreilles ce mot *pain*. Ainſi mme nous avons dit ci-deſſus,l'idée de la choſe e l'on nomme *pain* , & le ſon des lettres qui mpoſent ce nom ſe ſont liées dans ſa teſte ; de te qu'il eſt porté à dire ce même mot en voyant pain ; il ſe trouve diſpoſé à le prononcer , & e fait , l'experience luy ayant fait connoître e lorſqu'il prononce ce mot on lui en donne. eſt ainſi que pluſieurs oiſeaux apprennent à par. ; mais il y a bien de la difference entre les ensans & les oiseaux, qui n'ayant point d'esprit ne prononcent jamais le petit nombre de mots qu'ils ont appris avec beaucoup de peine, que dãs le méme ordre, & dan la méme occasion où ces organes ont reçeu cette disposition pour les prononcer. Au lieu que cet enfant arrange en differentes manieres les mots qu'il a appris, & en fait mille usages differens. Il fait des discours suivis que l'on ne peut pas dire être produits par quelque impressiõ corporelle, comme les oiseaux, ainsi que le remarque Virgile, selon la disposition de l'air chantent d'une certaine maniere; & c'est ce qui nous persuade que la parole est l'appanage de l'homme.

CHAPITRE. XIV.

Il y a un bon & un mauvais usage. Moyens pour les distinguer.

QUand nous élevons l'usage sur le trône, & que nous le faisõs l'arbitre souverain des lãgues nous ne pretendons pas mettre le sceptre entre les mains de la populace. Il y a un bon & un mauvais usage; comme les gens de bien servent d'exemple à ceux qui veulent bien vivre; aussi la coûtume de ceux qui parlent bien est la regle de ceux qui veulent bien parler. *Usum qui sit arbiter dicendi, vocamus consensum eruditorum sicut vivendi, consensum bonorum.* Or il n'est pas difficile de faire le discernement du bon usage d'avec celuy qui est mauvais, des manieres de parler basse de la populace d'avec cet air noble des expressions qui sont employées par les personnes sçavantes, que la condition & le merite élevent au dessus du commun,

Il y a trois moyens de le faire. Le premier est l'experience. On peut consulter sur un doute ceux qui parlent bien: remarquer de quelle maniere ils s'exprimēt: quel tous ils donnent à leurs paroles; ce qu'ils affectent; ce qu'ils évitent. Si on ne peut avoir leur cōversation, on a les Livres où l'on parle ordinairement avec plus d'exactitude, ayant le tēps & le loisir de corriger les mauvaises façons de parler qui se glissent dās le discours. La memoire étant pleine des mechās mots qu'on entend continuellement, il est difficile qu'il n'en échappe quelqu'un dans la conversation. Dans la composition lors que l'on revoit son ouvrage, on fait sortir ces méchantes expressions qui y étoient entrées sans qu'on s'en apperçût.

Le secōd moyen que nous avons pour connoître le bon usage est la raison, comme je vais le faire voir. Toutes les langues ont les mêmes fondemēs que les hommes établiroient, si par une avanture sēblable à celle que nous avons feinte, ils étoient obligez de se faire une nouvelle langue. L'ō peut par la connoissance que nous avons donnée de ces fondemens se rendre maître & juge d'une langue, condamner les loix de l'usage qui sont opposées à celles de la nature, & de la raison. Si l'on n'a pas droit d'en établir de nouvelles, on a la liberté de ne se pas servir de celles qui sont mauvaises. Les langues ne se polissent que lors qu'on commence à raisonner, qu'on bannit du langage les expressions qu'un usage corrompu y a introduites, qui ne s'apperçoivent que par des yeux sçavans, & par une connoissance exacte de l'Art que nous traitons. Quād on ne se sert que d'expressiōs justes les langues se renouvellent, & le non usage, s'il m'est permis de parler ainsi, des méchantes manieres de parler établit l'usage de celles qui sõt raisonnables. C'est de cette maniere que la langue Grecque s'est polie, & qu'elle est devenuë sans contredit la plus belle & la plus parfaite de toutes les langues. On sçait que les Grecs se donnerent entierement à la science des mots; leurs Philosophes méloiét la Grammaire avec la Philosophie, & en faisoient une partie de leur étude. Ainsi remarquans dans leur langue ce qui choquoit la raison & les oreilles, ils tâchoient de l'éviter en cherchant des expressions plus raisõnables, & plus cõmodes. Ce langage qu'ils se formoient dans leur cabinet & dans leurs écholes, passoit bien-tôt dãs les conversations du peuple; car les Grecs, sur tout les Atheniens, avoient une passion prodigieuse pour l'éloquence. Ceux qui leur préparoient des discours étudiez étoiét écoutez favorablemẽt, c'étoit là un des grãds divertissemẽs d'Athenes. Ainsi ce peuple étant accoûtumé à entendre parler d'une maniere belle & polie, ne parloit que poliment.

Dans l'établissement du langage, la raison, ainsi que nous avons vû dans les Chapitres precedens, ne prescrit qu'un petit nombre de loix? les autres dépendant de la volonté des hõmes. Tout le mõde ne se propose qu'une même fin en parlant; mais comme on y peut arriver par differens chemins, la liberté de choisir ceux qui plaisent cause les differẽces qui se remarquét entre les manieres de s'exprimer d'une même langue. Neanmoins quelque liberté que les peres de cette langue aya pris en la formãt, on y en apperçoit une certaine uniformité qui regne dãs toutes ses expressions, & des regles constantes qui y sont observées. Les hommes suivét ordinairemét les coûtumes qu'ils ont une fois embrassées: c'est pourquoy bien que la parole dépende presque entierement du caprice des hommes, on remarque comme il a été dit, une certaine uniformité dans son usage. Si on sçait donc que les noms qui ont tel son, sont de tel Genre; quand on doutera du Genre de quelqu'autre nom, il faudra le comparer avec ceux qui se terminent de la même maniere, & dont le Genre est connu. Lors que je veux être asseuré, si la troisiéme personne du parfait simple d'un verbe qui est proposé, se doit terminer en *a*, je cõsidere son infinitif, S'il est en *er*, je n'ay plus de difficulté, sçachant que dans nôtre lãgue tous les verbes qui ont un sẽblable infinitif, terminent en *a* la troisiéme personne de ce temps.

Cette maniere de connoître l'usage d'une langue par la comparaison de plusieurs de ses expressions, & par le rapport que l'on suppose qu'elles ont entre-elles, s'appelle Analogie, qui est un mot Grec qui signifie proportion. C'est par le moyen de l'Analogie que les langues ont été fixées. C'est par elle que les Grammairiens ayant connu les regles, & le bon usage du langage, ont composé des Grammaires qui sont tres utiles lors qu'elles sont bien faites, puisque l'on y trouve ces regles que l'on seroit obligé de chercher par le travail ennuieux de l'Analogie.

De tous les trois moyens pour reconnôitre le bõ usage, le plus asseuré est l'experience. L'usage est toûjours le maître. On doit choisir les expressions les plus raisonnables, & c'est par ce choix que les langues se purifiẽt de ce qu'elles ont d'impur. Mais lors que l'usage ne nous presente qu'un seul terme, & qu'une seule expression pour exprimer ce que nous sommes obligez de dire, la raison même veut que nous cedions à la coûtume qui luy est contraire, & nous ne pechons point en employãt cette expression quoy que mauvaise. Car en cette occasion la maxime des Jurisconsultes se trouve veritable. *Communis error facit jus.* L'Analogie n'est pas la maîtresse du langage. Elle n'est pas descenduë au Ciel pour en établir les loix. Elle montre seulement quelles sont les loix de l'usage. *Non est lex loquendi, sed observatio.**

Pour apprendre parfaitement l'usage d'une langue, il en faut étudier le genie, & remarquer les idiomes, ou manieres de parler qui luy sont particulieres. Le Genie d'une langue consiste en de certaines qualitez que ceux qui la parlent affectent de donner à leur stile. Le Genie de nôtre langue est la netteté & la naïveté. Les François recherchent ces qualitez dans le stile, & sont fort differens en cela des Orientaux qui n'ont de l'estime que pour les expressions mysterieuses, & qui donnent beaucoup à penser. Les idiomes distinguent les langues les unes des autres aussi bien que les mots. Ce n'est pas assez pour parler François de n'employer que de termes François; car si on tourne ces termes, & qu'on le dispose, comme feroit un Alleman ceux de sa langue; c'est parler Alleman en François. L'on appelle *Hebraismes* les idiomes de la langue Hebraique. *Hellenismes* ceux de la langue Greque; & ainsi des autres langues. C'est un Hebraisme que de dire *vanité des vanitez*, au lieu de dire la plus grande de toutes les vanitez; & de marquer une distributiō par la repetition d'un même mot, comme dans ce discours: Noé fit entrer dans l'Arche, *sept*, & *sept*, de tous les animaux pour dire, Noé fit entrerer *sept paires* de tous les animaux. C'est un Hellenisme, que de se servir de l'infinitif au lieu des noms; mais c'est idiome se trouve aussi dans nôtre langue, qui a une tres-

* *Quintilien.*

grande conformité avec la Greque. Les expressions qui ont été rejettées par l'usage nouveau, & qui sont ainsi particulieres aux Anciens Auteurs se nomment *Archaismes*. Chaque Province a son idiome qu'il n'est pas facile de quitter. Tite-Live dont l'éloquence est si pure, n'a pû purger son stile de celuy de la ville de Padoüe dont il étoit, comme l'a remarqué Asinius Pollio, selon Quintilien. * *In Tito Livio mira facundia viro, putat inesse Pollio Asinius quandam Patavinitatem.*

CHAPITRE XV.

De la pureté du langage.

PUis qu'il se faut donc soûmettre à la tyrannie de l'usage, nous devons étudier avec soin ses loix pour les observer religieusement. La premiere étude doit être des mots particuliers, dont il faut rechercher avec exactitude les idées propres pour ne les employer que dans leur propre signification c'est à dire pour signifier exactement les idées ausquelles ils ont été attachez par l'usage. Outre cela il faut faire attention à toutes les idées accessoires du mot dont on se sert, de crainte de prendre le noir pour le blanc; en donnāt une idée basse d'une chose qu'on a dessein de relever & faire paroître. Il y en a qui croyent que pour bien parler il suffit de n'employer que des mots qui soiēt autorisez par l'usage: il faut outre cela prendre les mots dās la signification precise que leur donne l'usage, comme nous venons de le dire. Pour faire le portrait du Roy, ce n'est pas assez de representer un visage avec deux yeux, un nez, une bouche; il

* *Liv. 8. c. 1.*

faut exprimer les traits du visage du Roy. On s'imagine aussi devenir éloquêt pourveu qu'on charge sa memoire des phrases ramassées dans les livres de ceux dont l'éloquence est estimée; on se trompe fort, & ceux qui suivent cette methode ne parlent jamais juste. Car ils accommodent les choses qu'ils traitent à ces phrases, sans se souvenir du lieu où les Auteurs de qui ils les ont prises les avoient appliquées : ainsi leur discours est semblable à ces habits qu'on achete chez les frippiers, qui ne sont jamais si justes que ceux que l'on fait faire pour soy. Leur stile est aussi bizarre que ces grotesques qui sont faits de mille pieces rapportées, cōme de coquillages de differentes couleurs, & de quantité d'autres bagatelles qui n'ont aucun rapport naturel avec la figure qu'elles representent.

Les phrases dans le stile, sont comme les pieces dans un habit, une marque de pauvreté; elles remedient en remplissant les places vuides du discours; car enfin quand on est garny de phrases, on ne demeure jamais court C'est pourquoy un de nos Poëtes se plaint agreablement du chagrin de sa Muse qui rejettoit un secours si favorable.

Encor si pour rimer dans ma verve indiscrete
Ma Muse au moins souffroit une froide épithete,
Je ferois comme un autre, & sans chercher si loin :
J'aurois toûjours des mots pour les coudre au besoin;
Si je loüois Philis en miracle feconde,
Je trouverois bien-tôt, à nulle autre seconde.
Si je voulois vanter un objet nompareil,
Je mettrois à l'instant, plus beau que le Soleil.
Enfin parlant toûjours & d'Astres & de merveilles,
De chef-d'œuvres des Cieux, de beautez sans pareilles,

Avec tous ces beaux mots souvent mis au hazard
Ie pourrois aisement, sans genie, & sans art,
Et transposant cent fois, & le nom & le verbe.
Dans mes Vers recousus mettre en pieces Malherbe.

Ce n'est pas assez de choisir des termes usitez, & propres, leur liaison doit être raisonnable; sans cela un discours n'aura aucune forme, non plus que les lettres d'imprimerie qu'on jetteroit au hazard sur une table; car les idée de chaque mot en particulier peuvent être tres claires, & ne faire cependant aucun sens jointes ensemble; parce que les idées ausquelles ils ont été joint par l'usage sont incompatibles. Ces deux mots *quarré* & *rond* sont tres-bons, leurs idées sont claires. On conçoit bien ce que c'est qu'être quarré, ce que c'est qu'être rond; mais unissant ces deux mots en disant un *quarré rond*, on dit une chose qui ne peut pas être conçuë. On ne peut pas comprendre qu'on *chausse des gans*, cependant ces deux mots *chausser*, & *gans* sont tres François; n'y qu'on *descende à cheval*, quand on y monte. Lors que la repugnance de deux idées n'est pas si manifeste, & que a liaison de deux termes n'est pas clairement condãnée par l'usage que celle de ces termes *chausser des gans*, *descendre à cheval*, elle n'est apperçuë que par un petit nombre de personnes. La pluspart de ceux qui entendront prononcer ces paroles suivantes seront surpris par leur éclat, & n'appercevront pas qu'elles ne forment aucun sens raisonnable. *De nobles journées qui portent de hautes destinées au delà des mers.* N'est-ce pas une confusion de belles paroles qui ne signifient rien.

Le comble des grandeurs sappe leur fondement.

Qui est celuy qui peut imaginer ce que dit l'Auteur de ce Vers ? Les idées de *comble* & de *Sapper* se combattent, il est impossible de les allier. On sçait bien ce que veut dire le Poëte, mais asseurément il ne dit pas : Cette faute est plûtôt une faute de jugement qu'une ignorance du langage. Ce qui fait voir que pour parler juste on doit travailler pour le moins autant à former son jugement que sa langue.

Pour le rang qu'il faut donner aux mots lors qu'on les lie ensemble, les oreilles instruisent si sensiblement de ce qu'il y faut observer, qu'il n'est pas besoin que j'en parle. L'usage ne garde pas toûjours l'ordre naturel dans certains mots. Il veut qu'on place les uns les premiers, il veut qu'on éloigne les autres. Les oreilles qui sont accoutumées à cét arrangement en apperçoivent les moindres changemens, & elles en sont blessées. Nous sommes plus touchez de ce qui choque nos sens, que de ce qui choque la raison On sera moins choqué d'un mauvais raisonnement que de cette transposition *téte ma*, pour *ma téte*. Ce defaut est si visible qu'il n'est pas besoin d'avertir que l'on y prenne garde.

Le discours est pur lors que l'on suit le bon usage, se servant de ce qu'il approuve, & rejettant ce qu'il condamne. Les vices opposez à la pureté sont *le barbarisme & le solecisme* : Les Grammairiens ne sont pas d'accord touchant la définition de ces deux vices. Monsieur de Vaugelas dit que le barbarisme est aux mots ; aux phrases, & aux particules; & que le solecisme est aux déclinaisõs, aux conjugaisons, & en la construction. On commet un barbarisme en disant un mot qui n'est point François, comme *pache* pour *pacte* ; ou un mot qui est François en un sens, & non pas en l'autre, comme *lent* pour *humide*; en se servant d'un adverbe pour une proposition ; comme de dire *dessus la table*, pour *sur la table*; en usant d'une phrase qui n'est pas Françoise, comme *élever les mains vers le Ciel*, au lieu de dire *lever les mains au Ciel*; *je m'en suis fait pour cent pistoles*, comme disent les Gascons, au lieu de dire, *j'ay perdu cent pistoles au jeu*. C'est un barbarisme de laisser les particules qu'il faut mettre, ou de mettre celles qu'il faut laisser. Pour le solecisme qui a lieu dãs les declinaisons, dans les conjugaisons, & dans la construction ; voicy des exemples de tous les trois. *Les émails* pour *les émaux*; *il allit* pour *il alla*; *je n'ay point de l'argent*, pour *je n'ay point d'argent* : *Un grand erreur* pour *une grande erreur*, *j'avons fait cela*, pour *nous avons fait cela*.

Monsieur de Vaugelas remarque qu'il y a bien de la difference entre la netteté dont nous avons parlé cy-dessus, & la pureté dont nous parlõs presentement. Un langage pur est ce que Quintilien appelle *emendata oratio*, & un langage net ce qu'il appelle, *dilucida oratio*. Ce sont deux choses si differentes, dit Monsieur de Vaugelas, qu'il y a une infinité de gẽs qui écrivent nettement, c'est à dire clairement, & intelligiblement en toutes sortes de matieres ; c'est à dire qui s'expliquent si bien, qu'à la simple lecteure on conçoit leur intẽtion : & neanmoins il n'y a rien de si impur que leur langage. Comme au contraire il y en a qui écrivent purement ; c'est à dire sans barbarisme, & sans solecisme; & qui neanmoins arrangent si mal leurs paroles, & leurs periodes, & embarassent tellement leur stile qu'on a peine à les entendre.

CHAPITRE XVI.

De l'élegance.

LEs plus belles expressions deviennent basses lors qu'elles sont prophanées par l'usage de la populace qui les appliquent à des choses basses: L'applicatiõ qu'elle en fait attache à ces expressiõs une certaine idée de bassesse, qui fait qu'on ne peut s'ẽ servir sãs soüiller pour ainsi dire les choses que l'on en revêt. Ceux qui écrivent poliment évitent avec soin ces expressions, & c'est ce qui fait en partie que les langues changent continuellement.

Vt sylva foliis pronos mutantur in annos,
Prima cadunt; ita verborum vetus interit ætas,
Et juvenum ritu florent modò nata, vigentque.

Les personnes de qualité, & les sçavans tâchent de s'élever au dessus de la populace. Pour cela, évitant de parler comme elle, ils n'employent jamais ces expressions qu'elle gâte par le mauvais usage qu'elle en fait. Les hommes imitent volõtiers ceux dont ils estiment la qualité; ce qui fait qu'en tres-peu de temps les mots que les riches ou les sçavans bannissent de leur conversation, ne sont ensuite reçus de personne: ils sont obligez de quitter la Cour & les villes, & de se retirer dans les villages pour n'être plus que le langage des païsans.

Mais enfin outre cette exactitude à garder les loix de l'usage, & ce soin à n'employer que des façons de parler pures; il faut avoüer que ce qui éleve au dessus du commun ceux qu'on admire, est un certain art, ou un bon heür qui leur fait trouver des expressions riches & ingenieuses pour dire ce qu'ils pensent. Avec un peu de soin & d'étude on évite la censure des Critiques ; mais on ne peut plaire que par un bon-heur qui est tres-rare. Que peut-on blâmer dans les paroles suivantes? C'est à Cadmus que la Grece est redevable de l'invention des caracteres ; c'est de luy qu'elle a appris l'art de l'Ecriture. On ne peut, dis-je, blâmer cette expression, mais on est charmé lors qu'on entend la même chose exprimée de cette autre maniere noble & spirituelle.

C'est de luy que nous vient cét art ingenieux
De Peindre la parole, & de parler aux yeux,
Et par les traits divers de figures tracées,
Donner de la couleur & du corps aux pensées.

Ce choix d'expressions riches & heureuses fait ce qu'on appelle l'élegance ; mais outre cela pour rendre un discours elegant, il est necessaire que l'on y fasse appercevoir une certaine facilité qu'on remarque dans ces belles statuës qu'on appelle en Latin *Elegantia signa*. Cette facilité plaist à la vuë, en ce qu'elles imitent de plus prés la nature, dont les operations n'ont rien de gesné. Ces statuës, grossieres dont les membres sont roides & collez les uns contre les autres, *rigentia signa*, choquent les yeux. Quand un homme a peine à s'exprimer on travaille avec luy, & on ressent une partie de sa peine ; s'il s'exprime d'une maniere si naturelle & facile, qu'il semble que chaque mot soit venu prendre sa place sans qu'il ait eu la peine de l'aller chercher, cette facilité plaît infiniment. La vuë d'un homme qui se jouë, relâche en quelque maniere l'esprit de ceux qui l'écoutent.

Cette facilité se fait sentir dans un ouvrage lors que l'on se sert d'expressions naturelles, que l'on évite celles qui semblent recherchées, & qui portent les marques sensibles d'un esprit qui fait les choses avec peine. Ce n'est pas que pour se servir de termes naturels & propres, il ne soit besoin de travail, mais ce travail ne doit pas paroître, *Ludentis speciem dabit & torquebitur.* Autant qu'on le peut & que la matiere qu'on traite le permet, il faut donner à son discours ce tour libre des conversations. Sans doute que lors qu'une personne dans l'entretien parle avec un air facile & enjoüé, cela ne sert pas peu à faire entrer dans ses sentiments; le plaisir qu'on prend dans sa conversation rend les choses aisées.

DE L'ART DE PARLER,

LIVRE SECOND.

CHAPITRE PREMIER.

Il n'y a point de langue assez riche, & assez abondante, pour fournir des termes capables d'exprimer toutes les differentes faces sous lesquelles l'esprit peut se representer une même chose. Il faut avoir recours à de certaines façons de parler qu'on appelle Tropes : on en explique icy la nature & l'invention.

LA fecondité de l'esprit des hommes est si grande, qu'ils trouvent steriles les langues les plus fecondes. Ils tournent les choses en tant de manieres, ils se les representent sous tant de faces differentes, qu'ils ne trouvent point de termes pour toutes les diverses formes de leurs pensées. Les mots ordinaires ne sont pas toûjours justes, ils sont ou trop forts ou trop foibles; ainsi pour exprimer exactement ce que l'on pense, on est obligé de se servir de cette adresse dont on use quand ne sçachant pas le nom propre de celuy que l'on veut indiquer, on le fait par des signes, & des circonstances qui sont tellement attachées à sa personne, que ces signes & ces circonstances excitent l'idée qu'on n'a pû signifier par un nom propre. C'est un soldat, dit-on c'est un Magistrat, c'est un petit homme.

Crine ruber, niger ore, brevis pede, lumine læsus.

Les objets qui ont entre eux quelque rapport & quelque liaison, ont leurs idées en quelque maniere liées les unes avec les autres. En voyant un soldat on se souvient facilement de la guerre. En voyant un homme on se souvient de ceux dans le visage desquels on a remarqué les mêmes traits. Ainsi l'ipée d'une chose peut être excitée par le nom de toutes les autres choses avec lesquelle elle a quelque liaison.

Quand pour signifier une chose on se sert d'un mot qui ne luy est pas propre, & que l'usage avoit appliqué à un autre sujet, cette maniere de s'expliquer est figurée; & ces mots qu'on transporte de la chose qu'ils signifient proprement, à une autre qu'ils ne signifiér qu'indirectement, sont appellez Tropes, c'est à dire termes dont on change & on renverse l'usage; comme leur nom qui est Grec le fait assez connoistre, *τρέπω verto*. Les Tropes ne signifient les choses ausquelles on les applique, qu'à cause de la liaison & du rapport que ces choses ont avec celles dont ils sont le propre nom; c'est pourquoy on pourroit compter autant d'especes de Tropes, que l'on peut marquer de differés rapports:mais il a plû aux premiers Maitres de l'Art de n'en établir qu'un petit nombre.

CHAPITRE II.

Liste des especes de Tropes qui sont les plus considerables.

METONYMIE.

JE donne entre les especes des Tropes, la premiere place à la *Metonymie*, parce que c'est le Trope le plus étendu, qui comprend sous luy plusieurs autres especes. *Metonymie* signifie un nom pour un autre. Toutes les fois qu'on se sert d'un autre nom que de celuy qui est propre, cette maniere de s'exprimer s'appelle une Metonymie, comme quand on dit : *Cesar a ravagé les Gaules; tout le monde lit Ciceron; Paris est allarmé* : il est évident que l'on veut dire que l'armée de Cesar a ravagé les Gaules; Que tout le monde lit les ouvrages de Ciceron ; Que le peuple de Paris est dans une grande crainte. Il y a une si grande liaison entre le Chef & son armée, entre un Auteur & ses écrits, entre une ville & des citoyens, qu'on ne peut penser à l'un que l'idée de l'autre ne se presente aussi-tôt. Ainsi ce changement de nom ne cause aucune confusion.

SYNECDOCHE

LA *Synecdoche* est une espece de Metonymie, par laquelle on met le nom du tout pour celui de la partie, ou celuy de la partie pour le nom du tout: comme quand on dit *l'Europe*, pour la France, ou la *France* pour *l'Europe*: le *rossignol* pour un oiseau en general: *oiseau* pour *rossignol*: *arbre* pour une espece d'arbres en particulier, ou une espece d'arbres pour toutes sortes d'arbres. On dira: La peste est en Angleterre, quoy qu'elle ne soit qu'à Londres; qu'elle est à Londres, quoy qu'elle soit dans toute l'Angleterre. On dit en parlãt d'ũ rossignol en particulier, d'ũ chesne en particulier: Voilà un bel oiseau: voilà un bel arbre: se servant avec cette liberté du nom de la partie pour signifier le tout, & du nom du tout pour signifier la partie.

On rapporte á cette espece de Trope la liberté que l'on prẽd de mettre un nombre certain & déterminé pour un nõbre qu'õ ne sçait pas précisement. On dira: Cette maison a cent belles avenues, lorsqu'elle en a plusieurs, & qu'on n'en sçait pas le nõbre. Quand aussi pour faire un compte rond, on ajoûte ou l'on retranche ce qui empêcheroit que le compte ne fût rond. S'il y a quatre-vingts dix-neuf ans trois mois, quinze jours: on dira librement, il y a cent ans.

ANTONOMASE.

L'Antonomase est une espece de Metonymie. Elle se fait lorsqu'on applique le nom propre d'une chose à plusieurs autres; ou au contraire

lorsque

lorſque l'on donne à une choſe particuliere un nom commun à pluſieurs. Sardanapale étoit un Roy voluptueux. Neron un Empereur cruel; c'eſt par Antonomaſe qu'on appellera un voluptueux un *Sardanapale*, & que l'on donnera le nom de Neron à un Prince cruel. Ces mots d'Orateur, de poëte, de Philoſophe ſont des noms communs, & qui ſe donnent à tous ceux qui ſont d'une même profeſſion: cependant on applique ces mots à des particuliers, comme s'ils leur étoient propres. On dit parlant de Ciceron, l'Orateur donne ce precepte dans ſa Rhethorique. Le Poëte a fait la deſcription d'une tempête dans le premier Livre de ſon Æneïde, pour dire Virgile a fait, &c. Le Philoſophe l'a demontré dans ſa Metaphyſique, au lieu de dire Ariſtote l'a démontré. Dans chaque état ceux qui y excellent pardeſſus le commun s'en approprient auſſi la gloire & le nom. Toutes les fois qu'on parle de l'éloquence, on penſe facilement à Ciceron, & par conſequent l'idée d'Orateur & de Ciceron ſe lient de ſorte, que l'une ſuit l'autre.

METAPHORE.

LEs Tropes ſont des noms que l'on tranſporte de la choſe dont ils ſont le nom propre, pour les appliquer à des choſes qu'ils ne ſignifiet qu'indirectement; ainſi tous les Tropes ſont des *Metaphores*, car ce mot qui eſt Grec ſignifie tranſlation. Cependant on donne le nom de Metaphore par Antonomaſe à une eſpece de trope, & pour lors on définit la Metaphore un Trope par lequel on met un nom étranger pour un nom propre, que l'on emprunte d'une choſe ſemblable à celle dont on parle, On appelle les Roys les Chefs de leur Royaume, parce que comme le chef commande à tous les membres du corps, les Roys commandent à leurs sujets. L'Ecriture sainte appelle élegamment le Ciel durant une secheresse; un ciel d'airain. On dit d'une maison qu'elle est riante, lorsque la vüë en est agreable, & semblable en quelque maniere à cét agréement qui paroit sur le visage de ceux qui rient.

ALLEGORIE.

L'Allegorie se fait lorsqu'en parlant on semble dire toute autre chose que ce que l'on dit en effet, comme l'étimologie de ce mot le marque. C'est une continuation de plusieurs Metaphores. Il y en a un bel exemple dãs le Poëme de saint Prosper, *part.* 2. *ch.* 14. en parlant des effets de la Grace.

C'est elle qui suivant son immuable loy
Seme en l'esprit ce grain dont doit naistre la foy,
Luy fait prendre racine, & par ces douces flames
Fait pousser puissamment son germe dans nos ames.
C'est elle qui d'enhaut veille pour le nourir,
Qui le garde sans cesse, & qui le fait meurir.
Elle a soin que l'yvraie, ou les aspres épines
N'étouffent en croissant ces semences divines;
Qu'un vent de complaisance, un souffle ambitieux
Ne renverse l'épi qui monte vers les Cieux;
Que le torrent bourbeux des charnelles délices
Ne l'entraisne avec soy dans le torrent des vices;
Qu'un lâche amour de l'or ne le seche au dedans
Par l'invisible feu de ses desirs ardens;
Ou que, lorsqu'élevé sur sa tige superbe
Il dédaigne de loin la bassesse de l'herbe.

Vn tourbillon d'orgueil comme un foudre soudain
Ne luy donne en sa chûte une honteuse fin.

Prenez garde que dans l'Allegorie il faut finir comme l'on a commancé, & prendre toutes les Metaphores des mémes choses dont on a emprũté les premieres expressions. Ce que vous voyez que saint Prosper observe exactement, prenant toutes ces Metaphores des choses qui regardent les bleds. Quand ces Allegories sont obscures, & qu'on n'apperçoit pas d'abort le sens naturel des paroles de l'Auteur; elles peuvent être appellées Enigmes, telle qu'est celle cy Le Poëte décrit les agitations du sang pendant la fiévre.

Ce sang chaud & boüillant, cette flâme liquide,
Cette source de vie à ce coup homicide,
Et son lit agité ne se peut reposer,
Et consume le champ qu'elle doit arroser.
Dans ses canaux troublez sa course vagabonde
Porte un tribut mortel au Roy du petit monde.

Ce dernier Vers particulieremẽt est fort Egnimatique, & tout d'un coup on ne découvre pas que ce Roy est le cœur qui est le principe de la vie, par lequel tout le sãg du corps passe continuellement: Il faut faire reflexion sur ce qu'on dit, que l'homme est un petit monde.

LITOTE.

LItote ou *diminution* est un Trope par lequel on dit moins qu'on ne pense, comme quand on dit: *Je ne puis vous loüer*: laquelle expression, est la marque d'un reproche secret. *Je ne méprise pas vos presens* : au lieu de dire, je les reçois volontiers.

HYPERBOLE.

L'Hyperbole est un Trope qui represente les choses ou plus grandes ou plus petites qu'elles ne sont dans la verité. On employe les Hyperboles lorsque les termes ordinaires sont, ou trop foibles ou trop forts, & ne se trouvent pas proportionnez à nôtre idée: Ainsi craignant de ne pas assez dire, on dit plus. Comme si je veux exprimer la vitesse d'un excellant coureur; je diray qu'il va *plus vite que le vent*. Si je parle d'une personne qui marche avec une extréme lenteur; je dirai qu'il marche *plus lentement qu'une Tortuë*. On peut dire que ces expressions sont de mensonges; mais ces mensonges sont fort innocens, puis qu'ils font coônître la verité. Ces Hyperboles comme il paroît dans les exemples que nous venons de proposer, font concevoir que la vitesse de l'un est bien grande, & que la lenteur de l'autre est extréme, puisque l'on dit du premier, qu'il va *plus vite que le vent*, & de l'autre, qu'il *marche plus lentement qu'une Tortue*.

IRONIE.

IRonie est un Trope par lequel on dit tout le contraire de ce que l'on pense; comme quand on appelle *homicide de bien* une personne dont les vices sont connus. Le ton de la voix avec lequel on prononce ordinairement les Ironies, & la qualité de la personne à qui on sçait que le titre qu'on luy donne ne convient pas, font connoître la pensée de celuy qui parle.

CATACHRESE.

Catachreſe eſt le Trope le plus libre de tous: on apprend la liberté d'emprunter le nõ d'une choſe toute contraire a celle qu'on veut ſignifier, ne le pouvant faire autrement ; comme lorſqu'on dit *un cheval ferré d'argent*. La raiſon rejette cette expreſſion, mais la neceſſité oblige de s'en ſervir. *Aller à cheval ſur un bâton ; Equitare in arundine longâ*. Un bâton n'eſt pas un cheval. Ces expreſſions enferment une contradiction, mais on s'entend bien.

Voilà les eſpeces de Tropes les plus conſiderables; & c'eſt à ces eſpeces que les Maîtres rapportẽt tous les Tropes dont on ſe peut ſervir. Ie n'ay pas pretendu enſeigner la maniere d'en trouver: Outre que l'uſage en fournit en tres-grand nombre; dans la chaleur du diſcours, on ſçait ſe ſervir de tout ce que l'imagination preſente : & cõme dans la paſſion on ne manque jamais d'armer, parce que la colere donne l'adreſſe de s'armer de tout ce que l'on rencontre, *Furor arma miniſtrat*; lorſque l'on a l'imagination échauffée, on ſe ſert de tous les objets qui ſe trouvent dans la memoire pour ſignifier ce que l'on veut dire. Il n'y a rien dans la nature que l'on n'applique à la choſe dont on parle, & qui ne fourniſſe des Tropes au beſoin, lorſque les termes propres mãquent.

CHAPITRE III.

Du bon usage des Tropes. Ils doivent étre clairs.

C'est particulierement dans les Tropes que consistent les richesses du langage. Aussi comme le mauvais usage des grãdes richesses, cause le déreglement des Etats; le mauvais usage des Tropes est la source de quantité de fautes que l'on commet dans les discours ; c'est pourquoy il est important de le regler. Premierement l'on ne doit employer les Tropes que pour exprimer ce qu'on n'auroit pû representer que tres-imparfaitement avec des termes ordinaires; & lorsque la necessité oblige de s'en servir, il faut qu'ils ayent deux qualitez, dont la premiere est qu'ils soient clairs, & fassent entendre ce que l'on veut dire, puisque l'on ne s'en sert que pour rendre le discours plus expressif. Et la seconde est qu'ils soient proportionnez à l'idée, dont ils font la peinture.

Trois choses empéchẽt les Tropes d'être clairs, la premiere est lorsqu'ils sont tirez de trop loin, & pris de choses qui ne donnent pas occasion à l'ame de penser d'abord à ce qu'il faut qu'elle se represente pour découvrir la pensée de celuy qui parle: comme si on appelloit une maison de débauche, les syrtes de la jeunesse, on ne pourroit penetrer le sens de cette Metaphore qu'aprés avoir rappellé dans sa memoire que les syrtes sont des bancs de sable proche de l'Afrique fort dãgereux: au contraire en nommãt cette maison l'écueil de la jeunesse, ce que l'on a voulu signifier est aussi

ôt apperçû. Pour éviter ce defaut, on doit tirer les
Metaphores de choses sensibles qui se soiét presen-
ées souvent à nos yeux, & dont l'image par con-
equent se presente d'elle même, sans qu'on la
herche. En voulant indiquer une personne, dont
e nom ne m'est pas connu, je me rendrois ridicu-
e si je me servois de certains signes obscurs qui ne
onneroient aucune occasion facile à ceux qui
l'écouteroient de se former une idée de cette per-
onne. Mais ce defaut que l'on évite avec tant de
oin dans la conversation, est recherché comme
ne vertu par un tres-grand nombre d'Auteurs. Il
a des personnes qui prennent plaisir à chercher
ort loin toutes leurs Metaphores, & à les em-
unter de choses peu connuës pour faire paroître
ur erudition. S'ils parlent d'une province, ils luy
onnent par *Synecdoche* le nom d'une de ses parties
ui sera la moins connuë. Leurs Tropes viendront
us du fond de l'Asie, de l'Afrique. Il faut pour
s entendre sçavoir le nom des plus petits villages,
toutes les fontaines, de toutes les collines du
ïs, dont ils parlent. Ils ne nomment jamais une
rsonne par son nom, mais par celuy de l'ayeul de
s ayeuls; faisans une vaine montre de la connois-
nce qu'ils ont de l'antiquité.

L'idée du Trope doit être tellement liée avec
lle du nom propre qu'elles se suivent, & qu'en
citant l'une des deux, l'autre soit renouvellée.
defaut de liaison est la seconde chose qui rend
Tropes obscurs. Cette liaison est ou naturelle
artificielle. J'appelle liaison naturelle, celle
i se trouve lorsque les choses signifiées par les
s propres, & par les Metaphoriques ont un rap-
rt naturel, qu'elles se ressemblent, qu'elles dépen-
nt les unes des autres: comme quand on dit d'ũ

homme, qu'il a les bras d'airain pour dire que ses bras sont fort. On peut appeller naturelle la liaison qui est entre ce Trope, & son nom propre. J'appelle liaison artificielle, celle qui a été faite par l'usage. C'est la coûtume d'appeller un homme avec lequel on ne peut traiter, un Arabe: C'est un terme usité, la coûtume qu'on a de s'en servir dans ce sens, fait que l'idée de ce mot Arabe, réveille, celle d'un homme intraitable. Une liaison artificielle est plûtôt apperçuë qu'une liaison naturelle, parce que cette premiere ayant été établie par l'usage, on y est accoûtumé.

L'usage trop frequent des Tropes est la troisiéme chose qui les rend obscurs. Les Metaphores les plus claires ne signifient les choses qu'indirectement. L'idée naturelle de ce que l'on n'exprime que par Metaphore ne se presente point à l'esprit qu'aprés quelque reflexion; on s'ennuye de toutes ces reflexions, & l'on souhaite que celuy que l'on écoute épargne la peine de deviner ses pensées. Mais quand nous condamnons le trop frequent usage des Tropes, nous parlons de ceux qui sont extraordinaires: Il y en a qui ne sont pas moins usitez que les termes naturels; ainsi ils ne peuvent jamais obscurcir le discours.

L'on ne doit jamais se servir d'expressions Metaphoriques, qui ne soient pas ordinaires, sans y avoir preparé les Lecteurs. Un Trope doit être precedé de choses qui les empêchent de prendre le change; & la suite du discours leur doit faire connoître qu'il ne faut pas s'arrêter à l'idée naturelle que presẽtẽt les termes que l'on employe. A moins que d'être extravagant, ou de vouloir prendre plaisir à ne pas être entendu, on ne cõtinuë point depuis le commencement d'un discours ou d'un livre jusqu'à usqu'à la fin dans des perpetuelles Allegories. Nous ne pouvons connoître la pensée d'un hôme que lorsqu'il nous en dône au moins quelquefois les signes naturels & qui ne sont point équivoques. Comment sçavons-nous qu'une personne se jouë, & ne parle pas serieusement, sinon parce que nous l'avons veu serieux en d'autres occasions ? Comment distingue-t-on un bâteleur qui fait le fou, d'avec un fou veritable ? N'est ce pas parce que l'on voit que ce bâteleur ne jouë ce personnage que pour un peu de temps, & qu'un fou est toûjours fou? Quâd donc on pretéd qu'un Auteur n'a jamais exprimé ses pensées que par des Metaphores, on le juge capable d'une extravagâce qui est presque inouïe, à moins que quelque trait de politique ne l'obligeât à obscurcir son discours.

CHAPITRE IV.

Les Tropes doivent étre proportionnez à l'idée qu'on veut donner. Cette idée. doit être raisonnable.

L'Usage des Tropes est absolument necessaire parce que souvent les mots ordinaires ne suffisent pas. Si je veux donner l'idée d'un rocher dôt la hauteur est extraordinaire ; ces termes grand, haut, élevé, qui se donnent aux rochers d'une hauteur commune, n'en feront qu'une peinture imparfaite: mais disant que ce rocher semble *menacer le Ciel*, l'idée du *Ciel* qui est la chose la plus élevée de toute la nature, l'idée de ce mot *menacer* qui convient à un hôme qui est au dessus des autres, forme l'idée de la hauteur extraordinaire qu je ne pouvois exprimer d'une autre maniere que par cette hyperbole. On dit plus, de crainte de ne pas dire assez. Mais il faut apporter beaucoup de temperament dans ces expressions, & prendre garde qu il y ait toûjours quelque proportiõ entre l'idée naturelle du Trope, & celle que l'on a dessein de donner ; autrement ceux qui écoutent s'imaginent toute autre chose que ce que pense l'Auteur. Si en parlant d'une vallée mediocremẽt profonde, on dit qu'elle va *jusques aux Enfers*; si en parlant d'un rocher qui est peu élevé, on dit *qu'il touche les Cieux* ; qui ne croira pas que l'on parle d'une vallée d'une profondeur prodigieuse, & d'un rocher d'une merveilleuse hauteur? Il faut sur tout prendre garde que le Trope ne dõne une idée toute contraire à celle qu'on veut donner, & que voulant faire pleurer on ne fasse rire, si la Metaphore dont on se sert donnoit une idée ridicule comme est celle cy : *Morte Catonis, Respublica castrata est.*

Il y a mille moyens de temperer les expressions hardies dont on est quelquefois contraint de se servir. On y peut apporter ces adoucissemens: *Pour ainsi dire, si j'ose me servir de ces termes ; pour m'exprimer plus hardiment* ; prevenant ainsi le Lecteur, lors on a soin de sa reputation ; car il est évident que le mauvais usage des Tropes est une marque d'une imagination dereglée. Ces grãdes expressiõs sõt les marques de nos jugemẽs & de nos passions. Lors que les objets nous paroissent rares, & que nous les jugeons tels, soit pour leur bassesse, soit pour leur extreme grãdeur; pour lors nous ressentons des mouvemens d'estime, ou de mépris, de haine ou d'amour, lesquels nous exprimõs par des paroles proportionnées à nôtre jugement, & à nôtre passion. Si donc les jugemens que nous avons formez de ces objets sont téme-raires, si les sentimens que nous en avons conçûs sont dêraisōnables, nôtre discours nous trahit, & decouvre nôtre foiblesse. Ainsi ce n'est pas assez que les Tropes soient proportionnez à nos idées, mais il faut que ces idées soiēt iustes. Les hōmes n'aiment que les grandes choses: c'est pourquoy les Auteurs qui prenāt pour fin & pour regle de leur Art la satisfactiō de leurs Lecteurs, affectent de n'employer que de grāds mots, que de riches Metaphores, que des Hyperboles hardies, paroissent ridicules à ceux qui examinent les choses, & ne produisent aucun effet dans l'esprit de ceux qui les estiment, qu'une vaine admiration. Les personnes raisonnables ne peuvent souffrir qu'un hōme regarde d'un méme œil les petites & les grandes choses: que tout luy paroisse grād; qu'il estime aussi bien une bagatelle, que la chose la plus serieuse & la plus importante, & qu'il parle de tout avec un stile égal.

CHAPITRE V.

Vtilité des Tropes.

LEs Tropes font une peinture sensible de la chose dont on parle. Quand on appelle un grand Capitaine *un foudre de guerre*, l'image du foudre represēte sensiblemēt la force avec laquelle ce Capitaine subjugue des Provinces entieres, la vîtesses de ses conquestes, & le bruit de sa reputatiō & de ses armes. Les hōmes pour l'ordinaire ne sont capables de cōprēdre que les choses qui entrent dans l'esprit par les sens. Pour leur faire concevoir ce qui est spirituel, il se faut servir de comparaisons sensibles qui sont agreables, parce qu'elles soulagent l'esprit, & l'exemtent de l'application qu'il faut avoir pour découvrir ce qui ne tombe pas sous les sens. C'est pourquoi les expressions Metaphoriques prises des choses sensibles sont tres frequétes dans les saintes Ecritures. Lors que les Prophetes parlent de Dieu, ils se servent continuellement des Metaphores tirées des choses exposées à nos sens: ils dõnent à Dieu des bras, des mains, des yeux; ils l'armét de traits, de carreaux, de foudres; pour faire comprendre au peuple la puissance invisible & spirituelle de Dieu par des choses sensibles & corporelles, comme dit S. Augustin: La sagesse de Dieu n'a pas dédaigné de joüer en quelque maniere avec nous qui sommes des enfãs, aux paraboles & aux similitudes. *Sapiẽtia Dei qua cum infantiâ nostrâ parabolis & similitudinibus quodammodo ludere non dedignata est, Prophetas voluit humano more de divinis loqui, ut hebetes hominum animi divina & cœlestia, terrestrium similitudine intelligerent.*

Une seule Metaphore dit souvent plus qu'ũ lõg discours. Quand on dit par exemple, que *les sciẽces ont des recoins & des enfoncemens fort peu utiles*. Cette seule Metaphore renferme un sens que plusieurs expressions naturelles ne peuvent faire cõprendre d'une maniere aussi sensible. Outre cela par le moyen des Tropes on peut diversifier le discours. Lors que l'on parle long-tẽps sur un même sujet pour ne pas ennuyer par une repetition trop frequente des mêmes mots; il est bon d'emprunter les noms des choses qui ont de la liaison avec celles qu'on traite, & de les signifier ainsi par les Tropes qui fourniſſent le moyen de dire une méme choſe en mille manieres differentes.

CHAPITRE VI.

Les paſſions ont un langage particulier. Les expreſſions qui ſont les caracteres des paſſions ſont appellées Figures.

OUtre les expreſſions propres, & étrangeres que l'uſage & l'art fourniſſent pour étre les ſignes des mouvemens de nôtre volonté, auſſi bien que de nos penſées; les paſſions ont des caracteres particuliers avec leſquels elles ſe peinent elles mémes dãs le diſcours. Comme on lit ſur le viſage d'un homme ce qui ſe paſſe dans ſon cœur, que le feu de ſes yeux, les rides de ſon front, le chãgement de couleur de ſon viſage, ſont les marques évidentes des mouvemens extraordinaires de ſon ame; les tours particuliers de ſon diſcours, les manieres de s'exprimer éloignées de celles que l'on garde dãs la tranquillité, ſont les ſignes & les caracteres des agitations, dont ſon eſprit eſt émeu dans le temps qu'il parle.

Les paſſiõs font que l'õ cõſidere les choſes d'une autre maniere que l'on ne fait dãs le repos & dãs le calme de l'ame: Elles groſſiſſent les objets, elles y attachent l'eſprit, ce qui fait qu'il en eſt entierement occupé, & que ces objets font preſque autãt d'impreſſiõ ſur lui que les choſes mêmes. Les paſſions produiſẽt ſouvent des effets cõtraires; elles emportent l'ame, & la font paſſer en un inſtãt par des chãgemens bien differens. Tout d'un coup elles luy font quitter la consideration d'un objet pour envisager un autre qu'elles luy presentent ; elles la precipitent, elles l'interrompent; elles la tournent; en un mot, les passions font dans le cœur de l'homme ce que font les vents sur la mer; qui tãtôt poussent ses eaux vers le rivage, tantôt les font rentrer dans son sein; & presque dans le méme instant l'élevent jusqu'au Ciel, & semblent la faire descendre jusques au centre de la terre.

Ainsi les paroles répondant à nos pensées, le discours d'un hõme qui est émeu ne peut étre égal. Quelquefois il est diffus, & il fait une peinture exacte des choses qui sont l'objet de sa passion: il dit la même chose en cent façõs differentes. Vne autrefois son discours est couppé, les expressions en sont tronquées; cent choses y sont dites à la fois; il est entrecouppé d'interrogations, d'exclamations; il est interrompu par de frequentes disgressions; il est diversifié par une infinité de tours particuliers, & de manieres de parler differentes. Ces tours, & ces manieres de parler sont aussi faciles à distinguer d'avec les façons deparler ordinaires, que les traits d'un visage irrité d'avec ceux d'un visage doux & tranquille.

Ces tours qui sont les caracteres que les passions tracent dans le discours, sont ces figures celebres dõt parlent les Rheteurs; & qu'ils definissent *des manieres de parler éloignées de celles qui sont naturelles & ordinaires*: c'est à dire diferentes de celles qu'on employ quand on parle sans émotion. Cette définition n'a rien d'obscur, & qui merite une plus longue explicatiõ. Nous allons voir l'avantage, & la necessité de l'usage de ces figures.

CHAPITRE VII.

Les figures ſont utiles & neceſſaires.

TRois raiſons obligent particulierement à s'ē ſervir. Premierement, quand on fait parler une perſonne émeuë de quelque paſſiō, ſi on veut faire une peinture exacte de cette paſſion, on doit donner à ſon diſcours toutes les figures propres & le tourner en la maniere qu'une perſonne animée d'un mouvement ſemblable, figure & tourne ſon diſcours. Les habiles Peintres pour exprimer les penſées, & les mouvemens de ceux dont ils font le portrait, donnent à leurs images tous les traits qui ne manquent jamais de ſuivre ces penſées, & ces mouvemens, leſquels par conſequent en ſont les indices.

Les paſſions, comme nous avons dit, ſe peignent elles mêmes dans les yeux, & dās les paroles. Les expreſſions de la colere & de la gayeté, ne peuvēt être ſemblables : ces paſſions ont des caracteres differens. C'eſt donc en vain qu'on les pretend repreſenter, ou par des couleurs, ou par des paroles ; ſi on n'exprime dans la Peinture, & dans le diſcours les traits, & les figures par leſquelles elles ſe diſtinguēt elles mêmes les unes des autres.

La ſeconde raiſon eſt encore plus forte pour prouver l'avantage, & la neceſſité de l'uſage des figures. On ne peut pas toucher les autres, ſi on ne paroît touché.

—— *Si vis me flere dolendum eſt,*
Primùm ipſi tibi ——

Les hommes ne peuvent remarquer que nous sommes touchez, s'ils n'apperçoivent dans nos paroles les marques des émotions de nôtre ame. Jamais on ne concevra des sentimens de compassion pour une personne dont le visage est riant: il faut avoir des yeux abbatus ou baignez de larmes pour causer ce sentiment. Il faut par la mesme raison que le discours porte les marques des passions que nous resentons, & que nous voulons communiquer à ceux qui nous écoutent.

Les hommes sont liez les uns avec les autres par une merveilleuse sympatie, qui fait que naturellement ils se communiquét leurs passions. Nous nous revétons des sentimens, & des affections de ceux avec qui nous vivons, à moins qu'il n'y ait quelqu'obstacle qui arreste le cours de la nature; & cela se fait parce que nôtre corps est tellement disposé que la seule idée d'une personne en colere remuë nôtre sãg, & nous donne quelque mouvement de colere. Une personne qui fait paroître de la tristesse sur son visage donne de la tristesse; si elle donne quelque marque de joye, ceux qui s'en apperçoivent, prennent part à cette joye. C'est un effet merveilleux de la sagesse de Dieu, qui nous a fait premierement pour luy; & en second lieu, les uns pour les autres. Car comme les passions font agir l'ame pour rechercher le bien & éviter le mal, la nature par cette sympathie nous porte à combattre le mal qui attaque ceux avec qui nous vivons, & à leur procurer le bien qu'ils souhaittent. Ainsi puisque nous ne parlons presque jamais que pour communiquer nos affections aussi bien que nos idées; il est évident que pour rendre nôtre discours efficace il faut le figurer; c'est à dire, luy donner les caracteres de nos affections, qui étant exprimées, se communiqueront comme nous venons de le dire à ceux qui nous entendront parler. Outre cela comme les mouvemens des passions sõt toujours agreables quand ils sont moderez, & qu'ils ne sont point accompagnez de quelque grande douleur, on aime les discours animez, c'est à dire, qui remuënt l'ame, & luy inspirent de differens mouvemens; c'est pourquoy un discours qui est dépoüillé de toutes sortes de figures est froid & languissant.

La troisiéme raison que nous avons pour prouver l'utilité des figures, est encore tres-considerable. Les animaux sçavent se défendre, sçavent acquerir & conserver par la force qui leur est utile. Ceux qui croyent que ce ne sont que des machines, montrent ingenieusement cõment leur corps est tellement organisé, que sans avoir besoin d'un esprit qui les dirige, ils peuvent se défendre, & combattre pour leur conservation. Nous-mêmes nous experimentõs, que nos membres, sans la participatiõ de l'ame, se disposent en la maniere qui est propre pour éviter les injures. Le corps prend des postures propres à attaquer, & à se défendre: les mains & les pieds s'exposent pour conserver la tête. Les pieds s'affermissent pour soûtenir le corps & le rendre capable de resister aux efforts de leur adversaire: Les bras se roidissẽt pour fraper avec force: Tout le corps se courbe, se plie, se ramasse, soit pour éviter les coups qu'on luy porte, soit pour se porter luy-même sur son ennemy, & le terraser, Tout cela se fait naturellement, & presque sans aucune reflexion.

Il ne faut pas s'imaginer que les figures de Rhetorique soient seulemẽt de certains tours que les Rheteurs ayent inventez pour orner le discours

Dieu n'a pas refusé à l'ame ce qu'il a accordé au corps : si le corps sçait se tourner, & se disposer adroitemẽt pour repousser les injures; l'ame peut aussi se deffendre; la nature ne l'a pas faite immobile lors qu'õ l'attaque. Toutes les figures qu'elle employe dans le discours quand elle est émeuë, fõt le même effet que les postures du corps; si celles-là sõt propres pour se défẽdre des attaques des choses corporelles, les figures du discours peuvẽt vaincre ou fléchir les esprits. Les paroles sont les armes spirituelles de l'ame, qu'elle employe pour persuader ou pour dissuader. Ie feray voir l'efficacité & la force de ces figures dans ce combat, aprés que j'auray donné la definition de chacune en particulier. L'õ ne peut pas marquer toutes les postures que les passions font prendre au corps. Il est Aussi impossible de parler de toutes les figures dont un homme se sert dãs la passion pour tourner son discours. Je parleray seulement des plus remarquables, qui sont celles dons les Maîtres de l'Art traitent ordinairement.

CHAPITRE VIII.

Liste des Figures.

POur entrer dans une veritable cõnoissance de toutes ces figures dont nous allons faire la liste, il suffit de remarquer que ce sont des tours ou maniere de parler que la passion fait prendre, comme nous venons de le dire. Ces tours étant differens, les Maîtres de l'art leur ont donné des noms differens. Il est tres peu important pour la pratique de l'éloquence de sçavoir le nõ de toutes ces figures; comme il n'est pas necessaire pour bien cõbatre que l'on sçache le nõ de toutes les postures qu'un corps adroit & bien exercé prend dans le combat. Cependãt comme c'est un lãgage ordinaire dans les sciences, il a quelque necessité de ne pas ignorer ce que veulent dire tous ces noms; ainsi l'on ne doit pas trouver mauvais si je m'arréte à les expliquer. Les reflexions que j'ajoûte à ces explications ne seront peut-étre pas inutiles.

EXCLAMATION.

L'Exclamatiõ doit étre placée; à mon avis, la premiere dãs cette Liste des Figures; puisque les passiõs commencent par elle à se faire paroître dans le discours. L'exclamation est une voix poussée avec force. Lors que l'ame vient à étre agitée de quelque violent mouvemẽt, les esprits animaux courans par toutes les parties du corps entrent en abondance dans les muscles qui se trouvent vers les conduits de la voix, & les font enfler; ainsi ces conduits étans rétrecis, la voix sort avec plus de vitesse & d'impetuosité au coup de la passion dont celuy qui parle est frappé. Chaque flot qui s'éleve dans l'ame est suivy d'une exclamation. Le discours d'une personne passionnée est plein d'exclamations semblables? *Helas! ah! mon Dieu! ô Ciel! ô terre!*

DOUTE.

LEs mouvemẽs des passions ne sõt pas moins changeans & inconstans que les flots d'une mer agitée: ainsi ceux qui s'abandõnent à la violence de leurs passions sont dans une perpetuelle inquietude. Tantôt ils veulent, tantôt ils ne veulent pas. Ils prennent un dessein & puis ils le quittent; ils l'approuvent, & ils le rejettent presqu'en même temps. En un mot l'inconstance des mouvemens de leur passion pousse leurs esprits de differens côtez. Elle les tient suspendus dans une irresolution continuelle, & se joüe d'eux comme les vēts se joüent des vagues de la mer. La figure qui represente dans le discours ces irresolutions, est appellée Doute, dont vous avez un bel exemple dans la peinture que fait Virgile des inquietudes de Didon sur ce qu'elle devoit faire, quand elle se vit abandonnée par Enée.

Helas! s'écria-t-elle, au fort de sa misere,
Quel projet desormais me reste-t-il à faire?
Chez les Rois mes voisins, mon cœur hūble & cōfus
Ira-t-il s'exposer au hazard d'un refus;
Eux donc j'ay tant de fois avec tant d'insolence
Méprisé la recherche, & bravé la puissance?
Iray-je en suppliant à la bonte des miens
Implorer la pitié des superbes Troyens?
Trop aveugle Didon, puis-je aprés cette injure
Ne pas connoitre encor cette race parjure?
Et comment mes soûpirs pourroient-ils retenir
Ceux de qui mes biens-faits n'ont peu rien obtenir?
Ou bien iray-je enfin jusqu'au bout de la terre
Avec tous mes sujets leur declarer la guerre?
Mais comment voudroient-ils à travers les dangers
Poursuivre ma vangeance en des bords étrangers,
Eux que leur interest, & que leur propre vie
Ont à peine arrachez du sein de leur patrie;
Mourons donc, puis qu'enfin en l'état ou ie suis.
La mort est l'espoir seul qui reste à mes ennuis.

EPANORTHOSE.

UN homme irrité ne se contente jamais de ce qu'il a dit, & de ce qu'il a fait, l'ardeur de son mouvement le pousse toûjours plus loin: ainsi les mots qu'il employe ne luy semblant point assez dire ce qu'il souhaite: il comdamne ses premieres expressions, comme étant trop foibles, & corrige son discours, y ajoûtant des termes plus forts.

Non, cruel, tu n'es point le fils d'une Déesse,
Tu suças en naissant le lait d'une tigresse:
Et le Caucase affreux t'engendrant en couroux
Te fit l'ame & le cœur plus durs que ses cailloux.

Le nom de cette figure est Grec & signifie *Correction.*

ELLIPSE.

UNe passiõ violẽte ne permet jamais de dire tout ce que l'on voudroit dire. La langue est trô lente pour suivre la vitesse de ses mouvemens: ainsi dãs le discours d'ũ homme que la colere anime l'on ne trouve qu'autãt de mots que la langue en a pû prononcer dãs la prõptitude de la passion. quãd le mouvement de cette passiõ est interrompu, ou tourné d'un autre côté, la langue qui le suit profere d'autres paroles qui n'ont plus de liaison avec celles qui precedent. Dans Terence, ce pere, lequel est si irrité contre son fils, ne luy dit que cette parole *omnium*, que le Traducteur François a rendu si heureusement par ce mot *le plus.* Car la colere de ce pere est si forte qu'il n'acheve pas ce qu'il vouloit dire;que sõ fils étoit le plus méchant de tous les hommes. *Omnium hominum pessimus.* *Ellipse* dit la méme chose qu'*Omission.*

APOSIOPESE.

APosiopese est une espece d'Ellipse ou d'omissiõ. Elle se fait lors que venant tout d'un coup à changer de passion,où à la quitter entierement,on couppe tellemẽt sõ discours, qu'à peine ceux qui écoutent peuvent-ils deviner ce que l'on vouloit dire. Cette figure est fort ordinaire dans les menaces, *Si je vous*,&c.*Mais*,&c.

Quos ego. Sed motos præstat componere fluctus.

PARALIPSE.

CEtte figure n'est qu'une feinte que l'on fait de vouloir omettre ce que l'õ dit, mais une feinte qui est naturelle. Quand on est animé, les raisons se presentent en foule à l'esprit. Il desireroit se servir de toutes, mais il craint d'ennuyer outre que l'activité des agitations empêche qu'il ne s'arréte à toutes; ainsi il produit en foule des raisons qu'il propose, en témoignant qu'il ne pretend pas en parler ? c'est à dire, s'y arrester autant de temps qu'elles le demanderoient. *Je ne veux pas parler, Messieurs, du tort que m'a fait mõ ennemy. J'oublie volontiers les injures que j'ay receûes de luy. Je ferme les yeux à tout ce qu'il machine contre moy.* Paralipse est un mot Grec qui signifie *Omission.*

REPETITION.

LA Repetitiõ estune figure fort ordinaire dãs le discours de ceux qui parlent avec chaleur & qui desirent avec passion qu'on conçoive les choses qu'ils veulent faire concevoir. Quand on est aux prises avec son ennemy, on ne se contente pas de luy faire une seule blessure, on luy porte plusieurs coups, & de crainte qu'un seul ne fasse pas l'effet qu'on attend, on lui en donne plusieurs. Aussi en parlant, si l'on craint que les premieres paroles n'ayent pas esté entenduës, on les repete, ou bien on dit les mêmes choses en differentes manieres. La passion occupe l'esprit de ceux dont elle s'est renduë maîtresse. Elle imprime fortemẽt les choses qui l'ont fait naîrre dans l'ame; ainsi il ne faut pas s'etonner qu'en étant remply, on reparle souvent de ces choses. La repetition se fait en deux manieres, ou en repetãt les mêmes mots, ou en repetant les mêmes choses en differens termes: Ces Vers de David dans lesques il parle de l'assurance qu'il a sur les promesses que Dieu luy a faites de le secourir, serviront d'exemple de la premiere espece de repetition.

Les loix de son amour sont des loix eternelles:
Toûjours dans mon malheur je l'auray pour appuy:
Toûjours son bras puissant vangera mes querelles;
Il me sera toûjours ce qu'il m'est aujourd'huy.

Pour exemple de la seconde espece, j'ay choisi ces beaux Vers de Saint Prosper, dans lesquels il exprime en differentes manieres cette seule verité, que nous ne faisons aucun bien que par le secours de le Grace divine.

Grand Dieu, quoy que t'oppose une erreur temeraire.
Si l'homme fait le bien, Toy seul le luy fais faire :
Ton Esprit penetrant dans le replis du cœur
Pousse la volonté vers son divin Moteur.
Ta bonté nous donnant ce que tu nous commandes,
Pour accomplir, nos vœux forme encor nos demandes ;
Tu conserves tes donts par ton puissant secours,
Tu fais nôtre merite, & l'augmentes toûjours ;
Et dans ce dernier prix qui tout autre surpasse
Couronnant nos travaux tu couronnes ta Grace.

En repetant les mêmes paroles, on les peut disposer avec tant d'art, que se répondant les unes aux autres, elles fassent une cadence agreable aux oreilles. Je reserve à parler dans le livre suivant de ces repetitions, qu'on peut nommer des repetitions harmonieuses.

PLEONASME.

PLeonasme, c'est qu'and on dit plus qu'il n'étoit necessaire, comme qu'and on dit : *Je t'ay entendu de mes oreilles*. Ce mot vient d'un verbe Grec qui signifie *surabonder*.

SYNONYME.

SYnonyme, c'est quand on exprime une même chose par plusieurs paroles, qui n'ont qu'une même signification: ce qui arrive quand la bouche ne suffisât pas au cœur, on se sert de tous les noms qu'on sçait pour exprimer ce que l'õ pense.

Abiit,

Abiit, evasit, erupit: Il s'en est allé, il a pris la fuite, il s'est échapé.

HYPOTYPOSE.

Les objéts de nos passions sont presque toûjours presens à l'esprit. Nous croyons voir & entendre ceux qui on fait une forte impression sur nos sens.

——Illum absens absentem auditque videtque.

Je le vois, je le vois s'apprêter au carnage,
comme des lions rugissans, &c.

C'est pourquoy toutes les descriptions que l'on fait de ces objets sont vives & exactes. Elles sont appellées hypotyposes, parce qu'elles figurẽt les choses, & en forment une image qui tient lieu des choses mêmes; c'est ce que signifie ce nom Grec *Hypotypose*. David, parlant du secours que Dieu luy devoit donner contre ses ennemis, & que sa foy & son esperance luy rendoient present, il s'explique, comme si ses ennemis étoient déja abatus à ses pieds.

Tu m'entens, les voila qui tombent
Ces hommes pleins d'iniquité:
Tu confons leur temerité,
Et malgré leur orgueil sous ta main ils succombent.

DISTRIBUTION.

La Distributiõ est une espece d'Hypotipose; l'on s'ẽ sert lors que l'on fait un dénombrement des parties de l'objet de sa passion. David nous en fournit encore un exemple, lors que dans le mouvement de son indignation contre les pecheurs, il fait une vive peinture de leur iniquité. *Leur gosier est cõme un sepulchre ouvert, ils se sont servis de leur langue pour tromper avec adresse, ils ont sur leurs lévres un venin d'aspic, leur bouche est remplie de malediction & d'aigreur, leurs pieds sont vîtes & legers pour répandre le sang.*

ANTITHESES OU OPPOSITIONS.

LEs Antitheses ou Oppositions, les Comparaisons, les Similitudes qui sont des Figures propres à representer les choses avec clarté, sont les effets de cette forte impression que fait sur nous l'objet de la passion qui nous anime; & dont par consequent il est facile de parler clairement & exactement, l'ayant present devant les yeux de l'ame. On sçait que les choses opposées se font appercevoir les unes les autres: la blancheur éclate aupres de la noirceur. Voicy un exemple d'une Antithese que je tire de Saint Prosper, qui dit en parlant de ceux qui agissent sans étre poussez par le Saint Esprit.

Leur ame en cét état recule en s'avançant.
En voulant monter tombe, & perd en amassant:
Comme elle suit l'attrait d'une lueur trompeuse,
Sa lumiere l'offusque, & la rend tenebreuse.

SIMILITUDE.

POur la Similitude, je ne puis choisir un plus bel exemple que celuy que je rencontre dans la Paraphrase qu'a faite Monsieur Godeau du premiere des Pseaume de David, où il est parlé du bon-heur des Justes.

Comme sur le bord des ruisseaux.
Vn grand arbre planté des mains de la nature,
Malgré le chaut brûlant conserve sa verdure,
Et de fruit tous les ans enrichit ses rameaux.
Ainsi cét hôme heureux fleurira dans le monde,
Il ne trouvera rien qui trouble ses plaisirs ;
Et qui constamment ne réponde ;
A ses nobles projets, à ses justes desirs.

COMPARAISON.

IL n'y a pas grande difference entre la Similitude & la Comparaison, si ce n'est que celle-cy est plus animée, comme il paroît dans cette Comparaison, par laquelle David fait connoître qu'il prefere les loix de Dieu à toutes choses.

L'or me paroist moins desirable ;
Que ses divins commandemens.
Pour moy les riches diamans ;
N'ont rien qui leur soit comparable ;
Et le miel le plus doux est sans douceur pour moy
Auprés de sa divine loy.

REmarquez deux choses dans les Comparaisons : La premiere que l'on ne doit pas rechercher un rapport exact entre toutes les parties d'une Comparaison, & le sujet dont on parle. On y fait entrer de certaines choses qui n'y sont placées que pour rendre ces Cõparaisons plus vives; comme dans la comparaison que Virgile fait de ce jeune Ligurien vaincu par Camille; avec une Colombe qui est entre les serres d'ũ Epervier; aprés avoir dit ce qui est de principal, & surquoy tombe la comparaison, il ajoute :

Tum cruor, & vulsa labuntur ab æthere plumæ.

ce qui n'est point de la comparaison, & qui ne sert qu'a faire une peinture sensible d'une Colõbe qui est déchirée par un Epervier. Je fais la seconde remarque en faveur de cét admirable Poëte, pour le défendre contre la critique de ceux qui condamnent ses Comparaisons comme étant basses Mais c'est avec biẽ de l'art que dãs son Eneïde il tire ses Comparaisons des choses simples, il veut délasser l'esprit de son Lecteur, que la grãdeur & la dignité de sa matiere avoit tenus dans une trop forte application. Et pour reconnoître qu'il a eu ce dessein, on n'a qu'a considerer les Comparaisons de ses Georgiques qui sont au cõtraire grandes & relevées.

SVSPENSION.

LOrs qu'on commence un discours de telle sorte que l'Auditeur ne sçait pas ce que doit dire celuy qui parle, & que l'attente de quelque chose de grand le rend attentif, cette figure est appellée Suspension. En voicy une de Brebœuf dans ses entretiens Solitaires. Il parle à Dieu.

Les ombres de la nuit à la clarté du jour :
Les transports de la rage aux douceurs de l'amour,
A l'étroite amitié la discorde ou l'envie.
Le plus bruyant orage au calme le plus doux,

La douleur aux plaisirs, le trépas à la vie ;
Sont bien moins opposez, que le pecheur à vous.

PROSOPOPE'E.

QUand une passion est violente, elle rend insensez en quelque façon ceux qu'elle possede, pour lors on s'entretient avec les morts & avec les rochers, comme avec des personnes vivantes: on les fait parler, comme s'ils etoiét animez: *Iuste Dieu protecteur des innocens, permettez que l'ordre de la nature soit troublé pour un moment, & que ce cadavre déliant sa langue reprenne l'usage de la voix. Il me semble que Dieu accorde ce miracle à mes prieres: Ne l'entendez-vous pas, Messieurs, comme il publie mon innocence, & declare les auteurs de sa mort? Si c'est un juste ressentiment, dit-il, contre celuy qui m'a mis dans le tombeau, qui vous anime; tournez vôtre colere contre ce calomniateur qui triomphe maintenant dans une entiere assurance, apres avoir chargé cét innocent du pois de son crime.*

SENTENCE.

LEs Sentences ne sont que des reflexions que l'on fait sur une chose qui surprend, & qui merite d'étre considerée, elle se fait en peu de paroles qui sont energiques, & qui renferment un grand sens; comme est celle-cy : *Il n'y a point de déguisément qui puisse long-temps cacher l'amour où il est, ny le feindre où il n'est pas.* La reflexion que Lucain fait sur l'erreur des anciens Gaulois croyoient que les ames ne sortoiét d'un corps que pour rentrer dans un autre, servira d'exemple d'une espece de Sentence qui est plus étenduë.

Officieux mensonge ! agreable imposture !
La fraveur de la mort, des frayeurs la plus dure,
N'a jamais fait pâlir ces fieres Nations,
Qui trouvent leur repos dans leurs illusions.
De là naist, dans leur cœur cette boüillante envie,
D'affronter une mort qui donne une autre vie,
De braver les perils, de chercher les combats,
Où l'on se voit renaistre au milieu du trépas.

EPIPHONEME.

Epiphôneme est une exclamation qui contient quelque Sentence ou quelque grand sens que l'on place à la fin d'un discours : c'est comme le dernier coup dont on veut frapper les auditeurs, & une reflexion vive & pressante sur le sujet dõt on parle. Cét Hemistiche de Virgile est un Epiphonême.

——*Tantane animis cælestibus iræ ?*

Lucain finit par une espece d'Epiphonême, cette plainte qu'il fait faire aux habitãs de Rimini contre la situation de leur Ville, qui estoit exposée aux premiers mouvemens de toutes les guerres civiles & étrangeres.

Et Rome n'a jamais vû tonner de tempêtes,
Que leur premier éclat n'ait fondu sur nos têtes.

INTERROGATION.

L'Interrogatiõ regne presque par tout dans un discours figuré. La passion porte continuellenent vers ceux que l'on veut persuader, & fait qu'on leur adresse tout ce que l'on dit. Aussi cete Figure est merveilleusement utile pour appliquer les Auditeurs à ce qu'on veut qu'ils entenent. Voicy l'exemple d'une interrogation tresnimée; c'est David qui se plaint à Dieu dans le euviéme Pseaume, de ce qu'il semble avoir bandonné les innocens affligez.

Quoy? Seigneur, est-ce ainsi que tu veux t'éloigner
Du Iuste en sa misere?
st-ce ainsi que tu veux d'un Sauveur & d'un Pere,
Les tendres soins luy témoigner?
gemit sous le faix de ses vives douleurs,
Son ennuy le consume;
andis que le méchant, plus fier que de coûtume
Rit & triomphe de ses pleurs.

APOSTROPHE

'Apostrophe se fait lors qu'un homme étant extraordinairement émü il se tourne de tous tez, il s'adresse au Ciel, à la terre, aux rochers, x forêts, aux choses insensibles, aussi-bien qu'à les qui sont sensibles. Il ne fait aucũ discernent dãs cette émotion; il cherche du secours tous côtez: il s'en prend à toutes choses com. un enfant qui frappe la terre où il est tombé. st ainsi que David au 1. chapître du 2. Livre Rois étant vivement affligé de la mort de il, & de Ionathas, fait des Imprecations con les montagnes de Gelboë; qui avoient été le atre funeste de cét accident.

Es vous montagnes de Gelboë, que jamais la

rosée & la pluye ne vous rafraichissent, que jamais on ne trouve de moissons sur vos funestes côteaux, qui ont vû la fuite de tant de Capitaines d'Israël, & qui ont été teints de leur sang. L'Apostrophe signifie *conversion*.

PROLEPSE ET VPOBOLE.

On appelle *Prolepse* cette figure que l'on fait lors que l'on prévient ce que les Adversaires pourroient objecter; & *Vpobole* la maniere de répondre à ces objections que l'on a prevenuës. Ie trouve dans Saint Paul un exemple de ces deux figures. Ce Saint parlant de la resurrection future s'objecte une difficulté qu'on pouvoit luy proposer & il y répond: *Mais quelqu'un me dira, en quelle maniere les morts ressuscitent-ils, & quel sera le corps dans lequel ils reviendrõt? Insensez que vous étes, ne voyez-vous pas que ce que vous semez dans la terre ne reprend point de vie. s'il ne meurt auparavant? & quand vous semez, vous ne semez pas le corps de la plante qui doit naitre, mais la graine seulement, comme du bled, ou quelque autre chose.*

COMMVNICATION.

La Cõmunication se fait lors qu'on delibere avec ses Auditeurs, qu'on demande quel est leur sentiment, *Que feriez-vous, Messieurs, dãs une occasion semblable? quelles mesures prendriez-vous autres que celles que celuy que je défens à presẽt.* C'est une espece de Communication que fait S. Paul, lors que dãs le sixiéme chapitre de l'Epitre aux Romains, aprés leur avoir rapporté les avantages

tages de la Grace, & les miseres qui suivent le peché, il leur demande— *Quel fruit tiriez-vous donc alors de ces desordres dont vous rougissez maintenant, puis qu'ils n'avoient pour fin que la mort?*

CONFESSION.

CEtte figure est un aveu de ses fautes qui engage celuy à qui on le fait de pardonner la faute que l'esperance de sa douceur dõne la hardiesse d'avoüer. C'est une figure fort ordinaire dans les Pseaumes de DAVID, l'exẽple suivãt est beau. Il parle à Dieu dans le vingt-quatriéme Pseaume.

Ne regarde point mes forfaits,
Je sçay que du pardon, ils me rendent indigne
Regarde ta bonté qui ne tarit jamais.
Plus les pechez sont grands, plus la Grace est insigne:
Pour l'amour de toy seul, non pour mon repentir,
Fais-m'en les effets ressentir.

EPITROPHE OU CONSENTEMENT.

QUelquefois on accorde liberalemẽt ce que l'on peut refuser, afin d'obtenir ce que l'on demande. Cette figure est souvent malicieuse, cõme celles-cy. C'est un Poëte Satyrique qui répond à ceux qui le reprenoient d'avoir censuré avec trop d'aigreur les Vers d'un hõnête hõme.

Ma Muse en l'attaquant charitable & discrete,
Sçait de l'homme d'honneur distinguer le Poëte:
Qu'on vante en luy la foy, l'honneur, la probité,

Qu'on prise sa candeur & sa civilité:
Qu'il soit doux, complaisant, officieux, sincere:
On le veut: j'ay souscris, & suis prêt de me taire.
Mais que pour un modele on montre ses écrits:
Qu'il soit le mieux renté de tous les beaux Esprits:
Comme Roy des Auteurs qu'on l'éleve à l'Empire:
Ma bile alors s'échauffe, & je brûle d'écrire.

C'est encore par cette figure que pour le toucher, & luy donner horreur de sa cruauté, l'on invite quelque fois un ennemy à faire tout le mal qu'il peut faire. Elle est aussi ordinaire dans les plaintes qui se font aux amis, comme dans celle que fait Aristée dans Virgile à sa mere Cyrene.

Quin age, & ipsa manu felices erue sylvas,
Fer stabulis inimicum ignem atque interfice messes
Vre sata, & validam in vites molire bipennem:
Tanta mea si te ceperunt tædia laudis.

Ie puis donner pour exemple de cette figure le Sonnet suivant, qui est admirable.

Grand Dieu, tes jugemens sont remplis d'équité:
Toûjours tu prens plaisir à nous être propice:
Mais j'ay tant fait de mal, que jamais ta bonté
Ne me pardonnera sans choquer ta justice.

Ouy, mon Dieu, la grandeur de mon impieté
Ne laisse à ton pouvoir que le choix du supplice:
Ton interest s'oppose à ma felicité,
Et ta clemence méme attend que je perisse.

Contente ton desir, puis qu'il t'est glorieux:
Offense-toy des pleurs qui coulent de mes yeux.

Tonne, frappe, il est temps; rends-moy guerre pour guerre:
J'adore en perissant la raison qui t'aigrit.
Mais dessus quel endroit tombera ton tonnerre,
Qui ne soit tout couvert du sang de JESUS-CHRIST.

PERIPHRASE.

LA periphrase est un détour que l'on prend pour éviter de certains mots qui ont des idees choquantes: & pour ne pas dire de certaines choses qui produiroiēt de mauvais effets. Cicerō étant obligé d'avoüer que Clodius avoit été tué par Milon, il se sert d'adresse. *Les serviteurs de Milon*, dit-il, *étant empéchez de secourir leur Maître, que Clodius disoit avoir tué, & le croyant, ils firent dans son absence, sans sa participation, & sans son aveu, ce que chacun auroit attendu de ses serviteurs dans une occasion semblable.* Il évite ces noms odieux, de tuër, ou de mettre à mort.

CHAPITRE IX.

Le nombre des Figures est infiny, & chaque Figure se peut faire en cent manieres differentes.

JE n'ay point rapporté dans cette Liste les Hyperboles, les grandes Metaphores, & plusieurs autres Tropes, parce que j'en ay parlé ailleurs: ce sont neāmoins des veritables Figures, & quoy que la disette des langues oblige d'ẽployer assez souvẽt ces expressions tropiques, lors méme que l'on est tranquille;cependant on ne s'en sert ordinairemẽt que durant la passion. C'est elle qui fait que les objets nous paroissent extraordinaires,& que par consequent on ne trouve point de termes dans l'usage ordinaire qui les representent aussi grands aussi petits qu'ils nous paroissent. Outre cela je n'ay pas pretẽdu parler de toutes les figures;il faudroit d'aussi gros volumes pour marquer les caracteres des passions dans le discours, que pour exprimer ceux que les mêmes passions peignent sur le visage. Les menaces,les plaintes, les reproches, les prieres,ont en chaque langue leurs figures. Il n'y a point de meilleur livre que son propre cœur; & c'est une folie de vouloir aller chercher dans les écrits des autres ce que l'õ trouve chez soy. Si on desire sçavoir les figures de la colere, qu'on s'étudie quand on parle dans le mouvement de cette passion.

Enfin,il ne faut pas s'imaginer que les figures doivẽt être toutes semblables aux exemples que j'en ay donné,& que ces exemples soient comme des modeles sur lesquels on doive former toutes les figures que l'on fera. L'Apostrophe,l'interrogation, l'Antithese se peuvent faire en cent manieres: ce n'est point l'art qui les regle; ce n'est point l'étude qui les doit trouver, ce sont des effets naturels de la passion, comme nous l'avons déja remarqué. Je le feray voir encore plus amplement dans le Chapitre suivant

CHAPITRE X.

Les Figures ſont comme les armes de l'ame. Paralelle d'un ſoldat qui combat avec un Orateur qui parle.

POur faire comprendre encore plus clairemẽt ce que j'ay dit cy-deſſus, que les figures ſõt les armes de l'ame, je feray icy la paralelle d'un ſoldat qui combat les armes à la main, & d'un Orateur qui parle. Ie conſidere un ſoldat en trois états: le premier eſt lors qu'il combat avec forces égales, & que ſon ennemy n'a aucun avãtage ſur luy: Dans le ſecond, il eſt environné de dangers: Et dans le troiſiéme, étant obligé de ceder à la force, il n'a plus recours qu'à la clemence de ſon vainqueur. Dans le premier état ce ſoldat eſt appliqué à trouver les moyẽs de gagner la victoire tantôt il attaque, tantôt il repouſſe, tantôt il recule, tantôt il avance; il fait mine de fuïr pour retourner avec plus d'impetuoſité; il redouble ſes coups, il menace, il ſe rit des efforts de ſon adverſaire. Quelquefois il s'excite luy-même, & combat avec plus d'ardeur. Il prévoit tous les deſſeins de ſõ ennemy: Il s'empare des lieux qu'il juge luy être avantageux; en un mot, il eſt dans un perpetuel mouvement, toûjours diſpoſé, ſoit à ſe défendre, ſoit à attaquer.

Lors que l'ame combat par les paroles, les paſſions dont elle eſt échauffée ne la portẽt pas avec moins de chaleur à ſe tourner de tous côtez, pour trouver des raiſons, & des preuves des veri tez qu'elle soûtient. Dãs l'ardeur que l'on a de se défendre, & de faire valoir ce que l'on dit, on repete les mémes choses, on les dit en differentes manieres: On en fait des Descriptions, des Hypotyposes ; on se sert de Comparaisons de Similitudes ; on prévient ce que l'adversaire doit objecter, & l'on y répond. Quelquefois pour marque de confiance l'on accorde tout ce qu'on demande, & l'on témoigne que l'on ne veut pas se servir de toutes les raisons que la justice de la cause pourroit soutenir. Un soldat tient son ennemy en haleine ; les coups qu'il luy porte cõtinuellement, les assauts qu'il luy livre de tous côtez le tiennent êveillé.

Un Orateur entretient l'attention de ses Auditeurs, lors que leur esprit s'éloigne, il les rappelle à luy par des Apostrophes, par des interrogations qui obligent ceux à qui elles sont faites de répõdre à ce qu'on leur demande. Il les reveille, & les fait revenir de leur assoupissement par des Exclamations frequentes & reïterée.

Lors qu'un soldat se voit environné d'ennemis, sans secours, il s'en plaint, il reproche a ses ennemis leur lâcheté. La colere le porte contre eux, la crainte le rappelle aussi-tôt. Il demeure immobile & plein d'irresolution; cependant le desir d'éviter le peril qui le menace, le presse & l'échauffe, il tente ensuite toutes sortes de voyes, il s'anime, il s'excite ; la passion le rend adroit, & ingenieux ; elle luy fait trouver des armes ; & il employe tout ce qu'il rencontre pour sa défense. Un Orateur peut-il étouffer les sentimẽs de douleur qu'il ressent, & ne pas les témoigner par des exclamations, par des plaintes, par des reproches, lors qu'il apperçoit que la verité est combatuë & obscurcie ? Dans ces occasions l'ardeur que l'on a de la garãtir des tenebres dõt on veut l'offusquer, fait que l'on avãce preuves sur preuves. Tantôt on les explique, tãtôt aprés les avoir seulement proposées on les abandonne pour répondre aux objections des adversaires. On demeure quelque temps dans le silence, & dãs l'irresolution sur le choix de ses preuves. On avance quelque chose, aussi-tôt on censure ce que l'on a avancé, comme n'étant point assez fort. Quand les preuves manquent, ou que celles qu'on produit ne sont pas suffisantes, on apostrophe toute la nature, on fait parler les pierres, on fait sortir des tombeaux les morts, & on oblige le Ciel & la terre à fortifier par leur témoignage la verité pour l'établissement de laquelle on parle avec tant d'ardeur.

Pour achever la paralelle que j'ay commencé, je considere ce Soldat dans le troisiéme état auquel il est reduit, lors qu'il ne dispute plus la victoire, & qu'il est obligé de ceder à son ennemy. Pour lors il n'employe plus les armes qui luy ont été inutiles, les traits de son visage n'ont plus rien de menaçant; il n'oppose que des larmes, il s'abaisse encore davantage que son ennemy ne l'a abbaissé; il se jette à ses pieds, & embrasse ses genoux. L'homme est fait pour obeïr à ceux desquels il dépend, & dont il est soûtenu, & pour commander à ses inferieurs qui reconnoissent sa puissance. Il fait l'un & l'autre avec plaisir. Deux personnes se lient fort étroitement ensemble quand l'une a besoin d'etre soulagée, qu'elle le desire, & que l'autre la peut soulager. Dieu ayant fait les hommes pour vivre ensẽble, il les a formez avec ces inclinations naturelles. Une personne affligée prend naturellement toutes les postures humiliées qui la fõt paroitre au dessous de ceux à qui elle demande du secours ; & nous ne pouvons sans resister aux sentimens de la nature refuser à ceux que nous voyõs humiliez le secours qu'ils nous demandent. Nous les secourons avec un plaisir secret; il est comme le prix qui nous paye en quelque façon du soulagement que nous leur donnons : Et c'est cette espece de recompense qui entretient un commerce entre les mal-heureux, & ceux qui les soulagent.

Dans le discours il y a des Figures qui répõdent à ces postures d'afflictiõ & d'humilité, ausquelles les Orateurs ont souvent recours. Les hommes étans libres, il dépend d'eux de se laisser persuader. Ils peuvent détourner leur vüe pour ne pas apparcevoir la verité qui leur est proposée ou dissimuler qu'ils la connoissent; ainsi un Orateur est presque toûjours dãs ce troisiéme état où nous considerons ce soldat. Lors qu'un hõme se voit contraint de ceder, & que le desir qu'il a de se conserver l'oblige à s'abaisser, & à gagner par ses prieres ceux qu'ils ne peut vaincre par la force de ses raisons; pour lors il est éloquent à persuader le malheur de l'état auquel il est reduit. Les prieres ordinairemẽt sont pleines de descriptions de la misere de celuy qui les fait. Job dit en parlant à Dieu, qu'il n'est qu'une feüille dont les vents se joüent, une paille seche. *Contra folium quod vento rapitur ostendis potentiam tuã, & stipulam siccam persequeris.* Et David...

Ie soûpire le jour sous les rudes atteintes
De mes longues douleurs.

Le repos de la nuit est troublé par mes plaintes,
Et mon lit agité nage presqu'en mes pleurs.

En un mot, comme il y a des Figures pour menacer, pour reprocher, pour épouventer; il y en a pour prier, pour fléchir, pour flater.

CHAPITRE XI.

Les Figures éclaircissent les veritez obscures, & rendent l'esprit attentif.

ON ne peut douter d'une verité connuë On peut bien la combattre de bouche, mais le cœur luy est veritablement assujetty, Pour donc triompher de l'opiniatreté ou de l'ignorance de ceux qui resistent à la verité, il suffit d'exposer à leurs yeux sa lumiere, & de l'approcher de si prés que sa forte impression les réveille, & les oblige d'être attentifs. Les Figures contribuẽt merveilleusemẽt à lever ces deux premiers obstacles qui empêchent qu'une verité soit connuë, l'obscurité & le défaut d'attẽtion. Elles servẽt à mettre une proposition dans son jour ; à la déveloper, & à l'étendre. Elles forcent un Auditeur d'être attẽtif; elles le réveillent, & le frappent si vivement, qu'elles ne luy permettent pas de dormir, & de tenir les yeux de son esprit fermez aux veritez qu'on luy propose.

Comme je n'ay dessein de rapporter dans la Liste que j'ay donnée des Figures, que celles que les Rheteurs y placẽt ordinairemẽt; je n'y ay pas voulu parler des Syllogismes, des Enthymêmes, des Dilemmes, & des autres especes de raisonnemens que l'on traite dans la Logique; cependãt il est manifeste que ce sont de veritables Figures, puisque ce sõt des manieres de raisõner extraordinaires qu'on n'employe jamais que dãs la passion ou dans l'ardeur que l'on a de persuader, ou de dissuader ceux à qui on parle. Ces Raisonnemens ou Figures ont une force merveilleuse, qui cõsiste en ce que joignãt une proposition claire & incontestable, avec une autre qui n'est pas si claire, & qui est contestée, la clarté de l'une dissipe les tenebres de l'autre : & comme ces deux propositions sont étroitemẽt liées; si ce raisonnement est bon, on ne peut consentir que l'une soit veritable, que l'on ne demeure d'accord que l'autre l'est aussi. Il est vray que la chaleur de la passion ne permet pas que l'on s'assujettisse entierement aux regles que la Logique presente pour faire des Syllogismes exacts.

Un raisonnẽment solide accable & desarme les plus opiniatres: les autres Figures n'ont pas à la verité tant de force, mais elles ne sont pas inutiles. Les Repetitiõs, & les Synonymes eclaircissent une verité : si on ne l'a pas comprise par une premiere expression, la seconde la fait concevoir. Ce sont comme autant de seconds coups de pinceau, qui font paroitre les traits qui ne sont pas assez formez. Quelles tenebres peuvent obscurcir la verité d'une chose qu'une personne éloquente explique, dont il fait de riches descriptions, des dénombremens qui nous menent, s'il est permis de parler de la sorte, par tous les recoins & les enfoncemẽs d'une affaire, des Hypotyposes qui nous transportent sur les lieux, & qui par un enchantement agreable font que nous croyõs voir les choses mêmes? Les Antitheſes ne ſont pas des vains ornemens, les oppoſitions des choſes contraires contribuent à l'eclairciſſement d'une verité: les ombres relevent l'éclat des couleurs.

Nôtre eſprit n'eſt pas également ouvert à toutes les veritez. Nous comprenous bien plus facilement les choſes qui ſe preſentent à nous tous les jours, & qui ſont dans l'uſage commun des hommes, que celles qui en ſont éloignées, & dont nous n'entendons parler que tres-rarement. C'eſt pourquoy les Comparaiſons, & les Similitudes que l'on tire ordinairement des choſes ſenſibles, font entrer facilement dans l'intelligence des veritez les plus abſtraites. Il n'y a rien de ſi relevé, & de ſi ſubtil qu'on ne puiſſe faire comprendre aux eſprits les plus petits, pourveu qu'entre les choſes qu'ils connoiſſent ou qu'ils peuvent connoitre, on en trouve adroitement de ſemblables à celles qu'on veut leur expliquer.

Nous trouvons un exemple merveilleux de cette adreſſe dans un diſcours que fit Monſieur Paſchal à un jeune Seigneur, pour le faire entrer dans la veritable connoiſſance de ſa condition. Il luy propoſe cette Parabole.

Un homme eſt jetté par la tempête dans une Iſle inconnuë, dont les habitans étoient en peine de trouver leur Roy qui s'étoit perdu; & ayant beaucoup de reſſemblance de corps & de viſage avec ce Roy, il eſt pris pour luy, & reconnu en cette qualité par tout ce peuple. D'abord il ne ſçavoit quel party prendre, mais il ſe reſolut enfin de ſe prêter à ſa bonne fortune. Il reçeut tous les reſpects qu'on luy voulut rendre, & il ſe laiſſa traiter de Roy.

Mais comme il ne pouvoit oublier sa condition naturelle, il sõgeoit à même temps qu'il recevoir ces respects, qu'il n'estoit pas ce Roy que ce peuple cherchoit, & ce Royaume ne luy appartenoit pas. Ainsi il avoit une double pensée ; l'une par laquelle il agissoit en Roy ; l'autre par laquelle il reconnoissoit son état veritable, & que ce n'étoit que le hazard qui l'avoit mis en la place où il étoit. Il cachoit cette derniere pensée, & découvroit l'autre. C'étoit par la premiere qu'il traitoit avec le peuple, & par la derniere qu'il traitoit avec soy même.

Dans cette image Monsieur Paschal fait voir & cõsiderer à ce jeune Seigneur, que c'est le hazard de la naissãce qui l'a fait grand. Que c'est l'imagination des hommes qui a attaché à la qualité de Duc une idée de grandeur, & qu'en effet il n'est pas plus grand que les autres ; luy apprenant de la sorte quels sentimens il doit avoir de sa condition & luy faisant comprendre des veritez qui eussent été au dessus de son âge, s'il ne les avoit, pour ainsi dire, fait descendre jusqu'à l'intelligence de celuy qui vouloit instruire.

CHAPITRE XII.

Les Figures sont propres à exciter les passions.

SI les hõmes aimoient la verité, il suffiroit de la leur proposer d'une maniere vive & sensible pour les persuader ; mais ils la haïssent, parce qu'elle ne s'accorde que raremẽt à leurs interests & qu'elle n'éclate que pour faire paroître leurs crimes; ils fuyent son eclat, & ferment les yeux de crainte de l'appercevoir. Ils étoûfent cet amour naturel que nous avons pour elle, & ils s'endurcissent contre les blessures salutaires que font les traits dont elle frappe la conscience; ils ferment toutes les portes des sens, afin qu'elle n'entre pas dans leur esprit; ou ils la reçoivent avec tant d'indifference qu'ils l'oublient aussi-tôt qu'ils l'ont apprise.

L'éloquence ne seroit donc pas la maîtresse des cœurs, & elle y trouveroit une forte resistance, si elle ne les attaquoit par d'autres armes que celle de la verité. Les passions sont les ressorts de l'ame: ce sont elles qui la font agir. C'est ou l'amour, ou la haine, ou la crainte, ou l'esperance qui conseillent les hommes, qui les déterminẽt; ils suivent ce qu'ils aiment, ils s'éloignent de ce qu'ils haïssẽt; celuy qui tient le ressort d'une machine n'est pas tãt le maître de tous les effets de cette machine, que celuy-là l'êst d'une personne dont il connoît les inclinations, & à qui il sçait inspirer la haine ou l'amour, selon qu'il faut le faire avancer vers un objet, ou l'en éloigner.

Or les passions sõt excitées par la presence de leur objet: le bien present donne de l'amour, & de la joye. Lorsqu'on ne le possede pas encore, mais qu'on le peut posseder, il brûle l'ame de desirs dont il entretient le feu par l'esperance. Le mal qui est present cause de la haine ou de la tristesse; s'il est absent, l'ame est tourmentée par des craintes, & par des terreurs qui se changent en désespoir lorsqu'on n'apperçoit point le moyẽ de l'éviter. Pour donc allumer ces passions dans le cœur de l'homme, il faut luy en presenter les objets, & c'est à quoy servent merveilleusement les Figures.

Nous avons vû comme les Figures impriment, fortement une verité, cõme elles la dévelopent, cõme elles l'expliquent: Il faut les employer en la même maniere pour découvrir l'objet de la passion que l'on desire inspirer, & pour faire une vive pinture qui exprime tous les traits de cet objet. Si on parle contre un scelerat qui merite la haine de tous les Iuges, on ne doit point épargner les paroles, ny éviter les repetitions, & les synonymes pour frapper vivement les esprits de l'image de ses crimes. Les Antitheses sont necessaires pour faire concevoir l'énormité de sa vie par l'oppositiõ de l'innocence de ceux qu'il aura persecutez. On peut le cõparer aux scelerats qui l'on precedé, & faire voir que sa cruauté est plus grãde que celle des tigres & des lions. C'est dans la descriptiõ de cette cruauté, & des autres mauvaises qualitez de ce scelerat que triomphe l'éloquence. Ce sont particulierement les Hypotiposes, ou vives descriptions qui produisẽt l'effet que l'on attend de son discours, qui font élever dans l'ame les flots de la passion dont on se sert pour faire aller les Iuges où l'on veut les mener. Les exclamations frequentes témoignẽt la douleur que cause la veuë de ces crimes si énormes, & font ressentir aux autres les mesmes sentimens de douleur & d'aversion. Par les Apostrophes, par les prosopopées, on fait qu'il semble que toute la nature demande avec nous la condamnation de ce criminel.

CHAPITRE XIII.

Reflections sur le bon usage des Figures.

LEs Figures étant comme nous avons vû les caracteres des passions, quand ces passiõs sont dèreglées, les Figures ne servent qu'à peindre leurs dèreglemens. Elles sont les, instrumens dõt on se sert pour ébranler l'ame de ceux à qui on parle : Si ces instrumens sont maniez par un esprit animé de quelque passiõ injuste, ces Figures sont dans sa bouche, ce qu'est une épée dans la main d'un furieux. Il ne faut pas s'imaginer qu'il soit permis de noircir par de fausses accusations ceux contre qui on parle, & que pour parler éloquemẽnt il soit necessaire d'employer contre eux les mêmes Figures dõt on se serviroit pour porter des Iuges à condamner le plus criminel, & le plus abominable de tous les hommes. Les Declamateurs, à qui ce defaut est ordinaire ne trompent jamais deux fois: On s'accoûtume à entẽdre leurs exclamations, & il leur arrive la même chose qu'à ceux qui ont coûtume de feindre qu'ils sont malades: Quand ils le sont effectivement, on ne le croit pas.

Quare peregrinum, vicinia rauca reclamat.

Ce défaut dãs les uns est une marque de malice, & dans les autres de legereté & d'extravagance. Lorsqu'on prend plaisir à combatre la verité; que l'õ ne desire pas éclairer l'esprit de ses Auditeurs, mais le troubler par les nuages de quelque injuste passion qui leur dérobe la vûë de la verité, on peut appeller les Figures mal faisãtes. On ne doit pas toûjours accuser les Declamateurs de cette malice : souvent ils ne prennent pas garde aux impressions, que peuvent faire leurs figures; leur dessein n'est pas de persuader, mais seulement de paroitre éloquens. Pour cela ils s'échaufent, & ils employẽt toutes les plus fortes Figures de la Rhetorique, quoy qu'ils n'ayẽt point d'ennemis à combatre: semblables à un phrenetique, qui se sert de son épée pour combatre un ennemy phantastique, que son imagination troublée luy fait voir en l'air. Ces Declamateurs entrent dans des Enthousiasmes, qui leur font perdre l'usage de la raison, & voir les Choses tout d'une autre maniere qu'elles ne son pas.

Et solem geminum & duplices se ostendere Thebas.

Ce défaut est le caractere d'un enfãt qui se fâche sans sujet: neanmoins les Ecrivains les plus élevez y tõbẽt, parce qu'on ne croiroit pas pouvoir passer pour éloquent, si on ne faisoit des Figures. Il faut pour cela Parler avec chaleur sur toutes les matieres, se corrompre l'esprit, & appercevoir toutes les choses autres qu'elles ne sõt Il faut faire des reflexions sur tout ce qui se presente, & ne parler que par sentences. Mais ce qui est de plus ridicule, c'est que dãs toutes ces Figures, ces mauvais Orateurs ne tâchent qu'a plaire sans se mettre en peine de combatre, & de terrasser leur ennemy par la force de leurs paroles. On peut dire qu'en cela ils sont sẽblables à un insẽsé, qui dãs un cõbat ne se soucieroit pas de frapper sõ adversaire, & d'ẽ être frappé, pourvû qu'il

attirât

tirât sur luy les yeux de ses spectateurs, qu'il
ōbatit avec grace, avec un air galand & agrea-
le. Ce sont ces mauvais Orateurs que Perse rail-
dans l'une de ses Satyres en la persõne de Pe-
ius.

Fures, ait Pedio? Pedius quid? crimina rasis
Librat in Antithetis, doctas posuisse Figuras
Laudatur .....

ls affectent de mesurer toutes leurs paroles, de
ur donner une cadēce juste qui flatte les oreil-
s. Ils proportionnent toutes leurs ex pressions:
un mot, ils figurent leur discours, mais de ces
gures qui sont au regard des Figures fortes &
rsuasives, ce que sont les postures que l'on fait
ns un ballet, au regard de celles qui se font
ns un combat.
'étude & l'art qui paroissent dans un discours
igné, ne sont pas le caractere d un esprit qui
vivemēt touché des choses dōt il parle; mais
ıtôt d'ū hōme qui est degagé de toutes affai-
& qui se jouë. Aussi on appelle ces Figures
surées qui ont une cadēce agreable aux orei-
, des Figures de Theatre, *Teatrales Figura*. Ce
des armes pour la mōtre, qui ne sōt pas d'as-
bōne trēpe pour le combat. Les Figures pro-
s pour persuader ne doivēt point estre recher-
ées: c'est la chaleur dōt on est animé pour la
ēse de la verité qui les produit, qui les trace
e même dās le discours, de telle sorte que l'é-
quence n'est que l'effet de ce zele. C'est ce que
saint Augustin du stile éloquēt de saint Paul
où vient, *dit-il*, que les Epîtres de ce grand
ôtre sont si animées, qu'il se fâche, qu'il rend; qu'il fait des reproches, qu'il blâme, qu'-

menace? qu'il marque les differens mouvemens de son esprit par le changement de sa voix? L'on ne peut pas dire qu'il se soit étudié puerilement cõme font les Declamateurs, à faire des Figures : neanmoins son discours est tres figuré; c'est pourquoy, comme nous ne pouvons pas dire que saint Paul ait recherché l'éloquence, nous ne pouvons pas nier que l'éloquence n'ait suivi son discours. *Quid sic indignatur Apostolus in Epistolis suis, sic corripit, sic exprobrat, sic increpat, sic minatur? quid est quod animi sui affectum tam crebrâ & tam asperâ vocis mutatione testetur? Nullus dixeris more Sophistarum pueriliter & consulto figurasse orationem suam. Tamen multis figuris distincta est. Quapropter sicut Apostolum præcepta eloquentiæ non secutum esse dicemus, ita quòd ejus sapientiam secuta sit eloquentia non denegamus.*

Mais ce n'est pas seulement dans les grãdes occasiõs que les Figures doivẽt étre employées: Les passions ont plusieurs degrez. Toutes les coleres ne sont pas egalemẽt grandes: toutes les Figures n'ont pas aussi la même force. Il y a des Antitheses pour les grands mouvemẽs, il y en a pour de legeres émotions; c'est pourquoy on ne doit pas condamner toutes sortes de Figures dans un discours qui est fait sur une matiere qui semble ne dõner aucune occasion d'émotions justes & raisonnables. L'ardeur que l'on a de se bien exprimer, & de faire concevoir les choses que l'on enseigne, a ses Figures cõme les autres passions. Dans la conversation la plus douce, quoy qu'õ ne trouve aucune resistance dans l'esprit de ceux avec qui l'on s'entretient, cela n'empêche pas que pour une plus grãde explication, on ne repete quelquefois les mémes mots, qu'on ne se ſerve de differentes expreſſions pour dire la mê.me choſe. Il eſt permis d'en faire des Deſcriptions exactes, de chercher dans les choſes naturelles & ſenſibles des Comparaiſons, & des Images de ce que l'on dit. On peut demander le ſentiment, de ceux qui écoutent, les interroger pour les rendre plus appliquez & pour retenir leurs eſprits dans l'attention neceſſaire, faire des reflectiõs ſur ce que l'on a dit. Ainſi la cõverſation, comme nous avons dit, a ſes Figures auſſi bien que les Harangues & les Declamations.

Le ſtile de ces Orateurs qui font un mauvais uſage des Figures, eſt appellé froid, parce que quelques efforts qu'ils faſſent pour animer leurs Auditeurs, on les écoute avec froideur, laquelle eſt d'autant plus ſenſible, que l'on n'eſt agité d'aucune de ces émotions qu'ils avoient voulu exciter.

DE L'ART DE PARLER,

LIVRE TROISIE'ME.

CHAPITRE PREMIER.

Des Lettres dont les mots sont composez.

LEs regles que nous avons données jusques à present de l'Art de Parler, ne regardent que la maniere d'exprimer ses pensées, qui sont l'ame du discours: les Lettres qui cõposent les mots par leur assemblage: en sõt le corps, comme nous l'avõs remarqué. Nous devõs travailler maintenãt à former ce corps, c'est à dire à arrãger les mots, de sorte que la prononciation en soit facile, & agreable en même tẽps. Pour traiter cette matiere avec une entiere exactitude, il faudroit s'appliquer à cõsiderer les mouvemens particuliers des organes de la Voix pour déterminer cõme se forme le Sõ de chaque Lettre; mais outre que cette exactitude seroit ennuyeusse; chacun peut apprendre ces choses sãs le secours d'ũ maître, en faisãt un peu d'attẽtiõ à ce que fõt les organes dõt il se sert pour parler. Je n'expliqueray ces deux choses que d'une maniere genarale.

On ſçait déja comment ſe fait la voix. L'air qui ſort des poûmons excite un Sõ en paſſãt avec contrainte par le Larynx. Ce Son eſt reçû du gozier dans la bouche, où il eſt modifié en differentes manieres par les differẽtes diſpoſitiõs du lieu qui le reçoit, & par le mouvement de la langue qui le pouſſe cõtre les parties de la bouche. Chaque Sõ a été marqué par une lettre. Les lettres cõpoſent les mots; de ſorte que l'on pourroit faire parler une machine, ſi ayant remarqué la diſpoſition particuliere des organes de la Voix, qui eſt neceſſaire pour former chaque lettre, on faiſoit autãt de canaux qu'il y a de lettres, & qu'on leur donnât ces diſpoſitions. On pourroit même faire parler un muet, en repreſentant à ſes yeux la diſpoſition que prennent les organes de la Voix pour faire ſonner chaque lettre, dont on luy feroit voir dans le même temps les caracteres. Il faudroit reïterer ſouvent la même prononciation, afin qu'il pût remarquer les mouvemens de la langue, l'ouverture de la bouche, comment les dents coupent les Sons, comment les lévres battent l'une contre l'autre, pour faire enſuite ce qu'il verroit faire. Ordinairement les muets ne ſont muets, que parce qu'ils n'entendent pas ainſi ils ne peuvent pas apprendre à prononcer le Son de chaque lettre, autrement que par cet artifice, qui leur fait voir en quelque maniere, ce qu'ils ne peuvent entendre. Monſieur de Mõconys rapporte dans ſon voyage d'Angleterre, qu'un excellent Mathematitien d'Oxfort fit [illegible]re en ſa preſence un muet, & que c'étoit le ſecond qu'il avoit fait parler par cette adreſſe. Il est vray qu'il ne faisoit qu'appeller les lettres, & qu'il ne pouvoit lier leurs Sons.

Les lettres sont distinguées en voyelles, & en consones : Quelques uns remarquent que le Son des voyelles se fait par le seul mouvement de la racine de la langue : D'autres pretendens que ce Son est formé par les differentes ouvertures de la bouche. Ces voyelles sont A, E, I, O, V. En les prononçant on peut s'artêter quelque temps à les faire sonner, afin qu'elles soient entenduës; selon la mesure ou quantité de ce temps, elles sont appellées ou longues, ou bréves, ou tres longues, ou tres-bréves, & recoivent differens noms. Comme il dépend de celuy qui parle de s'arrêter plus ou moins de tẽps sur les voyelles, & ainsi de mettre entre elles de la differance, cela fait que leur nõbre n'est pas le méme dans toutes les langues. Les Hebreux en comptent jusque à treize: les Grecs en ont sept ; les François prononcent les voyelles dans des temps égaux: ainsi dãs nôtre langues elles ne reçoivent point cette differẽce que les differentes mesures du tẽps peuvẽt mettre entre elles: mais nous les distinguons d'une autre maniere Lorsqu'on ouvre la bouche davantage, le Son en est plus fort & plus clair ; quand on l'ouvre moins, le Son est plus foible & moins clair: ces differẽs degrez de force causent cette difference qui est entre un E ouvert, & un E fermé entre un I & un Y. Lorsqu'on lit les Sons de deux voyelles, & qu'il s'en fait un troisiéme : ce Son est ce qu'on appelle une diphtongue ; c'est à dire une lettre qui a deux Sons

Les lettres cõsones ne peuvẽt se prononcer sans faire entẽdre le Sõ d'une voyelle, ce qui leur fait donner le nom de consone. Ces lettres se forment par le mouvemét de la langue qui pousse la Voix contre le gozier, qui la porte contre le palais. Selon que la langue en se repliant arrête cet air qui forme la voix, ou qu'elle le laisse couler en s'étédant qu'elle frappe les dents ; & que les lévres battent l'une contre l'autre, l'on entéd sôner differentes consonnes. D'où vient que dans les Grãmaires on distingue les consones en lettres des lévres, des dents, de la langue, du palais, du gozier. Voila les simples consonnes qui sont douze en nombre, comme je le pense, B, C, D, F, G, L, M, N, P, R, S, T. On pourroit neanmoins ajoûter à ces Sons I, & V, lorsqu' on prononce ces deux lettres, comme des consones.

Ce qui fait que dans les Alphabets des lãgues, on trouve un plus grand nombre de cõsones; c'est premieremét parce que certains peuples allient le Son de differentes consones, de telle sorte que l'on n'entend que le Son d'une seule, que l'on nõmme double pour cette raison, comme Z, & X. La letre Z, vaut un D, avec S. La letre X, vaut C, avec S. Cet alliage augmente les Alphabets d'un tres-grand nõbre de differentes consones. Toutes les lãgues n'ont pas un nombre égal de ces letres doubles : dans ces letres l'on ne prononce que foiblement une consone, ce qui fait que le Son de l'une & de l'autre se confond dãs un seul Sõ. En second lieu, lorsque l'on prononce les consones avec aspiration, on change leur Son, & ce changement forme des letres toutes differentes: Or l'aspiratiõ se fait quand on pousse la voix cõtre le gozier avec quelque force. Nous marquons en François cette aspiratiõ avec un H. Cette aspiration jointe avec les letres fait celles qu'on nõme aspirées. L'aspiratiõ jointe avec le Π, des Grecs fait leur Φ, qui est nôtre ph ; jointe avec leur κ, elle fait leur χ, qui est nôtre ch. Cette remarque fait comprendre pourquoy en certaines langues une lettre a tant de differentes especes, si l'on peut parler de la sorte: pourquoy par exemple les Hebreux ont quatre sortes de S : l'aspiration peut se faire avec differens degrez; partant pour marquer par des caracteres particuliers les differences de la prononciation, il faut employer autant de caracteres differens.

Lorsque la voix monte jusques au nez, elle reçoit quelque difference : ainsi s'il estoit question de trouver toutes les lettres que l'on pourroit imaginer, comme il y a des lettres du gozier, il faudroit établir des lettres du nez. Les Hebreux prononcēt un peu du nez leur *Mem*, & leur *Nun*. L'usa[illegible] exerce son empire sur les lettres, aussi bien que sur tout le corps du discours dont les lettres sōt les membres: il dépendoit des hōmes de choisir entre les Sons de la voix qui peuvent étre infinis en nombre, ceux qui leur plaisoient davantage, & qui leur paroissoient plus commodes ; c'est pourquoy il y a des lettres qui sont en usage dans une langue, dont les autres langues ne se servent point.

Il y a des peuples qui expriment par une seule lettre plusieurs Sōs. Les autres au cōtraire, marquent un meme Son par de differentes marques, & ont plusieurs lettres, dont ils se pourroient passer, comme chez les Latins le K, & le Q, ainsi que le remarque Marius Victorius, qui a traité de cette matiere à fond. C'est ce qui met tant de differēce entre les Alphabets des langues soit mortes, soit vivantes. Il n'est pas necessaire que je remarque que les tons de la voix, les di-

verses

verses inflexions avec lesquelles on peut prononcer les mêmes lettres, peuvent changer leur prononciation; qu'il y a des lettres dont le Son n'est point distinct, si on n'a le soin de les joindre à celles avec qui elles ont de la sympathie; Je passe vîte par dessus toutes ces choses, que l'on regarde communement comme des minuties. Cependant ces connoissances quoy que leur objet soit petit, soit en quelque façon necessaires ; & l'ordre m'a obligé de rapporter ce que j'en ay dit.

CHAPITRE II.

Ce qu'il faut éviter dans l'arrangement des mots.

C'Est un effet de la Sagesse de Dieu qui avoit creé l'homme pour étre heureux, que tout ce qui est utile à sa conservation, luy est agreable. Le plaisir qui est attaché à toutes les actions qui peuvent luy conserver la vie, fait qu'il s'y porte volontairement. Nous n'avons pas de peine à manger, le goût que nous trouvons dans les viandes nous faisant trouver la necessité de manger agreable. Et ce qui authorise cette remarque, que Dieu joint l'utilité avec le plaisir, c'est que toutes les viandes qui servent d'alimens ont du goût: les autres choses qui ne peuvent étre changées en nôtre substance, sont insipides.

Cét assaisonnement de l'utile avec le delectable se rencontre dans l'usage de la parole : il y a une sympatie merveilleuse entre la voix de ceux qui parlent, & les oreilles de ceux qui entendent. Les mots qui se prononcent avec peine choquent ceux qui les écoutent:les organes de l'oüye sont disposez de telle sorte qu'ils sont blessez par un discours dont la prononciation blesse les organes de la voix. Le discours ne peut étre agreable à celuy qui écoute,s'il n'est facile à celuy qui le prononce, & il ne se peut prononcer facilement sans qu'il soit écouté avec plaisir.

On mange plus volontiers des viandes delicates qui conservent la santé, & qui sont agreables au goût:On préte aussi plus facilement les oreilles à un discours dont la douceur diminuë le travail de l'attention. Il en est des sciences comme des viandes : il faut tâcher de rendre agreable ce qui est utile. *Quoniam nonnullam inter se habent similitudinẽ vescentes atque discentes, propter fastidia plurimorum, etiam ipsa sine quibus vivi nõ potest alimenta condienda sunt.* Le plaisir attire aprés luy tous les hommes, c'est luy qui est le principe de tous leurs mouvemens,qui les fait agir:la prudence demande qu'on se serve de ce penchant pour les conduire où on les veut faire aller; & afin que nos paroles reçoivent un favorable accueil, qu'on gagne les oreilles,qui en fait de sons sont cõme les portieres de l'ame. Outre que le plaisir que nous donnons en parlant est precedé de nôtre propre utilité,puisque le soulagement de celuy qui parle fait le contentement de celui qui écoute. Tâchons donc premieremẽt de découvrir ce qu'il faut éviter dans l'arrangement de ces mots:quelles fautes on y peut cõmettre:ce qui rend la prononciation difficile. Le premier pas qu'on doit faire pour arriver à la Sagesse,est de s'éloigner du vice:*Sapiẽtia prima stultitia caruisse.* Outre cela dãs ce qui regarde les sens,tout ce qui ne choque pas est agreable, cõme dit S. Augustin, *Id omne delectat quod nõ offendit.*

Entre les lettres, les unes se prononcent avec plus de facilité, les autres avec peine : celles dont la prononciation est facile, ont un Son agreable : celles qui se prononcent avec difficulté écorchent les oreilles. Les consones se prononcent avec plus de difficulté que les voyelles ; aussi leur Son est moins doux, & moins coulant. Il est bon de temperer la rudesse des uns par la douceur des autres, plaçant des voyelles entre les consones, afin qu'elles ne se trouvent pas plusieurs ensemble. La rudesse du concours des consones est sensible dans les langues du Nort : l'Alement, l'Anglois sont insupportables à ceux qui n'ont point encore endurcy leurs oreilles à la rudesse de ces langues.

La coûtume fait qu'on ne s'apperçoit pas de ce que les mots ont de rude; neanmoins on remarque que selon les differens degrez d'inclination que les peuples ont eu pour la delicatesse, ils ont composé leurs mots de lettres ou plus ou moins douces, ils ont eu moins d'égard à suivre la raison qu'à flater les oreilles; c'est pour cette douceur de la prononciation que les Latins ont dit *auffero* pour *abfero*, *colloco* pour *cum loco*, comme l'analogie les obligeoit de parler. On a obtenu de l'analogie qu'elle relâchât de ses droits en faveur de la douceur de la prononciation : *Impetratum est à consuetudine ut suavitatis causâ peccare liceret.*

Lors que les consones sont aspirées, ou qu'elles se prononcent d'une maniere toute contraire, on doit particulierement en éviter le concours. Il y a des consones qui se prononcent la bouche fermée, comme est le P. Il faut pour prononcer les autres ouvrir la bouche : le C, est de ce nombre. Ces consones ne peuvent marcher de compagnie ; elles ne s'accordent pas, & on ne peut les prononcer immediatement les unes aprés les autres sans quelque difficulté ; parce qu'on est obligé presqu'en même temps de disposer les organes de la prononciation en plusieurs façons differentes.

Le second vice dans lequel tombent ceux qui arrangent leur discours avec negligence, est le concours de deux ou de plusieurs voyelles. Le concours des voyelles est desagreable pour une raison toute contraire à celle que nous avons donnée de la rudesse du concours des consones : les consones se prononcent avec peine, les voyelles avec facilité; mais cette grande facilité qui est accompagnée d'une grande vîtesse, fait que l'on ne distingue pas assez nettement leur Son, & que l'une de ces voyelles ne s'entend pas; ainsi il se fait un vuide dans la prononciation, & une confusion qui est des-agreable. En prononçant plusieurs voyelles de suite, il arrive presque la même chose que lors que l'on marche sur du marbre poly, la trop grande facilité donne de la peine, on glisse, & il est difficile de se retenir. En prononçant ces deux mots *hardy Ecuyer*, si l'on ne fait quelque effort pour s'arrêter un temps considerable sur la derniere lettre du premier mot *hardy*, *ni intersistat, & laboret animus*, le Son de cette voyelle I, se confond avec la voyelle E, par où commence le mot suivant, *Ecuyer*, ce qui empêche que les oreilles ne soient satisfaites, ne pouvant distinguer assez clairement ces deux differens Sons.

Pour empêcher ce concours, ou l'on retranche une des voyelles qui se trouvent ensemble, ou bien l'on insere une consone pour remplir le vuide qui se feroit sans cét artifice; c'est pour cette raison que nous disons en nôtre langue, *qu'il fit* pour *que il fit*: *a-t'il fait* pour *a il fait*: *fera-t-il* pour *fera-il*.

Quand une de ces deux voyelles a un Son assez fort pour se faire distinguer, cét artifice est inutile. Ce soin d'arranger ses mots doit étre sans inquietude: on ne doit pas considerer comme des fautes considerables les manquemens qui se font dans cette partie de l'Art de parler : *Non id ut crimen ingens expavescendum est, ac nescio an negligentia in hoc, an sollicitudo sit pejor.* Je ne sçay ce que l'on doit éviter davantage de l'inquietude, ou de la negligence, dit Quintilien. La negligence a cét avantage qu'elle fait juger qu'on s'applique plus aux choses qu'aux paroles : *Indicium est hominis de re magis quàm de verbis laborantis.*

CHAPITRE III.

En parlant la voix se repose de temps en temps: On peut commettre trois fautes en plaçant mal les repos de la voix.

LA necessité de reprendre haleine oblige d'interrompre le cours de la prononciation; & le desir de s'expliquer distinctement fait qu'on choisit pour les repos de la voix la fin de chaque sens : pour distinguer par ces intervalles les differentes choses dont on parle ; L'on peut commettre deux fautes en distribuant mal ces intervalles. Si les expressiõs de chaque sens sont trop courtes, & par consequent que la prononciation soit souvent interrompuë, cette interruption diminuë la force de la voix, & la faisant tomber, l'esprit du Lecteur, qu'on devoit tenir en haleine se relâche, l'ardeur qu'il a se refroidit. Il n'y a rien qui fasse plus rallentir le feu d'une action que de la discõtinuer, & de la faire à trop de reprises : Le travail rend l'ame vigoureuse, attentive ; l'oysiveté la plonge dans le sommeil, & dans l'assoupissement: * *Fit attentior ex difficultate.*

Lors que les sens ne sont point trop coupez, & qu'il faut que l'esprit du Lecteur attende quelque temps pour concevoir ; ce retardement le tient en haleine : ce qui fait qu'étant plus attentif, il conçoit mieux le sens du discours. Nous avons dit dans le premier Livre, que les Latins pour ce sujet rejettoient à la fin de la sentence quelque mot, duquel dépend l'intelligence des premiers termes. Mais sans cette transposition, & ce renversement de l'ordre naturel, il suffit pour empêcher que la prononciation ne soit souvent interrompuë de choisir des expressions un peu étenduës, qui contiennent un assez grand nombre de mots : ou bien il faut que les choses qu'on exprime soient liées si étroitement, que les premieres excitent le desir d'entendre les dernieres, & que la voix se repose aprés chaque sens, de telle sorte que l'on connoisse qu'elle doit aller plus loin.

Lors qu'une pensée est exprimée par un trop grand nombre de paroles, on tombe dans un autre excez. Ordinairement on continuë l'action qu'on a commencée ; ainsi la voix ne se reposant qu'à la fin du sens dont elle a commencé de prononcer l'expression, si ce sens comprend beaucoup de choses, cette longue suite de paroles ausquelles il est enchaîné, échauffe les poûmons, & épuise les esprits; ainsi la prononciation en est incommode, & à ceux qui parlent, & à ceux qui écoutent.

Une des plus grandes difficultez de l'éloquence, est de sçavoir tenir un milieu, & de s'éloigner de ces deux défauts. Ceux qui parlent sans art, & qui

* *S. Aug.*

n'ont qu'un foible genie, tombent ordinairement dans le premier défaut ; à peine peuvent ils dire quatre mots qui soient liez: chaque sens finit aussi tôt qu'il commence. L'on n'entend que des *car, enfin, aprés cela, ce dit il*, & autres semblables expressions dont ils se servent pour coudre leurs paroles détachées Il n'y a point de défaut dans le langage si méprisable & si insupportable que celuy-là. Ceux qui veulent s'élever passent dans une autre extremité. Les premiers marchent comme des boiteux; ceux cy ne vont que par bonds & par sauts; de crainte de s'abaisser, ils montent toûjours : ils n'employent que de grands mots, *sesquipedalia verba*. Ils ne se servent que de longues phrases capables de mettre hors d'haleine les plus forts.

Il est facile d'abreger, ou d'alonger le corps d'une sentence : on peut lier deux ou plusieurs sens, n'en faire qu'un, & ainsi soûtenir le discours par une longue suite de mots qui ne fasse qu'un seul sens : il n'est pas besoin pour cela d'avoir recours à des phrases creuses & vuides, & d'enfler son discours de paroles vaines: au contraire si une sentence contient trop de choses qui demandent un trop grand nombre de paroles, il est facile de couper les sens de cette sentence, les separer, & les signifier par des expressions détachées qui soient par consequent plus courtes que celle qui exprimoit tout le corps de cette sentence.

On peut encore commettre une troisiéme faute contre la juste distribution des repos de la voix. En commençant une sentence on éleve la voix insensible, ce que les Grecs appellent *τάσις*, & à la fin du sens on la rabaisse ; ils appellent ce rabaissement *θέσις* : les oreilles jugent de la longueur d'une phrase par l'élevement de la voix.

un grand élevement de voix leur fait attendre plusieurs paroles; si ces paroles attenduës ne suivent pas, ce manquement qui les trompe leur fait de la peine aussi-bien qu'à celuy qui parle. Il est difficile de s'arréter au milieu d'une course: quand la nuit on est arrivé au plus haut degré d'un escalier sans s'en appercevoir, & que l'on croit pouvoir monter encore; le premier pas qu'on fait aprês, on chancele, & on ressent la même peine que si le plancher sur lequel on est, se déroboit de dessous les pieds. Toutes les particules explctives comme sont nôtre *pas*, nôtre *point*, & les autres ont été trouvées pour tenir la place des mots que l'oreille attendoit. Les Grecs ont un tres-grand nombre de ces particules, qui n'ont point d'autres usages que d'alonger le discours, & d'empêcher qu'il ne tombe trop tôt. Si les oreilles sont choquées d'un discours qui va trop loin, tous les mots qu'elles n'attendoient pas sont importuns. * *Aures quid plenum, quid inane sit judicant; & nos admonent complere verbis quæ proposuerimus, ut nihil desiderent, nihil amplius expectent. Cùm vox ad sententiam expromendam attollitur, remissa donec concludatur arrecta sunt, quo perfecto completoque ambitu gaudent; & curta sentiunt, nec amant redundantia. Idcirco ne mutila sint & quasi decurtata sententia, hoc est non ante tempus cadant cavendum, ne quasi promissis aures fraudentur, aut productioribus aut immoderatius excurrentibus lædantur.*

* Ciceron.

CHAPITRE IV.

La repetition trop frequente des mesmes sons des mesmes lettres, & des mêmes mots, est ennuyeuse. Moyen de rendre la prononciation du discours égale.

ENtre les défauts de l'arrangement des mots on compte la Similitude; c'est à dire une Repetition trop frequente d'une même lettre, d'une même terminaison, d'un méme son, & d'une même cadence. La diversité plaît; les meilleures choses ennuyent lors qu'elles sont trop communes. Ce défaut est d'autant plus considerable qu'il se corrige facilement; il ne faut que repasser les yeux pardessus son ouvrage, changer les mots, les syllabes, les terminaisons qui reviennent trop souvent. On peut exprimer les mémes choses en cent manieres; l'usage fournissant des expressions differentes pour exprimer une méme pensée.

Pour rendre le discours égal & coulant, on évite la pluspart des défauts dont nous avons parlé: On marche avec peine par un chemin raboteux; on ne peut manier un corps plein d'inegalité sans souffrir quelque douleur: une prononciation est aussi incommode & aussi importune, lors que sans aucune proportion, il faut tantôt élever la voix, tantôt la rabaisser, allant d'une extremité à l'autre. Les mots, les syllabes qui entrent dans la composition du discours, ont des sons differens, le son des uns est clair, le son des autres est obscur: les uns remplissent la bouche, les autres se prononcent avec un ton foible. Tous ne demandent pas une méme disposition des organes de la voix, cette difference fait l'inégalité de la prononciation. Pour soûtenir le discours & le rendre égal, il faut relever la cadence d'un mot trop foible par celle de celuy qui aura une forte prononciation, temperer la trop grande force des uns par la douceur des autres, faire que la prononciation des mots precedens dispose la voix pour prononcer les suivans, & que dans les suivans la voix se rabaisse par degrez.

Je pourrois donner quelques autres preceptes, mais ce que j'ay dit suffit pour faire faire reflexiõ à ceux qui veulent écrire avec soin sur ce qu'il est necessaire de considerer dans l'arrangement des mots. La principale utilitê, & presque la seule qu'on retire des preceptes; c'est qu'ils nous font prendre garde à de certaines choses, ausquelles on ne pense pas. Pour vous persuader encore davantage de l'utilité des considerations que nous verõs de faire l'arrangement des mots, remarquez je vous prie, que les *anomalies* ou irregularitez qui se sont glissées dans les langues y sont souffertes, pour éviter les défauts que nous venons de censurer. Pourquoy dans l'Hebreû cette multitude de points qui tiennent lieu de voyelles dans cette langue? Pourquoi cette difference de points longs, de points tres-brefs, qui se changent selon les differentes inflexions des verbes, & la dispositiõ des notes qui marquent les elevations, les rabaissemens, & les repos de la voix? Pourquoy enfin un *Scheva* qui est un point qui tantôt se prononce, & tantôt ne se prononce point? Si ce n'est pour rendre égale la prononciation; la fortifier par des points longs, quand il en est besoin; & diminuer sa force par la brieveté des points dont on se sert, quand l'égalité de la prononciation le demande.

La délicateſſe des Grecs eſt connuë de tout le monde : conſiderez en paſſant comment pour éviter le concours trop rude de deux conſones aſpi-ées, ils changent la premiere dans une tenuë qui luy répõd, diſant par exẽple πίφαγκα pour φίφσκα comment pour remplir ce vuide qui ſe rencontre entre deux voyelles, de deux mots ils n'en font qu'un; par exemple de καὶ ἐγὼ faiſant κἀγὼ: où ils inſerent une conſone δίδαξεν αὐτῶ pour δίδαξε αὐτῶ: comme ils ne ſe ſervent point de cét artifice lors que l'une de ces voyelles eſt longue, & qu'elle a un ſon aſſez fort pour ſe faire diſtinguer comme dans τιμὴ αὐτῃ. Vous ſçavez que pour fortifier la pronõciation, lors que le mot ſuivant commẽce par une voyelle aſpirée, ils changent les tenuës en aſpirées dans la fin du mot qui precede comme dans cét exemple, νύχθ᾽ ὅλην pour νύκτ᾽ ὅλην, cét ὅλην ayant un eſprit rude il demande une forte prononciation, qu'il ſeroit difficile de faire aprés avoir prononcé les tenuës κ & τ dont le ſon eſt foible. Les Grammairiens remarquent que les Grecs diſent δίδοικα au preterit du medion, pour δέδοιδα, afin d'éviter la triple repetition de la même conſone δ.

Chacun peut faire les mêmes reflexions ſur la langue Latine, & generalement ſur toutes les langues qui lui ſont connuës. Cette grande multitude des termes de chaque langue qui ſont diverſifiées dans leurs terminaiſons, & dans le nombre de leurs ſyllabes : cette abondance d'expreſſions dont les unes ſont courtes, les autres longues, n'ont été inventées que pour rendre le diſcours égal, & dõner le moyẽ de choiſir dans cette varieté les paroles & les phraſes les plus commodes, rejettant celles qui ne pourroient pas s'allier avec les autres, *in com-*

positione vixantes, & mettant en leur place celles qui sont plus accommodantes.

CHAPITRE V.

Les mots sont des Sons. Conditions necessaires aux sons pour étre agreables. Premiere condition, un son violent est desagreable, un son moderé plaît.

NOus avons vû dans le Chapitre precedent ce qu'il faut éviter dans l'arrangement des mots pour ne pas choquer les oreilles, voyons dans celuy-cy ce qu'il faut faire, afin que les sons qui cõposent les mots soient agreables. Tout sentiment lors qu'il est moderé cause quelque plaisir; les viandes qui remuẽt doucement les nerfs de la langue font ressentir à l'ame le plaisir de la douceur; celles qui la coupent & qui l'agitent avec violence sont aigres, piquantes, & ameres. L'ardeur du feu cause de la douleur, la rigueur du froid est insupportable; une chaleur moderée est utile à la santé, la fraîcheur a ses agrémens. Dieu a voulu pour rendre à l'esprit de l'homme la prison du corps agreable, & la luy faire aimer; que tout ce qui arrive au corps, & qui n'en trouble point la bonne disposition luy donnât du contentement. On prend plaisir à voir, à sentir, à toucher, à goûter: il n'y a point de sens dont la privation ne soit fâcheuse: le sentiment d'un son doit donc étre agreable & plaire aux oreilles, lors que ce son les frappe avec moderation. Les sons doux sont ceux qui frappent avec cette moderation les organes de l'oüie ceux qui les blessent, sont rudes & desagreables.

Seconde condition. Un son doit être distinct & par consequent assez fort pour être entendu.

MAis aussi un sont doit avoir assez de force pour se faire entendre : les viandes qui sont nsipides sont plus capables de faire perdre l'appe- it que de l'exciter. L'on est obligé de les assaison- ier, & d'en relever le goût avec du sel & du vi- aigre. Il en est des sensations comme des con- oissances qui ne dépendent point du corps : une onnoissance imparfaite ne fait que mortifier la uriosité, elle fait connoître seulement qu'on ig- iore quelque chose, on ressent aussi une espece de hagrin quand on apperçoit obscurement un ob- et: la veüe d'une campagne que le Soleil éclaire onne du plaisir. Tout ce qu'on apperçoit avec larté, soit par les sens, soit par l'esprit, donne du laisir. Voila donc deux conditions necessaires ux sons, afin qu'ils puissent être agreables. La remiere, qu'ils ne soient pas si violens qu'ils bles- ent les oreilles: La seconde, qu'ils soient claire- ment & distinctement entendus.

L'égalité des sons contribuë à les rendre distincts; c'est la troisiéme condition.

CE n'est pas toûjours le manque de force qui rend les sons confus; mais leur inégalité. Les ons inégaux qui frappent les organes fortement : foiblement, avec vitesse & avec lenteur, sans au- une proportion, troublent l'ame, comme la diversité des affaires trouble un homme, qui ne peut pas s'appliquer à toutes en méme temps. La vûë d'une multitude de differens objets disposez sans ordre est confuse : voyez un cabinet enrichy de bijoux, orné de Tableaux, de Bronzes, d'Estampes, de Medailles, de Coquilles, la vûë de toutes ces richesses n'est point agreable, si elles ne sont disposées avec ordre. Pourquoi est-ce que les arbres plantez en échiquier plaisent davantage que lors qu'ils se trouvent rangez sans art comme la nature les a fait naître? Pourquoi une armée rangée en bataille plaît-elle à la vûë en méme temps qu'elle l'épouvante ? On peut assigner plusieurs causes de ce plaisir, pour moy je croy que la principale est l'égalité, & l'ordre qui rendent une sensation plus distincte : cette clarté avec laquelle l'ame apperçoit les choses entre lesquelles il y a de l'égalité & de l'ordre, luy donne une secrette satisfaction, elle joüit pleinement de ce qu'elle desire. S'il n'y a quelque ordre entre les impressions des sons, elles ne peuvent étre distinguées par l'ame : dans une assemblée de plusieurs personnes qui parlent toutes à la fois, on ne peut discerner aucune parole. Dans un concert reglé & composé de plusieurs voix, & de differens instrumens, on entend sans confusion & sans peine le son de chaque instrument, & le chant de chaque Musicien; & c'est cette distinction qui plaist aux oreilles.

Quatriéme condition : La diversité est aussi necessaire que l'égalité pour rendre les sons agreables.

CIceron dit agreablement que les oreilles sont difficiles à contenter : *Fastidiosissima sunt aures*, souvent on leur déplait en pensant leur plaire. L'égalité est necessaire, & sans elle aucun sentiment n'est distinct ; l'on n'apperçoit rien que confusement, & avec un chagrin semblable à celui que l'on reçoit lors qu'on ne joüit pas pleinement des choses que l'on aime, & que l'on desire ; cependant cette égalité devient insupportable, lors qu'elle continuë trop long temps. Les oreilles sont inconstantes, comme tous les autres sens. Les plus grands plaisirs sont suivis de prés de quelque dégoût : *Omnis voluptas habet finitimum fastidiū.* Ceux qui sçavent l'art de plaire préviennent ces dégoûts, & font goûter successivement des differens plaisirs, surmontant par la varieté cette humeur difficile des hommes qui s'ennuyent de toutes choses. Ce n'est pas le seul caprice qui rend la varieté necessaire : la nature demande le changement. Un son lasse les parties de l'organe de l'ouïe qu'il frappe trop long temps ; c'est pourquoy la diversité est necessaire dans toutes les actions ; parce que le travail étant partagé, chaque partie d'un organe en est moins fatiguée.

Cinquiéme condition. Il faut allier les conditions precedentes.

IL semble que les deux dernieres conditions soient incompatibles, & que l'une détruise l'autre; mais elles s'accordent fort bien, & l'on peut allier l'égalité avec la varieté, sans aucune confusion de ces deux qualitez. Il n'y a rien de plus diversifié qu'un parterre de fleurs ? l'on y voit des œillets, des tulipes, des violettes; des roses : les compartimens en sont fort differens, il y en a de circulaires, d'ovales, de quarrez, de triangulaires; cependant si ce parterre a été tracé par un habile homme, l'égalité s'y rencontre avec la varieté, étant partagé en des pieces proportionnées entr'elles, & qui sont ornées de figures semblables.

Nous allons faire voir comment l'on peut allier l'égalité & la varieté dans les sons : c'est cette alliance qui fait la beauté & l'agréement des concerts de musique; car comme dit S. Augustin les oreilles ne peuvent recevoir un contentement plus grand que celuy qu'elles ressentent; lors qu'elles sont charmées par la diversité des sons, & que cependant elles ne sont pas privées du plaisir que donne l'égalité *Quid enim auribus jucundius potest esse quàm cùm & varietate mulcentur, nec æqualitate fraudantur?*

Sixiéme condition. Cette alliance de l'égalité & de la diversité doit être sensible: ce qu'il faut observer pour cela.

CEtte alliance de l'égalité avec la varieté doit être sensible; il faut que les oreilles apperçoivent ce temperament : c'est pourquoy tous les sons dans lesquels elle se trouve; doivent être liez ensemble, & il est necessaire que les oreilles les entendent sans aucune interruption notable. La symmetrie d'un bâtiment ne peut être remarquée lors que l'on découvre qu'une petite partie de ce bâtiment:

riment:les habiles Architectes reüniſſent pour ce ſujet leur ouvrage, de maniere qu'il puiſſe étre conſideré d'une ſeule vûë. Afin que les oreilles apperçoivent l'ordre & la proportion de pluſieurs ſons, il faut qu'elles les comparent; or toute comparaiſon ſuppoſe que les termes de la comparaiſon ſoient preſens, & joints les uns avec les autres: il faut donc unir ces ſons : ce qui les rend plus agreables que lors qu'ils ſont ſeparez ; parce que cette union les faiſant ſentir tous en même temps, l'impreſſion qu'ils font eſt plus forte, & par conſequent le plaiſir qu'ils cauſent eſt plus grand *Plus delectant omnia quàm ſingula, ſi poſſint omnia.*

* S. Aug.

CHAPITRE VI.

Ce que les oreilles diſtinguent dans le ſon des paroles, & ce qu'elles y peuvent appercevoir avec plaiſir.

LEs conditions dont nous venons de parler dans le Chapitre precedent ſont neceſſaires à tous les ſons pour étre agreables, ſoit aux ſôs de la voix ſoit aux ſons des inſtrumens : cependant je n'ay pretendu parler que des ſons de la voix humaine: encore je diſtingue deux ſortes de voix, une que j'appelle contrainte, l'autre que je nomme ſimple & facile. La voix contrainte eſt celle dont on ſe ſert en chantant, lors que l'air qui fait le ſon ſort avec violence des poûmons. La voix ſimple eſt celle que l'on forme en parlant, qui ſe fait avec facilité, & qui ne laſſe point les organes comme la

M

premiere. Ce que je diray dans la suite de ce traité ne regarde que le son de la voix simple : il faut voir maintenant comment on peut faire que les sons, où les mots ayent les conditions qui les doiven trendre agreables aux oreilles.

L'on peut facilement arranger son discours de telle maniere, que la prononciation n'en soit ny violente, ny trop foible ; qu'elle soit moderée, & distincte, & que ce discours ait par consequent les deux premieres conditions. Le second Chapitre a été employé tout entier à nous instruire de ce que l'on doit faire ou éviter, afin que le discours n'écorche point les oreilles, & qu'il puisse étre entendu. L'on a fait voir avec quel soin il faut éviter la rencontre des consones rudes, comment il faut remplir les vuides qui se rencontrent entre les mots où le cours de la prononciation seroit arrété: Avec quelle prudence on doit moderer la rudesse de certaines syllabes par la douceur de celles qui sont plus douces ; en un mot; comment l'on peut égaler la prononciation, & soûtenir le son des lettres foibles, en les faisant accompagner de lettres plus fortes.

Les quatre autres conditions se peuvent trouver en differentes manieres dans le discours: les oreilles apperçoivent dans la prononciation plusieurs choses, outre le son des lettres. Premierement elles jugent de la mesure du temps dans lequel on prononce chaque lettre, chaque syllabe, chaque mot, chaque expression. En second lieu, elles apperçoivent les élevemens, & rabaissemens de voix, par lesquels on distingue en parlant chaque mot, chaque expression : en troisiéme lieu les oreilles remarquent le silence, ou le repos de la voix à la fin des mots & du sens; quand on lie deux mots, ou qu'on les separe, si on mange quelque voyelle, & plusieurs autres choses qui sont comprises sous le nō d'accens, dont la connoissance est absolument necessaire pour la prononciation. Ces accens peuvent être en tres grand nombre. L'on en compte plus de trente dans les Grammaires Hebraïques. Il y en a huit chez les Latins, selon Servius Honoratus; sçavoir *l'aigu* figuré ainsi (´) qui montre quand il faut hausser la voix: *le grave* (`) quand il la faut abbaisser: *le circumflexe*, composé de l'aigu & du grave (ˆ ou ˜) *l'accent long* figuré ainsi (-) qui avertit que la voix doit s'arretter sur la voyelle qui a cette marque: *le bref* (˘) que le temps de la prononciation doit être court. *Hyphen*, ou conjonction ‿ qu'il faut joindre deux mots ensemble, comme ces deux *male‿sanus*. *Diastole* ou division, qu'il faut les separer. *L'Apostrophe* montre qu'on a rejetté une voyelle. La Diastole & l'Apostrophe ont une même marque (') mais dans l'Apostrophe elle se met au haut de la lettre, *ad caput littera*, dans le Diastole au bas, *ad pedem*.

Or l'on peut faire que les oreilles apperçoivent toutes ces choses avec plaisir, y faisant trouver les quatre conditions que j'ay proposées cy-dessus, disposant par exemple les mots avec cet artifice, que les mesures du temps de la prononciation soient égales; que les pauses de la voix, ou les intervalles de la respiration se répondent, que la voix s'éleve & se rabaisse par des degrez égaux. On y peut allier l'égalité avec la varieté, faisant que plusieurs mesures liées ensemble soient égales, quoique les parties dont elles seront composées, soient inégales; & que les oreilles apperçoivent ce temperament avec plaisir; mais avant que de passer outre à present que nous parlons [illegible] de plaire,

& que nous ſommes tout occupez à chercher dans le diſcours ce qui peut divertir l'oreille, il eſt bon de faire quelque reflexion ſur cette maxime de l'art de plaire, que les choſes les plus agreables ſont deſagreables en certaines rencontres. Le divertiſſemẽt n'eſt pas toûjours de ſaiſon, le travail, & les jeux ne s'accommodent pas enſemble, perſonne ne marche en cadence pour aller à ſes affaires : Lors qu'il s'agit dé découvrir ſimplement ſa penſée, qu'il eſt utile de faire connoitre aux autres ce que l'on a dans l'eſprit, un homme de bon ſens ne s'amuſera jamais à compaſſer ſes paroles, à meſurer ſes mots, & à placer avec juſteſſe les pauſes de la prononciation. Le plaiſir n'eſt plaiſir que lors qu'on le ſouhaite, s'il vient à contre temps, il déplait, parce qu'il détourne, & divertit de l'application ſerieuſe où l'on étoit.

Il faut donc diſtinguer le diſcours en deux eſpeces, en diſcours naturel, & en diſcours artificiel: Le naturel eſt celuy dont on doit ſe ſervir dans la converſation pour s'exprimer, pour inſtruire, & pour faire connoître les mouvemens de ſa volonté, & les penſées de ſon eſprit: l'artificiel eſt celuy que l'on employe pour plaire, & dans lequel s'éloignant de l'uſage ordinaire & naturel, on ſe ſert de tout l'artifice poſſible pour charmer ceux qui l'entendront prononcer. Dans le diſcours naturel, il ſuffit d'obſerver avec exactitude ce qui a été preſcrit dans le ſecond Chapitre de ce Livre, ce n'eſt pas que l'on ne puiſſe appeller quelquefois l'art à ſon ſecours : les matieres du diſcours naturel ne ſont pas toûjours ſi auſteres qu'elles ne permettent quelque petit divertiſſement.

Perſonne n'ignore la difference qui eſt entre la Proſe, & les Vers ; elle eſt trop ſenſible : le diſcours qui eſt lié par les regles étroites de la diverſification eſt entierement éloigné du diſcours libre; qui eſt celuy que l'on employe lors que l'on parle naturellement, & ſans art; c'eſt pour cette raiſon que les diſcours en Vers ſont appellez particulierement artificiels. Nous ſommes obligez de commencer l'Art que nous traitons, par enſeigner, comme l'on peut donner à un diſcours libre & naturel, c'eſt à dire à la Proſe, les conditions qui rendent ses ſons agreables, ſans que ces conditions luy ôtẽt la liberté; aprés cela allant par ordre nous viendrons au diſcours artificiel tel que ſont les Vers. Cet art dans la Proſe ſe reduit à deux choſes, ou à rendre la Proſe periodique, ou à la figurer. Voyons ce que c'eſt que periode, ce que c'eſt que figure, comment l'on peut rendre le diſcours periodique; comment on le peut figurer.

CHAPITRE VII.

Comment il faut diſtribuer les intervalles de la reſpiration, afin que les repos de la voix ſoient proportionnez.

NOus ſommes obligez de prendre haleine de temps en temps; la neceſſité qu'il y a de ſe faire entendre, fait que l'on s'arrête ordinairement à la fin de chaque expreſſions pour reſpirer, afinque les repos de la voix ſervent en même temps à rendre le diſcours plus clair, & à reprendre de nouvelles forces pour parler plus long-temps. La voix ne ſe repoſe pas également à la fin de tous les sẽs. Dans une ſentence qui a beaucoup de ſens on ſe repoſe un peu à la fin de chaque ſens; mais ce repos n'empéche pas qu'on ne s'apperçoive fort bien qu'on a dessein d'aller plus loin.

La partie du sens parfait qui fait partie d'un autre plus grand sens est appellée des Grecs *κόμμα* les Latins *incisum*. Quand on entend prononcer la partie d'un sens entier, l'oreille n'est point contente, parce que la prononciation demeure suspenduë jusques à ce que le sens soit achevé. Par exemple, lors qu'on commence: *Cùm regium sit bene facere, & audire malè*; puisque c'est une vertu Royale de faire le bien; lors méme qu'on est méprisé, les oreilles sont attentives & appliquées à entendre la suite. Les Grecs appellent un sens parfait, mais qui fait partie d'un sens plus achevé *κῶλον* les Latins *membrum*, membre : les oreilles sont satisfaites aprés avoir entendu le membre d'une sentence : neanmoins elles desirent encore quelque chose de plus parfait. *Si quantũ in agris, locisque desertis audacia potest, tantum in foro atque judiciis impudentia valeat.* Si l'effronterie étoit aussi avantageuse à ceux qui parlent dans le barreau devant les Juges, que l'est la hardiesse aux voleurs dans les lieux écartez. Vous pouvez juger par vos oreilles que ce sens parfait contente, mais qu'il n'ôte par le desir de quelque chose de plus accomply, & que l'on désire entendre le corps de la sentence aprés avoir entendu ce membre.

La voix ne peut se reposer qu'en se rabaissant, ny recommencer sa course qu'en s'élevant; c'est pourquoi dans chaque membre il y a deux parties, un élevement, & un rabaissement de voix. *Ἄρσις* & *ἀπόθεσις* La voix ne se repose entierement qu'à la fin de la sentence, & elle ne se rabaisse qu'en achevant de prononcer cette sentence qu'elle avoit commencée. Lors que les membres qui compoent le corps d'une ſentence ſont égaux, & que la oix en les prononçant ſe repoſe par des interval-es égaux, & s'éleve & ſe rabaiſſe avec proportion: expreſſion de cette ſentence ſe nomme *Periode*, 'eſt un mot qui vient du Grec, & qui ſignifie *cir-uit*. Les periodes entourent, & renferment tous les ens qui ſont les membres du corps de la ſentence u'elles comprennent. L'artifice de la compoſition es periodes conſiſte, comme il eſt manifeſte, à ren-re égales les expreſſions de chaque membre d'une entence: voyons comment cela ſe peut faire.

CHAPITRE VIII.

Compoſitions des Periodes.

POur compoſer une periode, ou ce qui eſt la méme choſe, pour exprimer une ſentence qui eſt compoſée de deux, ou de pluſieurs ſens parti-culiers, avec cét art, que les expreſſions de cette ſentence ayent les conditions neceſſaires pour plai-re aux oreilles; il faut premierement que ces ex-preſſiõs ne ſoiẽt point trop longues, & que toute la periode ſoit proportionnée à l'haleine de celuy qui la doit prononcer τῷ πνεύματι λέγοντος συμμετρου-μένη. Il faut enviſager tout ce que contient la ſen-tence que l'on veut comprendre dans une periode, choiſir des expreſſions ſerrées ou étenduës, retran-cher, ou ajoûter, afin qu'elle ait ſa juſte longueur. Mais on doit prendre garde de ne point inſerer des paroles inutiles & ſans force, pour remplir les vuides, & achever la cadence de la periode, *inania complementa, & ramenta numerorum.*

2. Les expreſſions des ſens particuliers qui font les membres du corps de la ſentence doivent étre renduës égales, afin que par des intervalles inégaux la voix ſe repoſe à la fin de ces membres. Plus cette égalité eſt exacte, plus le plaiſir en eſt ſenſible, comme on le peut voir dans cét exemple. *Hæc eſt enim non facta, ſed nata lex; quam non didicimus, accepimus, legimus; verùm ex naturâ ipsâ arripuimus, hauſimus, expreſſimus: ad quam non docti, ſed facti; non inſtituti, ſed imbuti ſumus.*

3. Une periode doit avoir tout au moins deux membres, & quatre pour le plus: Les périodes doivent avoir au moins deux membres, puiſque leur beauté vient de l'égalité de leurs membres. Or l'égalité ſuppoſe pour le moins deux termes. Les Maîtres de l'Art ne veulent pas qu'on faſſe entrer dans une periode plus de quatre membres, parce qu'étant trop longue, la prononciation en ſeroit forcée; par conſequent elle déplairoit aux oreilles, puis qu'un diſcours qui incommode celuy qui parle, ne peut étre agreable à celuy qui l'écoute.

4. Les membres d'une periode doivent étre liez ſi étroitement, que les oreilles apperçoivent l'égalité des intervalles de la reſpiration: pour cela les membres d'une periode doivent étre unis par l'unité d'une ſeule ſentence, du corps de laquelle ils ſont membres. Cette union eſt tres-ſenſible; car la voix ne ſe repoſe à la fin de chaque membre, que pour continuer plus loin ſa courſe: elle ne s'arréte entierement qu'à la fin de toute la ſentence. On peut dire que la voix roule en prononçant une periode, qu'elle fait comme un cercle qui renferme tout le ſens de la periode: ainſi les oreilles ſentent facilemẽt la diſtinction, & l'union de ſes membres.

5. La

5. La voix s'éleve, & se rabaisse dans chaque membre : les deux parties où se font les inflexions doivent étre égales, afin que les degrez d'élevement, & de rabaissement se répondent. En prononçant une periode entiere on éleve la voix jusqu'à la moitié de la sentence, & elle se rabaisse dans l'autre moitié : Ces deux parties qui sont appellées τάσις & ἀπόδοσις doivent se répondre par leur égalité.

Pour la varieté, elle se trouve dans une periode en deux manieres; dans le sens, & dans les mots. Premierement les sens de chaque membre de la periode doivent étre differens entr'eux. Dans le discours la varieté s'y rencontre d'elle-méme : on ne peut exprimer les differentes pensées de son esprit, qu'on ne se serve de differens mots. Outre cela on peut composer une periode de deux membres, tantôt de trois, tantôt de quatre membres. Les periodes égales ne doivent pas se suivre de fort prés, il est bon que le discours coule avec plus de liberté : cette égalité si exacte des intervales de la respiration pourroit devenir ennuyeuse.

Voicy quelques passages de Ciceron que j'ay pris pour exemples des periodes Latines; parce que la cadence de nos Françoises n'est pas si sensible. Exemple d'une periode de deux membres. 1. *Antequam de republica, Patres conscripti, dicam ea quæ dicenda sunt hoc tempore.* 2. *Exponam breviter consilium & profectionis, & reversionis meæ.* La periode suivante a trois membres. 1. *Nam cùm antea per ætatem, hujus auctoritatem loci contingere non auderem.* 2. *Statueremque nihil huc nisi perfectum industria, elaboratum ingenio afferri oportere* 3. *Meum tempus omne amicorum temporibus transmittendum putavi.* Celle-cy est de quatre membres. 1. *Si quantum in agro, locisque desertis audacia potest.* 2. *Tantum in foro ac in judiciis impudentia valeret.* 3. *Non minus in causa cederet Aulus Cæcinna Sexti Æbutii impudentiæ.* 4. *Quantum in vi facienda cessit audaciæ.*

Quelquefois l'on termine la fin de chaque membre d'une periode par des terminaisons presque semblables, ce qui fait qu'il se trouve une égalité dans les chûtes de ces membres, & que l'harmonie de la periode est plus sensible; comme vous pouvez remarquer dans les exemples que nous venons de rapporter. Toutes les periodes ne sont pas également étudiées.

Le soin que l'on a de placer à propos les repos de la voix dans les periodes fait qu'elles se prononcent sans peine, & l'on a remarqué que les choses les plus aisées à prononcer, sont aussi les plus agreables à l'oreille: *Id auribus nostris gratum est inventum, quod hominum lateribus non solùm tolerabile, sed etiam facile esse potest.* C'est cette raison qui oblige les Orateurs à parler periodiquement: Les periodes soûtiennent le discours, elles se prononcent avec une majesté qui donne du poids aux paroles. Mais il est bon de remarquer que cette majesté est hors de saison, lors que l'on suit le mouvement de sa passion, dont la precipitation ne souffre aucune maniere reglée d'arranger, & de composer ses mots. Un discours également periodique ne peut se prononcer qu'avec froideur. Les periodes comme j'ay dit, ne sont bonnes que lors que l'on veut parler avec majesté, ou plaire aux oreilles. On ne peut pas courir, & en même temps marcher en cadence.

CHAPITRE IX.

De l'arrangement figuré des mots. En quoy consistent ces Figures.

NOus avons dit fort au long dans le second Livre, que les figures du discours étoient les caracteres des agitations de l'ame ; que les paroles suivoient ces agitations ; & que lors que l'on parloit naturellement ; la passion qui nous faisoit parler se peignoit elle-méme dans nos paroles. Les figures dont nous allons parler sont bien differentes : elles se tracent à loisir par un esprit tranquille. Les premieres se font par saillies, elles sont violentes, elles sont fortes, propres à combattre, & à vaincre un esprit qui s'oppose à la verité : celles dont nous allons parler sont sans force, elles ne sont capables que de donner quelque divertissement. e parle de celles qui sont étudiées, car il se peut aire que les conditions de ces dernieres figures lont on orne le discours pour le divertissement, se rouvent par hazard dans ces figures qu'on emloye pour le combat.

Nous avons montré dans le second Chapitre que la repetition d'un méme mot, d'une même ettre, d'un même son, étoit desagreable : mais ussi nous avons remarqué dans le troisiéme Chaitre, que lors que cette repetition se fait avec rt, elle ne choque point les oreilles : En effet les ons les plus desagreables plaisent, lors que l'on s entend par de certains intervalles mesurez. Le uit des marteaux étourdit ; cependant lors que s forgerons frappent sur leurs enclumes avec proportion, ils font une espece de concert où les oreilles trouvent quelque agrément. On ne peut repeter un même son, une même lettre, un même mot, sans que le discours soit figuré ; or l'artifice de ces figures consiste dans la repetition d'une lettre, d'une même terminaison, d'un même mot, par des temps mesurez, & par des intervales égaux, tantôt au commencement, tantôt à la fin, tantôt au milieu d'une sentence, comme vous l'allez voir dans les exemples que je donne de ces figures, que j'ay tirées pour la pluspart de quelques uns de nos Poëtes, parce qu'il m'auroit été difficile d'en trouver dans nôtre Prose. Ne faites attention dans ces Vers qu'aux figures dont nous parlons : Je vous feray remarquer ailleurs l'artifice de la Poësie.

Ces figures peuvent étre infinies, puisque cette epetition qui les fait se peut faire en une infinité de manieres toutes differentes. On peut repeter simplement le même nom, sans luy faire perdre sa signification, comme dans cét exemple: *Mon Dieu, mon Dieu regardez moy*, ou en changeant la signification de ce mot.

Vn pere est toûjours pere & malgré son courroux,
Quād il nous veut frapper l'amour retiēt ses coups.

Le mot de pere est pris la seconde fois pour les mouvemens de tendresse que ressentent les peres pour leurs enfans. En voicy un autre exemple merveilleux, tiré des Entretiens Solitaires de Monsieur de Brebœuf, d'où les exemples suivans sont presque tous tirez.

L'instinct regle biē mieux les plus vils animaux,
Ils usēt mieux que nous, & des biēs, & des maux.

Aux noirs déreglemens ils ne sont point en butte,
Et sans autre secours que ce leger appuy,
La brute ne fait rien d'indigne de la brute :
Et tout ce que fait l'homme est indigne de luy.

On repete la même expression au commancement de chaque membre du discours.

Il n'est crimes abominables,
Il n'est brutales actions,
Il n'est infames passions
Dont les mortels ne soient coupables.
En ce siecle maudit à peine un seulement,
A soin de vivre justement.

On place le même mot à la fin & au commencement d'une sentence.

Vangez-vous dans le temps de mes fautes passées,
Mais dans l'Eternité ne vous en vengez pas.

On place le même mot à la fin d'un membre, & au commencement du suivant, ou au commancement d'un membre, & à la fin du suivant : comme vous voyez dans les Vers suivans.

Se voyant l'ennemy de son Iuge suprême,
L'Esprit plein de son crime, ennemy de soy-méme:
A soy méme à toute heure, il devient odieux,
Voyant souvent qu'en luy tout contre luy s'irrite,
En tous lieux il s'évite,
Et se trouve en tous lieux.

AUTRE EXEMPLE.

Bien-tôt vous disoit-il, je veux suivre vos traces,
Bien-tôt vous me verrez consentir à ces graces,
Que vôtre bonté me départ ;
Ce bien-tôt toutefois est arrivé bien-tard.

Cette repetition de mêmes mots se fait dans le milieu des membres d'une sentence.

Le desir des honneurs, des biens, & des delices,
Produit seul ses vertus, comme il produit ses vices
Et l'aveugle interest qui regne dans son cœur,
Va d'objet en objet, & d'erreur en erreur :
Le nombre de ces maux s'accroit par leur remede,
Au mal qui se guerit, un autre mal succede.
Au gré de ce tyran dont l'empire est caché;
Vn peché se détruit par un autre peché.

On repete le même mot dans toutes les parties du discours, comme il paroît dans la description suivante de l'inconstance d'un homme qui quitte l'unique & le veritable bien, pour s'abandonner à la poursuite des faux biens qui ne peuvent le contenter.

Il veut, il ne veut pas; il accorde, il refuse;
Il écoute la haine, il consulte l'amour :
Il asseure, il retracte, il condamne il excuse,
Et le méme objet plait, & déplait à son tour.

On met dans le même membre les mêmes mots au commencement, & puis changeant cét ordre on les place à la fin.

Ainsi l'homme insensé sans tréve & sans relâche,
Va du remords au crime, & du crime au remords;
Il peche, il s'en répent; il s'emporte, il s'en fâche:
Mais ces vaines douleurs n'õt que de vains efforts.

AUTRE EXEMPLE.

Dieu punit en pere qui veut guerir ses enfans; qui les aime, lors mêmes qu'il les châtie. puis qu'il ne les chatie que parce qu'il les aime.

AUTRE EXEMPLE.

Dieu n'a que deux voyes pour sauver le riche; ou de briser & de ruiner son cœur dans ses biens: ou de ruiner ses biens dans son cœur. La main de Dieu n'est pas moins adorable, lors qu'elle tue que lors qu'elle ressuscite, puis qu'elle ne tuë ses Elûs que pour les ressusciter; & que comme ce qui paroit vie dans les méchans est une veritable mort, ainsi ce qui paroit mort dans les justes est une veritable vie.

Il y a une espece de repetition qui se fait en changeant un peu le mot que l'on repete.

Les traverses qu'il endure.
Contre leur propre nature,
Luy font un don précieux,
Et quoyque vous puissiez faire,
Rien ne déplait à ses yeux,
Que ce qui peut vous déplaire.

AUTRE EXEMPLE.

Le temps d'un insensible cours
Nous porte à la fin de nos jours :
C'est à nostre sage conduite,
Sans murmurer de ce défaut,
De nous consoler de sa fuite,
En le menageant comme il faut.

Enfin l'on peut en même temps faire toutes les sortes de repetitions, comme dans ce bel exemple pris de la traduction du Poëme de S. Prosper.

Nul ne previent la Grace, & lors qu'on la desire,
C'est par le saint desir que son feu nous inspire :
Il faut pour la chercher qu'elle guide nos pas,
Si l'on ne va par elle on ne la trouve pas :
Ainsi c'est le chemin qui meine au chemin méme,
Nul sans un jour du Ciel ne voit ce jour supréme.
Qui tend à Dieu sans Dieu, fait un superbe effort ;
Et mort cherchant la vie, il trouvera la mort.

Les Rheteurs donnent à ces differentes figures qui sont des especes de repetition; des noms particuliers : il n'est pas necessaire de s'en charger la memoire.

CHAPITRE X.

Reflexion sur ces figures.

JE n'ay pas eu dessein de comprendre toutes les especes possibles de ces Figures, dont nous parlons; j'ay crû qu'il suffisoit d'en donner quelques exemples: ces expressions qui sont figurées en cette maniere peuvent étre estimables, à cause du sens qu'elles renferment; mais il est évident que ces Figures ne meritent par elles-mêmes qu'une mediocre estime. L'artifice qu'on employe pour les produire est trop sensible, & pour parler franchement trop grossier; aussi nôtre langue qui est naturelle ne les aime pas, & nos excellens Auteurs les évitent avec plus de soin que quelques Ecrivains ne les recherchent. A peine les souffrent-ils lors qu'elles se presentent elles-mêmes, & qu'elles se placent sans qu'ils s'en apperçoivent. Les petits esprits aiment ces Figures, parce que ce foible artifice est assez proportioné à leur force, & conforme à leur genie. *Puerilibus ingeniis hoc gratius, quo propius est.* Cependant je ne suis pas si critique que je condamne toutes ces Figures : les beaux exemples que j'en ay apportez s'éleveroient contre moy, & blameroient mon austerité indiscrete: disons donc aussi quelque chose en leur faveur.

Nous pouvons comparer toutes ces Figures aux figures d'ũ parterre. Comme celles-là plaisent à la vuë par leur varieté, & par cét ordre avec lequel elles sont disposées ingenieusement; les sons ou les mots dont un discours est composé étã figurez de la maniere que nous venons de dire, ils sont agreables aux oreilles. La raison souffre ces figures lors qu'elles ne sont point trop affectées, & qu'il semble qu'elles viennent par hazard. On peut aussi les comparer à ces Figures qu'on voit sur les ouvrages de la nature, où il semble qu'elle ait voulu se joüer en prenant plaisir à les diversifier. Un voyageur se délasse quelquefois en considerant une coquille, une fleur : Un Lecteur melancolique est réveillé par cét arrangement figuré de mots. Ces figures renouvellent son attention, & ces petits jeux ne luy sont pas desagreables. J'ay remarqué quelques-unes de ces Figures dans les Livres sacrez, particulierement dans le texte original d'Isaïe, qui est le plus éloquent de tous les Prophetes. Les Peres ne les rejettent point, soit pour s'accommoder à leur siecle qui y prenoit plaisir, soit parce que l'on retient mieux une sentence dont l'expressiõ a quelque cadence. Mais c'est un grand défaut d'affecter toûjours ces Figures : Je ne sçay comment on a tant d'estime pour les Auteurs qui sont pleins de ces affectlons : je ne puis crôire que ce soit la marque d'un genie fort élevé de passer les jours entiers à arranger des mots, avec une basse exactitude. Un discours composé avec cét artifice ne touche point, il ne porte aucun trait d'un esprit animé, mais d'un écrivain qui se jouë avec des mots. Cette critique regarde les Auteurs dont les ouvrages sont vuides de choses, qui ne sont riches qu'en bagatelles, & qui ne sçavent que surprendre la populace par un bruit éclatant : *Canoris nugis*.

CHAPITRE XI.

De la mesure des temps de la Prononciation.

LA voix s'arrête necessairement quelque temps sur chaque syllabe, pour la faire distinguer, & la faire entendre. Nous cherchons maintenant les moyens de mesurer la quantité de ce temps de la prononciation, de le proportionner, & de luy donner les conditions que doivent avoir les choses que les oreilles apperçoivent dans la prononciation. La maniere de prononcer n'est pas la méme chez tous les peuples: la prononciation des langues vivantes de l'Europe est entierement differente de celles des langues mortes qui nous sont connuës, comme le Latin, le Grec, & l'Hebreu. Dans les langues vivantes, on s'arrête également sur toutes les syllabes, & les temps de la prononciation de toutes les voyelles sont égaux. Dans les langues mortes, les voyelles sont dinstinguées entr'elles par la quantité du temps de leur prononciation. Les unes sont appellées longues, parce qu'elles ne se prononcent que dans un espace de temps considerable, les autres sont bréves, & se prononcent fort vîte.

Nous ne devons pas nous imaginer que nous prononcions aujourd'huy le Grec & le Latin, comme les anciens Grecs, & les Latins prononçoient ces langues; ils distinguoient en parlant la quantité de chaque voyelle. Nous autres nous ne marquons en prononçant un mot Latin que la quantité de la penultiéme voyelle de ce mot. On ne prononce pas une finale bréve d'une autre maniere que l'on prononce une finale longue: Cependant Saint Augustin dit, que celuy qui lisant ce Vers de Virgile.

Arma, virumque cano; Troja qui primus ab oris.

prononceroit *primis* pour *primus*; *is* étant long, & *us*, bref, il troubleroit toute l'harmonie de ce Vers Qui de nous autres a des oreilles assez delicates pour appercevoir cette difference? *Quis se sentit deformitate soni offensum?* comme les oreilles des Romains du temps de S. Augustin étoient choquées par ce changement.

On nomme mesure un certain nombre de syllabes

que les oreilles distinguent, & entendent separement d'un autre nombre de syllabes. L'union de deux ou de plusieurs mesures fait un Vers. Ce mot qui vient du Latin, *versus*, signifie proprement rangée; & on donne ce nom aux mots, parce que dans l'écriture ils sont distinguez de la Prose qu'on n'écrit point par rangs, mais tout de suite, d'où elle est appellée *Prosa Oratio, quasi prorsa oratio.* Marius Victorinus pretend que ce mot Latin *versus* vient *à versuris, id est, à repetitâ scripturâ ea ex parte in quam desinit.* Les anciens Latins écrivoient par sillons, ayant commencé de la gauche à la droite, ils écrivoient le second vers, commençant de la droite à la gauche, comme les bœufs font en sillonnant la terre, c'est pourquoy comme remarque le méme Auteur, cette maniere d'écrire est nommée *Bustrophe, à boum versatione.*

CHAPITRE XII.

De la structure des Vers.

L'Egalité des mesures du temps de la prononciation ne peut-être agreable, comme nous avons dit, si elle n'est sensible. Pour cela il faut que les oreilles distinguent ces mesures, & qu'en méme temps qu'elles sont entenduës separement, elles soient liées ensemble; de sorte que les oreilles les comparant les unes avec les autres, elles apperçoivent leur égalité qui suppose tout aumoins deux termes, & quelque distinction entre ces termes: car l'on ne dit pas de deux grandeurs qu'elles sont égales, si elles ne sont toutes deux presentes à l'esprit. Outre cela l'égalité des mesures doit étre allie avec la varieté, comme nous l'avons fait voir avec étenduë dans le Chapitre troisiéme ; d'où nous apprenons que l'artifice de la structure des Vers consiste dans l'observation de ces quatre choses.

1. Chaque mesure doit étre entenduë distinctement, & separement de toute autre mesure.

2. Ces mesures doivent étre égales.

3. Ces mesures ne doivent pas étre les mêmes; il faut qu'il y ait quelque difference entr'elles, afin que la varieté, & l'égalité soient alliées l'une avec l'autre dans ces mesures.

4. Cette alliance de l'égalité avec la varieté ne peut étre sensible dans ces mesures, si elles ne sont liées les unes avec les autres: il faut que les oreilles les entendent toutes ensemble; qu'elles les comparent, & que dans cette comparaison elles apperçoivent l'égalité qu'elles ont dans leur difference. La prononciation des langues étant differente ; la structure des Vers ne peut étre la méme dans toutes les langues. Toute cette difference neanmoins se reduit à deux chefs; car la Poësie Latine, & la Poësie Grecque ne different de la Poësie Françoise, Italienne, & Espagnole, que parce que dans ces dernieres langues on prononce toutes les syllabes également, & qu'elles n'ont point cette distinction de voyelles breves, & de voyelles longues ; c'est pourquoy je ne seray pas obligé, de parler en particulier de la structure des Vers de chaque langue, il suffira pour mon dessein de découvrir les fondemens des regles de la Poësie Latine, & de celles de la Poësie Françoise.

CHAPITRE XIII.

Comment les Latins distinguent leurs mesures. Combien de sortes de mesures entrent dans la structure des Vers.

CHaque mesure dans la Poësie Latine est entenduë separement, & distinctement par un élevement de voix qui se fait au commencement; & par un rabaissement de voix qui se fait à la fin. Ces mêmes mesures sont appellées pieds, parce qu'il semble que les Vers marchent en cadence par le moyen de leur mesure. Ainsi les pieds d'un Vers Latin, comme le remarque Marius Victorius, se forment par un élevement, & par un rabaissement de voix *ἄρσει & θέσει id est, alterna syllabarum sublatione & positione, pedes nituntur & formãtur.* Les Romains battoient la mesure en recitant leurs Vers: *Plaudendo recitabant. Pedis pulsus ponebatur, tollebaturque*; d'où vient cette maniere de parler, *percutere pedes versus*, pour dire distinguer les pieds ou les mesures d'un Vers.

Pour déterminer combien il peut y avoir de differentes mesures, ou de differens pieds dans la Poësie Latine, il faut faire attention aux regles suivantes, qui sont fondées sur cette necessité qu'il y a de rendre les mesures nettes & distinctes.

PREMIERE REGLE.

Il est constant qu'un pied doit être composé tout au moins de deux syllabes sur la premiere desquelles la voix s'éleve, & s'abaisse sur la seconde, afin de la faire remarquer.

SECONDE REGLE.

Les deux ſyllabes d'un pied ne peuvent pas être toutes deux breves; parce qu'elles paſſeroient trop vîte, & que l'oreille n'auroit pas le temps de diſtinguer deux differens degrez dans la voix qui les prononce ; ſçavoir un élevement, & un abaiſſement.

TROISIE'ME REGLE.

Deux breves dans la prononciation ont la valeur d'une longue; c'eſt à dire le temps de la prononciation d'une longue eſt égal à celuy que l'on employe pour prononcer deux voyelles breves.

QUATRIE'ME REGLE.

Un pied ne peut être compoſé de plus de deux ſyllabes longues, ou équivalentes à deux longues, car celles qui ſe trouvent entre les extrémes, ſur leſquelles la voix s'éleve, & ſe rabaiſſe troublent l'harmonie, & empéchent l'égalité des meſures, comme nous dirons : Je ne parle à preſent que des pieds ſimples qui peuvent former une harmonie parfaite. On appelle *pieds compoſez* ceux qui ſont faits de deux pieds ſimples.

CINQUIE'ME REGLE.

Un pied ne peut être compoſé de plus de trois ſyllabes ; il ne peut l'être de quatre ; car ces ſyllabes ſeront ou toutes breves, ou quelques-unes d'elles ſeront longues: ſi elles ſont toutes breves, la prononciation en ſera trop gliſſante, & par conſequent vicieuſe, une meſure de quatre breves ne pouvant être entenduë diſtinctement. Si dans une meſure de quatre ſyllabes il y a une longue, & trois breves, ces trois breves valent plus d'une longue : ainſi cette meſure peche contre la quatriéme Regle.

SIXIE'ME REGLE.

Les oreilles rapportent toûjours les meſures composées aux plus ſimples, parce que les choſes ſimples s'entendent plus facilement, & plus diſtinctement. Ainſi d'une meſure composée de quatre ſyllabes longues, les oreilles veulent qu'on en faſſe deux.

Ces Regles nous font connoître que tous les pieds ſimples ſont ou de deux ſyllabes, ou de trois ſyllabes. Voyons de combien de ſortes il peut y avoir de pieds de deux ſyllabes, de combien de trois ſyllabes.

Dans un pied deux ſyllabes, ou ces ſyllabes ſont deux longues, & ce pied s'appelle *Spondée.*

Ou ces deux ſyllabes ſont deux breves, & ce pied eſt nommé *Pyrrique.*

Ou la premiere de ces deux ſyllabes eſt longue, & la ſeconde breve, ce qui fait le pied qu'on nomme *Trochée.*

Ou la premiere eſt une breve, & la derniere une longue; ce qui eſt appellé *Iambe.*

Dans un pied de trois ſyllabes, ou ces trois ſyllabes ſont longues, & ce pied eſt nommé *Moloſſe.*

Ou ces trois ſyllabes ſont breves, ce qui fait le pied qu'on nomme *Tribraque.*

Ou la premiere eſt longue, & les deux au-

tres

tres breves, ce pied est un *Dactyle.*

Ou la derniere est longue, & les deux premieres breves: ce qui est nommé *Anapeste.*

Ou la premiere est breve, & les deux dernieres longues: ce pied est nommé *Bachique.*

Ou les deux premieres sont longues, & la derniere est breve: ce pied est appellé *Antibachique.*

Ou les deux extremes étans longues, elles renferment une breve: on appelle ce pied *Amphimacre.*

Ou les deux extrêmes étans bréves, elles renferment une longue, ce pied se nomme *Amphibraque.*

Or tous ces pieds ne peuvent pas entrer dans la composition des Vers, parce qu'ils n'ont pas les conditions qui doivent se trouver dans leurs mesures. Plusieurs sont exclus de la Poësie par les regles precedentes. Le Pyrrique par la seconde regle. Le Molosse par la quatriéme. Le Bachique, l'Antibachique par la même regle. L'Amphimacre, & l'Amphibraque par la sixiéme. Outre cela nous ferons voir que l'égalité ne peut être gardée dans ces deux dernieres mesures; si bien qu'il n'y a que six pieds; sçavoir le Spondée, le Trochée l'Iambe, le Tribraque, le Dactyle, & l'Anapeste. On compte plusieurs autres pieds; mais ils se rapportent naturellement à ces six sortes de pieds dont nous venons de parler.

CHAPITRE XIV.

De l'égalité des Mesures.

LOrs que deux syllabes se prononcent en temps égaux, on dit que la quantité ou le temps de ces deux syllabes est égal. Cette égalité se trouve entre deux syllabes & une troisiéme, lors que dans le temps qu'on prononce une de ces syllabes, on a le loisir de prononcer les deux autres. On dit que le temps d'une syllabe est ou le double, ou le triple du temps d'une seconde syllabe, si dans le temps qu'on prononce l'une, l'autre se peut prononcer dans le méme espace de téps ou deux fois ou trois fois. Ainsi le temps d'une longue est double du temps d'une breve. Lors que les temps de la prononciation de deux syllabes peuvent étre mesurez par une mesure precise; & que le temps de l'une est double de celuy de l'autre; cette proportion empéche la confusion, & fait que les oreilles apperçoivent distinctement la quantité de ces sylabes; c'est pourquoy elle doit plaire, puisque l'égalité. comme nous avons vû, n'est agreable que parce qu'elle rend les sons distincts, & ôte la confusion. Il y a dans une mesure ou pied, comme il a été dit, un élevement, & un rabaissement : *Pes habet elationem, & positionem.* Afin donc que l'égalité y soit gardée, le temps de l'élevement doit étre égal à celui du rabaissement. Dans un Spondée les téps de l'abaissement, & de l'élevement sont parfaitement égaux, puisque ce pied est composé de deux longues. La méme chose arrive dans le Dactyle, & dans l'Anapeste, le temps de deux breves étant égal à celuy d'une longue. Dans le Trochée, & l'Iambe cette égalité n'est pas si parfaite : mais aussi la difference d'une longue, & d'une breve n'est pas si sensible que les oreilles en puissent étre choquées.

Il faut bien remarquer qu'un silence notable tient lieu tout au moins d'une breve, ainsi un Trochée a la valeur d'un Spondée, ou d'un Dactyle, si aprés ce pied la voix se repose & s'arréte; & pour lors le temps du rabaissement est égal à celuy de é levement ; c'est ce qu'il est important de considerer, pour repondre à une objection qu'on pourroit proposer contre ce que nous avons dit, qu'une mesure demande necessairement deux syllabes; car il se trouve dans les odes des mesures qui ne sont que d'une seule longue ; mais le repos de la voix *distinctionis mora*, ou le silence qui suit cette longue tenant lieu d'une breve, il fait avec cette longue un Trochée, qui est une mesure de deux syllabes.

On peut encore icy reconnoître le fondement de ce que nous avons dit cy-dessus, qu'un pied ne peut étre composé de plus de deux syllabes longues, car si l'élevement, ou le rabaissement comprend la syllabe moyenne ; l'égalité ne sera plus entre ces deux parties. Si cette syllabe n'est comprise dans aucune des deux parties d'une mesure, elle demeure inutile pour l'harmonie ; & par consequent elle ne sert qu'à la troubler. C'est pour cette raison que les pieds qu'on appelle Amphimacre, & Amphibraque ne peuvent entrer dans la structure d'aucun Vers ; car dans ces pieds ou une breve se trouve entre deux longues, ou une longue entre deux breves ; ainsi cette moyenne syllabe ne pouvant se joindre avec une des extremitez sans troubler l'égalité ; elle demeure inutile, & trouble l'harmonie. Ces pieds neanmoins peuvent entrer dans une structure harmonieuse, les temps de l'élevement & du rabaissement de ces pieds étans proportionels. Dans un pied de trois syllabes longues que nous avons appellé Molosse, le temps du rabaissement qui se fait sur les deux dernieres longues est double du temps d'élevement qui se fait sur la premiere syllabe longue ; ainsi ces temps sont proportionels, & par conséquent ils peuvent étre agreables à l'oreille, comme nous avons vû : aussi un discours qui est composé du mélange de ces pieds est harmonieux, mais ils sont exclus des Vers, parce que l'harmonie des Vers doit étre fort sensible, ce qui ne peut étre, si l'égalité des mesures n'est gardée exactement. Dans un Iambe, & dans un Trochée cette égalité ne s'y trouve pas, mais la difference qui est entre une breve, & une longue n'est pas fort sensible; parce qu'une breve se prononce vîte. L'inegalité au contraire qui est entre les parties d'une mesure de trois lõgues est tres-sensible, & trois fois plus grande; car deux longues valant quatre breves vvvv une longue est à deux longues comme est à vvvvv, & une longue est à une breve, comme est à v. Selon Marius Victorinus, une breve est un temps : c'est pourquoy, comme le remarque Servius Honoratius un Spondée a quatre temps.

Une mesure est égale à une autre mesure lors que le temps de leur prononciation sont égaux ; ainsi le Spondée, le Dactyle, & l'Anapeste sont des mesures égales. *Tempora elationis, & positionis æqualia sunt.* Le Trochée, l'Iambe, & le Tribraque sont aussi des mesures égales; car deux breves des trois d'un Tribraque ayant la valeur d'une longue; ce pied est égal à un Trochée ; ou à un Iambe. L'égali[illegible] n'est pas entiere entre un Spondée,& un Iambe:mais comme nous avons dit, la difference n'est pas grande,ainsi on peut fort bien composer de Vers de six sortes de pieds dont nous avons parlé : puis qu'ils sont ou égaux,ou presque égaux. Nous parlerons plus bas de l'arrangement de ces pieds.

CHAPITRE XV.

De la varieté des mesures, & de l'alliance de l'égalité avec cette varieté.

LA varieté est si necessaire pour prevenir le dégoût,que l'on prend des choses les plus agreables que les Musiciens qui étudient avec tant de soin la proportion & la consonance des sons, affectent de temps en temps quelque dissonance dans leurs concerts ; c'est à dire qu'ils negligent d'unir leurs voix par un parfait accord; afin que la rudesse par laquelle ils piquent pour lors les oreilles,soit comme un sel qui réveille l'appetit. Quand donc les Poëtes se dispenseroient des regles dont nous avons parlé,on ne devroit pas ni les reprendre, ni blâmer ces regles, puis qu'à celle-là nous ajoûtons celle-cy;qu'il faut relever la douceur de l'égalité par le sel de la varieté, s'il m'est permis de parler de la sorte.

La varieté se trouve en plusieurs manieres dans les Vers des Latins. Je ne parle point de celle qui consiste dans la difference du sens,& dans la diversité des mots. Premierement, il est constant que dans le Dactile, l'Anapeste, le Trochée, l'Iambe, le Tribraque, l'élevement est fort different du rabaissement: & quoyque le temps de deux voyelles breves soit égal à celuy d'une longue ; cependant les oreilles apperçoivent sensiblement la difference qui est entre une longue, & deux syllabes breves: quoy qu'aussi le temps d'un Spondée, d'un Dactyle, d'un Anapeste soient égaux ; cependant leur difference est tres-sensible. *In dactylo tollitur una longa, ponuntur duæ breves: in Anapesto tolluntur duæ breves, ponitur una longa: in spondeo tollitur & ponitur una longa.*

On ne compose pas ordinairement les Vers d'une seule sorte de pieds ; les Vers hexametres sont composez de Spondées, & de Dactyles ; les Vers pentametres de Spondées, de Dactyles, & d'Anapestes: l'Iambe reçoit plusieurs pieds ; les Vers Lyriques sont encore plus diversifiez que les autres ; parce que non seulement ils reçoivent differens pieds ; mais encore le nombre de ces pieds est inégal, tantôt plus grand, tantôt moindre.

Un Vers composé tout entier de Spondées, ou de Dactyles ne plairoit pas; il faut temperer la vîtesse des Dactyles par la lenteur & par la gravité des Spondées: Les Vers Iambes peuvent être composez de purs Iambes, parce que ce Vers passant extrémement vîte, quoy qu'il soit composé de six mesures, il semble qu'il n'en ait que trois, partant la trop grande égalité de ces mesures dans un si petit nombre ne peut être ennuyeuse, comme il est évident en celuy-cy.

Suis & ipsa Roma viribus ruit.

Les mesures de l'hexametre sont grandes, & fort sensibles; ainsi si leur égalité ne se trouve accompagnée de la varieté, ce Vers est desagreable.

Les Vers lyriques sont composez ordinairement de plusieurs sortes de pieds, parce que ces Vers étans faits pour étre chantez en Musique, le chant n'en seroit pas agreable, si la difference des pieds ne donnoit le moyen aux Musiciens de diversifier eurs voix.

L'alliance de la varieté avec l'égalité est manifeste dans la Poësie Latine : Premierement dans haque pied ; car il est évident par exemple que lans vn Dactyle l'égalité & la varieté s'y trouent; l'égalité puisque le temps de deux breves est quivalent à une longue, la varieté puisque comme ous avons dit, les oreilles apperçoivent bien de la ifference entre une syllabe longue, & entre deux yllabes breves. En second lieu, cette alliance est nsible dans les Vers entiers; car ils sont composez e pieds qui sont en même temps differens & gaux, en ce que les temps de leur prononciation ont égaux.

CHAPITRE XVI.

omment les Romains rendent sensible l'égalité des mesures de leurs Vers.

CE n'est pas assez selon ce qui a esté demontré cy-dessus, que les Vers soient composez de esures égales, il faut rendre cette égalité sensible, pour cela lier ces mesures ensemble. Les Latins font par la césure qui est un retranchement de uelques syllabes du mot precedent pour en faire n pied, avec celles qui sont au commencement u mot suivant, comme dans cet exemple.

Ille meas errare boves, &c.

La syllabe, *as*, dans *meas*, est une césure ; cette syllabe, *as*, avec la syllabe, *er*, du mot suivant *errare*, faisant un Spondée ; c'est cette césure qui fait un corps des mesures qui les presente toutes ensemble aux oreilles ; car la voix n'ayant pas coûtume de s'arrêter au milieu d'un mot, & de le diviser, elle acheve vîte de le prononcer ; or la cesure fait que les pieds finissent, & commencent au milieu des mots ; ainsi la voix qui ne se repose point dans ces lieux, & qui lie les syllabes de chaque mot, lie en même temps les pieds, & les enchaine les uns dans les autres. Cette observation se peut rendre sensible aux yeux en coupant les deux Vers suivans par leurs cesures.

Ille me | as er | rare bo | ves ut | cernis, & | ipsum
Ludere | qua vel | lem cala | mo | permisit a | gresti.

La voix distingue chacune de ces mesures, comme nous avons dit, par un élevement au commencement, & par un rabaissement à la fin ; or elle lie aussi ces mesures par la césure. Quand la voix a prononcé la syllabe, *me*, dans *meas*, elle prononce de suite *as*, qui fait partie de la mesure suivante ; ainsi elle lie, & la premiere mesure, & la suivante. Cette seconde mesure est liée avec la troisiéme ; car la voix ne se reposant point au milieu du mot, *errare*, elle poursuit sans interruption aprés avoir dit, *er*, la prononciation de la fin, *rare* ; ainsi les oreilles les entendent unies & jointes ensemble. La troisiéme mesure est liée de la même maniere avec la quatriéme. Les Vers sans cesure ne paroissent pas Vers ; parce que comme nous avons dit, l'égalité des mesures qui fait la beauté des Vers ne peut être sensible, si elles ne sont liées, & si les oreilles n'apperçoivent

perçoivent leur liaison. On liroit le Vers suivant sans prendre garde que c'est un Vers ; parce qu'il n'a point de cesure.

Vrbem | fortem | cepit | nuper | fortior | hostis.

Il ne me reste plus qu'à parler du nombre des mesures qui doivent composer les Vers. Il est évident qu'un Vers demande tout au moins deux mesures. Nous venons de dire que c'est l'égalité de ces mesures qui plaît aux oreilles, lors que ces mesures leurs étans presentées, elles en apperçoivent l'égalité en les comparant les uns avec les autres: Or comme nous avons dit souvent, toute comparaison suppose tout au moins deux termes. Si le nombre de ces mesures étoit trop grand, il est évident que les oreilles qui les doivent considerer toutes ensemble seroient accablées de ce grand nombre; c'est pourquoy on ne compose jamais les Vers de plus de six grandes mesures, telles que sont les Spondées, & les *Dactyles*. Les Vers Iambes reçoivent jusqu'à huit pieds , parce que comme nous avons dit, le pied qui donne le nom à ce Vers passe fort vîte; & huit de ces mesures ne font que quatre grandes mesures. Il y a cette difference entre les *Rythmes* des Anciens & les Vers; que les Rythmes étoient bien composez de plusieurs pieds, mais le nombre de ces pieds n'estoit point déterminé comme est celuy des *Metres* ou des Vers.

CHAPITRE XVII.

De la Poësie Françoise.

LEs François distinguent les mesures de leurs Vers d'une autre maniere que les Latins. Nous n'élevons la voix qu'au commencement du sens, & nous ne la rabaissons qu'à la fin. C'est pourquoy si une mesure dans nôtre Poësie commençoit au milieu d'un mot, & finissoit au milieu d'un autre mot, la voix ne pourroit distinguer par aucune inflexion cette mesure comme elle le fait en Latin. Afin donc de mettre de la distinction entre les mesures, & que les oreilles apperçoivent cette distinction par un élevement de voix au commencement & un abaissement à la fin, chaque mesure doit contenir un sens parfait: ce qui fait qu'une mesure doit être grande, & que chacun de nos Vers n'est composé que de deux mesures, qui le partagent en deux parties égales, dont la premiere est appellée *Hemistiche*. Les mesures de nos Vers se mesurent d'une maniere fort naturelle, puisque naturellement & sans art on éleve la voix en commençant l'expression d'un sens parfait, & qu'on la rabaisse sur la fin de cette expression. L'égalité de ces mesures dépend d'un nombre égal de voyelles: Toutes les voyelles se prononçant avec un égal temps dans nôtre langue, il est évident que si deux expressions ont un égal nombre de voyelles, les temps de leur prononciation sont égaux.

L'égalité des deux mesures dont chaque vers est composé ne peut donner qu'un plaisir mediocre: Aussi on lie tout au moins deux Vers ensemble qui ſont quatre meſures. Cette liaiſon ſe fait par l'union d'un même ſens. Pour rẽdre encore cette liaiſon plus ſenſible, on fait que les Vers qui renferment un même ſens, riment enſemble ; c'eſt à dire qu'ils ſe terminent de la même maniere. Il n'y a rien que les oreilles apperçoivent plus ſenſiblement que le ſon des mots ; ainſi la rime qui n'eſt que la repetition d'un même ſon eſt tres propre pour faire diſtinguer ſenſiblement les meſures des Vers. Lors que ſur le declin de l'Empire on commença à donner une même quantité à toutes les voyelles, pour lors les Poëtes ne ſe mirent plus en peine que de la rime ; & d'égaler les expreſſions qu'ils terminoient par ces rimes. Cette maniere de faire de Vers eſt tres-ſimple, auſſi elle ennuye bien-tôt, ſi l'on n'a ſoin d'occuper l'eſprit des Lecteurs par la richeſſe & par la varieté des penſées, afin qu'ils ne s'apperçoivent point de ſa ſimplicité.

Voila en peu de mots les fondemens de nôtre Poëſie pour rendre plus ſenſible ce que j'en ay dit, j'en feray l'application aux deux Vers ſuivant :

Ie chante cette guerre | en cruauté feconde,
Où Pharſale jugea | de l'Empire du monde.

L'oreille n'apperçoit que deux meſures dans chacun de ces Vers, & elle les diſtingue, parce que la voix s'éleve au commencement, & ſe rabaiſſe à la fin de chacune de ces meſures, qui contiennent des ſens parfaits. Les quatre meſures de ces deux Vers ſont liées enſemble par l'union d'un même ſens, dont elles ſont les membres, & par la rime. Outre l'égalité du temps nous pouvons remarquer que l'égalité des repos de la voix, qui ſe repoſe en prononçant nos Vers par des intervalles égaux, contribuë fort à leur beauté. Je ne parle point des differens ouvrages en Vers, des Vers Alexandrins, des Sonnets, des Stances, &c. Ces Vers ne sont differens entr'eux, que par le nombre de leurs Syllabes. Les uns sont composez de plus grandes, ou de plus courtes mesures; dans les uns les rimes sont entremêlées. Comme chez les Latins on compose des ouvrages de differentes sortes de Vers, en François on lie de petits Vers avec des grands Vers. L'artifice qu'on employe dans ces ouvrages n'a aucune difficulté qui merite que nous nous arrêtions à l'expliquer.

Ce n'est pas assez pour donner à un Vers la juste mesure, d'avoir égard à la quantité du temps de chaque voyelle, ou au nombre des mêmes voyelles: leur concours, & celuy des consones avec qui elles se trouvent, augmente ou diminuë leurs mesures. Entre les mots qui ont même quantité, ou qui contiennent un égal nombre de voyelles, les uns sont rudes, les autres sont doux, les autres coulans, les autres languissans; c'est pourquoy pour rendre les mesures d'un Vers égales, soit en Latin, soit en François, on doit avoir presque autant égard aux consones qu'aux voyelles.

CHAPITRE XVIII.

Il y a une sympathie merveilleuse entre nôtre ame, & les nombres: Ce que c'est que nombres.

NOus avons vû qu'un discours est agreable lors que les temps de la prononciation des syllabes qui le composent peuvent étre mesurez par des mesures exactes; que le temps par exéple d'une syllabe est exactement ou le double, ou le triple de celuy d'une autre syllabe. Les mesures exactes sont celles qui s'expriment par des nombres, dans la Geometrie toutes les raisons exactes sont nómées raisons de ***nombre à nombre***; c'est pourquoy les maîtres de l'Art de parler ont appellé nombre ***numeros***, tout ce que les oreilles apperçoivent de proportionné dans la prononciation du discours, soit la proportion des mesures du temps, soit une juste distribution des intervalles de la respiration.* ***Numerosa oratio*** en Latin, est-ce que nous nommons en François, discours harmonieux. On appelle aussi nombre la cadence du discours, lors qu'elle est étudiée. S. Augustin remarque qu'il y a une merveilleuse alliance de nôtre esprit avec ces nombres, & que les differens mouvemens de l'ame répondent á certains tons de la voix avec qui elle a je ne sçay quelle espece d'habitude : ***Mira animi nostri cum numeris cognatio. Omnes affectus spiritus nostri pro sui diversitate habent proprios modos in voce, quorum nescio quâ occultâ familiaritate connectantur.*** Longin, cét excellent critique, dit que ces nombres sont des instrumens merveilleusement propres à remuër & faire agir les passions, θαυμάσιον πάθους ὄργανον.

Pour penetrer dans les causes de cette merveilleuse sympathie des nombres avec nôtre esprit, & de leur puissance sur nos passions, il faut sçavoir que les mouvemens de l'ame suivent ceux des esprits animaux. Selon que ces esprits sont plus lents.

* Ciceron de orat. lib. 3. *Numerosum est id in omnibus sonis atque vocibus quod habet quasdam impressiones, & quod metiri possumus intervallis æqualibus.*

ou plus vîtes ; plus tranquilles, ou plus violens, l'ame se sent émeuë de differentes passions ; la plus petite force est capable d'arréter ou d'exciter ces esprits animaux : ils resistent peu, & leur legereté fait que le mouvement étranger les determine, le mouvement par exemple d'un son peut les ébranler. Nôtre corps est tellement disposé, qu'un son rude & violent les fait couler dans les muscles qui le disposent à la fuite, de la méme maniere que fait la vûë d'un objet affreux, comme nous l'experimentons tous les jours : au contraire un son doux & moderé a la force d'attirer. En parlant rudement à un animal, il s'enfuit : on l'apprivoise, en luy parlant doucement ; d'où l'on apprend que la diversité des sons produit des mouvemens differens dans les esprits animaux.

Chaque mouvement qui se fait dans les organes des sens, & qui est communiqué aux esprits animaux, ayant donc été lié par l'Auteur de la nature à un certain mouvement de l'ame, les sons peuvent exciter les passions ; & l'on peut dire que chacune répond à un certain son qui est celuy qui excite dans les esprits animaux le mouvement avec lequel elle est liée. C'est cette liaison qui est la cause de la sympathie que nous avons avec les nombres, qui fait que naturellement selon le ton de celuy qui parle ; on ressent differens mouvemens ; qu'un ton languissant inspire la tristesse, qu'un ton élevé donne du courage, qu'entre les airs les uns sont gais, & les autres melancoliques.

Pour découvrir toutes les choses particulieres de cette sympathie, & expliquer comment entre les nombres, les uns causent plûtôt la tristesse que la joye, il faudroit examiner quel est le mouvement des esprits animaux dans chaque passion. On conçoit facilement que si l'impression d'un tel son dans les organes de l'ouïe est suivy d'un mouvement dans les esprits animaux semblable à celuy qu'ils ont dans la colere, si par exemple ce son les agite violemment & avec inégalité, qu'il pourra exciter la colere, & l'entretenir : au contraire qu'il sera languissant & melancolique, si l'émotion qu'il cause dans les esprits animaux est foible & languissante, telle qu'est celle qui accompagne la melancolie. Ce que je dis ne doit pas surprendre aprés ce que nous rapportent tant d'Auteurs celebres touchant les étranges effets de la Musique. Ils disent qu'il y a eu des Musiciens qui sçavoient joüer sur leurs flûtes des airs propres à guerir toutes les maladies, qui pouvoient appaiser les douleurs, & rendre la santé aux malades.

CHAPITRE XIX.

Lors que les nombres conviennent aux choses qui sont exprimées, ils rendent le discours plus vif, & plus significatif.

ON ne peut pas douter que les sons ne soient significatifs, & qu'ils ne puissent renouveller les idées de plusieurs choses: le son de la trompette ne fait il pas penser à la guerre? C'est pourquoy Ciceron dit de Thucidide, que cet Historien en parlant des combats, fait par le nombre élevé de son discours, qu'il semble qu'on soit present à une bataille, & qu'õ y entende la trompette: *De bellicis scribens concitatiori numero videtur bellicũ canere.* Quand on entend le bruit de la mer, on se l'image facilement, quoy que les yeux ne la découvrent point. Quand on entend parler un homme qui est connu d'ailleurs, on se le represente avāt qu'il soit present aux yeux. Les idées des choses sont liées entr'elles, elles s'excitent les unes les autres. Ainsi il est hors de doute que certains sons, certains nombres, & certaines cadences peuvent contribuer à réveiller les images des choses avec lesquelles ils ont quelque rapport & liaison.

Virgile prend un soin qui luy reüssit merveilleusement de donner une cadence à ses Vers qui peut elle seule exciter les idées des choses qu'il veut signifier. Qui est celuy en lisant ces paroles: *Et altos conscendit furibunda rogos*, ne conçoit pas par cette cadence précipitée & élevée la precipitation avec laquelle Didon, dont il est parlé en ce lieu, monte en furie sur le bûcher qu'elle avoit preparé pour s'y brûler. Quand je lis cette description du sommeil :

Tempus erat quo prima quies mortalibus agris,
Incipit, & dono divûm gratissima serpit ;

Il me semble que j'en ressens la douceur; & ce Vers qui glisse me donne l'idée du sommeil qui semble se glisser & couler dans nos membres, sans que nous nous en appercevions. Ce nombre languissant de cette harangue du fourbe Sinon,

Heu ! quæ nunc tellus, inquit, quæ me æquora possunt
Accipere, aut quid iam misero mihi denique restat

Ce nombre, dis-je, n'étoit-il pas capable d'exciter la compassion dans l'esprit des Troyens? Souvét la maniere de dire les choses,la posture, les habits sont plus éloquens que les paroles. Un habit negligé, une mine triste fléchira plûtôt que les prieres & les raisons. Aussi la cadence des paroles fait souvent plus que les paroles mêmes; comme nous l'avons vû dans le premier Livre de cét Ouvrage. Un ton ferme imprime la crainte, un ton languissant porte à la compassion. Un discours perd la moitié de sa force lors qu'il n'est plus soûtenu de l'action & de la voix:c'est un instrument qui reçoit sa force de celuy qui le manie. Les paroles sur le papier sont comme un corps mort qui est étendu par terre. Dans la bouche de celuy qui les profere, elles vivent;elles sont efficaces:sur le papier, elles sont sans vie, incapables de produire les mêmes effets. Une cadence conforme aux choses conserve en quelque maniere la vie au discours, en conservant le ton avec lequel il doit être prononcé.

CHAPITRE XX.

Moyens de lier son discours par des nombres qui répondent aux choses signifiées.

PLaton pretend que les noms n'ont point esté trouvez par hazard,& que la raison a eu plus de part dans l'établissement du langage que le caprice. Pour autoriser cette pensée, il fait voir par plusieurs exemples que les premieres racines d'où sont derivez les autres mots,ont esté composées de lettres,dont le son exprimoit en quelque maniere la chose signifiée. Il seroit tres-difficile de justifier la pretention de Platon dans toutes les racines; mais il est hors de doute que dans toutes les langues il y a des mots dont le son est significatif, & que la beauté d'un nom consiste dans le rapport qu'il a avec la chose qu'il signifie, soit par la cadence qui luy convient, comme ce mot *Boare*, ou parce qu'il est dérivé d'un autre nom qui signifie une chose semblable.

Celuy qui veut lier son discours par des nombres conformes aux sens, n'a qu'à consulter ses oreilles, & apprendre d'elles quel est le son de toutes les lettres, des voyelles, des consones, des syllabes, & à quelle chose ce son peut convenir. Il y a des Auteurs qui se sont appliquez à remarquer ces usages : ils observent par exemple, que la consone F, exprime le vent : *Cum flamma furentibus austris.* La consone S, un courant ou d'eau, ou de sang, *& pleno sanguine rivos*: comme aussi les tempêtes.

Luctantes ventos, tempestatesque sonoras.

La lettre L, convient aux choses douces :

Mollia luteola pingit vaccinia caltha ?
——— est mollis flamma medullas.

Virgile se sert heureusement de plusieurs M, pour un bruit sourd & confus.

——— ——— ———Magno cum murmure montis
Circum claustra fremunt .

Entre les voyelles, les unes ont un son clair, & élevé; les autres un son obscur & foible. On peut faire entrer dans la composition de son discours celles qui sont propres au dessein que l'on a pris de faire une cadence plus foible ou plus forte, plus élevée ou plus basse.

Il faut avoir particulierement égard aux mesures du temps. Entre les mesures, les Dactyles coulent avec vîtesse : le Spondée va gravement ; l'Iambe marche vîte ; le Trochée semble courir, aussi il prend son nom d'un verbe Grec, qui signifie courir. L'Anapeste tout au contraire du Dactyle coule avec vîtesse dans son commencement, & sur la fin il semble qu'il va choquer contre quelque corps qui le repousse, & qui l'arrête, d'où il a pris son nom, qui signifie repercussion. Les effets de ces mesures sont tous differens : celuy qui veut accorder la cadence de ses paroles avec les choses qu'il traite, doit choisir entre ces pieds ceux qui s'accommodent. Virgile se sert de Dactyles pour exprimer la vitesse d'une action :

——— ——— *Illi aquore aperto*
Ante Notos, Zephirumque volant : gemit ultima pulsu
Thraca pedum.
Ferte citi ferrum, date tela, scandite muros.

Au contraire il les évite, & choisit des Spondées, lors que la gravité convient mieux à l'expression.

——— ——— *Magnum Iovis Incrementum*
Tanta molis erat Romanam condere gentem,
Illi inter sese magna vi brachia tollunt, &c.

Ciceron rapporte que Pythagore empêcha des jeunes gens d'entrer par force dans une honnête maison, & qu'il leur fit quitter leur mauvais dessein, ayant commandé à une femme qui chantoit de faire entrer des Spondées dans son chant. *Pytagoras concitatos ad vim pudicæ domui inferendam juvenes jussâ mutare in Spondeum modos tibicinâ compescuit.* Le Spondée, & le Dactyle sont les deux grandes mesures. C'est pourquoy les hexametres sont les Vers les plus majestueux, & le Spondée qui se trouve à la fin, fait qu'on le prononce avec un ton ferme, parce qu'il soûtient la voix. L'Anapeste qui est à la fin du Pentametre fait tomber la voix; c'est pourquoy on employe le Pentametre pour exprimer les plaintes dans lesquelles la voix tombe à tous momens, & son cours est souvent interrompu. On joint le Pentametre avec l'Hexametre, afin que la force de l'un soûtienne la foiblesse de l'autre. L'Iambe est si vîte que la cadence du Vers qui en est composé n'est pas souvent sensible. Elle passe avec tant de vitesse, qu'on a peine à distinguer ce Vers de la Prose; c'est pourquoy on employe ce pied dans les pieces de Theatre, dont le stile doit être fort naturel, & peu different de la Prose.

Il est facile de rendre la cadence du discours douce ou rude. Pour la rendre douce il faut éviter le concours des voyelles qui cause des vuides dans le discours, & empêche qu'il ne soit uny & égal. Ce concours de voyelles, & celuy de plusieurs cõsones, particulierement de celles qui sont aspirées, ou qui ne s'accordent point, rendent le discours raboteux. Un discours rude convient aux choses rudes & desagrables. * *Rebus atrocibus conveniant verba auditu aspera.* Pour décrire de grandes choses il faut employer de grãds mots dont le son soit éclatant, & qui remplissent la bouche. La cadence

* *Quintilien.*

du discours bas doit étre negligée, & languissante, pour ce sujet, il est à propos que tous les termes dont on se sert ayent un son foible.

Plus les periodes sont longues, l'action de la voix est plus forte: lors qu'il est important de parler avec douleur, les expressions doivent étre courtes, & couppées: si l'action est vehemente: s'il est besoin de donner du poids à ses paroles, comme ceux qui se veulent faire craindre font un grand bruit, il faut se servir de longues periodes, lesquelles l'on ne peut prononcer sans prendre un ton plus ferme qu'à l'ordinaire.

Je n'en dis pas d'avantage: ce seroit abuser du temps que de vouloir donner des regles plus particulieres pour chaque nombre. Cela ne s'acquiert que par une longue habitude; & par une forte application qui fait qu'on s'anime en composant, & que naturellement on choisit des termes rudes, ou doux qui conviennent à ce que l'on veut exprimer. Je ne conseillerois pas à un Auteur de s'opiniâtrer à trouver une cadence significative; avec les mémes gehennes que l'on cherche une rime. J'avouë franchement que c'est un hazard quand l'on y réüssit: souvent c'est tenter l'impossible, & l'on ne doit pas s'engager temerairement dans un travail dont le fruit est sujet à plusieurs accidens.

La pluspart des Poëtes semblent avoir ignoré cét accord des nombres avec les choses: ils ne cherchent dans leurs Vers qu'une douceur qui devient fade dans la suite; chez eux les affligez, & les joyeux, les maîtres, & les valets parlent d'un même ton; un païsan parlera avec autant de delicatesse qu'un courtisan, cependant ces Poëtes ont des adorateurs qui croyent fort favoriser Virgile, quand ils disent des Vers rudes & negligez, avec lesquels il d'écrit les choses basses, qu'il s'est negligé dans ceux-là pour faire paroître la douceur des autres. Ils n'estiment pas cette cadence admirable de ces Vers où il d'écrit le foible coup que le vieillard Priam porta à Neoptolemus, parce qu'elle est foible & languissante, comme elle le doit être.

Sic fatus senior, telumque imbelle sine ictu conjecit.

J'ay honte d'employer l'autorité des maîtres de l'Art pour les convaincre d'une verité qui n'a pas besoin de preuve. Ciceron & Quintilien donnent de grandes loüanges à ceux qui accordent les nombres avec le sens. Les Historiens, les Poëtes, & les Orateurs ont recherché avec soin cette beauté. Ulpien dans les Commentaires qu'il a faits sur les harangues de Demosthene, remarque que toutes les fois, que ce Prince des Orateurs Grecs parloit des progrez de Philippe, il arrêtoit le cours de la prononciation de son discours, y faisant entrer à cette fin plusieurs particules pour faire voir combien Philippes marchoit lentement dans ses conquêtes. *Quoties tardos Philippi progressus voluit ostendere, tardam multis interjectis particulis orationem faciebat.*

Pour Virgile, on peut dire que c'est en cela qu'il est inimitable, & qu'aucun Poëte n'approche de luy. Il ne seroit pas besoin d'en apporter des exemples, parce que chacun les y peut lire : neanmoins pour vous faire remarquer l'excellence des Vers de ce Poëte, je rapporteray quelques-uns des plus beaux endroits qui se presentent à ma memoire. Lors qu'il fait parler Neptune dans le premier Livre de l'Eneïde, il donne à ses paroles une cadence élevée, majestueuse, & qui convient à la majesté de celuy qu'il fait parler :

Tantane vos tenuit generis fiducia vestri ?
Iam cœlum, terramque meo sine numine, venti,
Miscere, & tantas audetis tollere moles.

Remarquez la pompe des Vers suivans, avec lesquels il flatte l'Empereur :

Noscetur pulchrâ Trojanus origine Cæsar,
Imperium Oceano, famam qui terminet astris.

Personne ne lit les Vers avec lesquels il décrit Polypheme cet horrible & difforme Geant, sans ressentir quelque mouvement d'horreur & de crainte.

Monstrum horrendum, informe, ingens, cui lumen ademptum :

Comme aussi les suivans :

Tela inter media, atque horrentes marte Latinos.

La cadence de ce Vers, *Procumbit humi bos*, qui tombe tout d'un coup imite la chûte de ce pesant animal. Celuy-cy :

Quadrupedante patrem sonitu quatit ungula campum ?

l'allure ou l'ardeur d'un cheval fougueux. Peut-on mieux exprimer la tristesse, que par cette cadence interrompuë :

O pater, ô hominum, divúmque æterna potestas!
O lux Dardaniæ, ô spes fidissima Teucrum!

Les Vers suivans sont pleins de la douleur d'une personne affligée, qui regrette la perte de son amy.

Te amice nequivi conspicere, &c.
Implerunt rupes flerunt Rhodopeiæ arces.

Denys d'Halicarnasse Auteur des antiquitez Romaines, & de plusieurs traitez de Rhetorique, montre qu'Homere lie ordinairement des nombres propres à sa matiere. Il cite quantité de vers de Poëte, sur lesquels il fait ses reflexions avec une elegance dont vous pouvez juger par cét échantillon. Il rapporte ces Vers, dans lesquels Homere fait raconter à Ulisse les travaux que souffre Sisyphe dans les Enfers.

Καὶ μὴν Σίσιφον εἰσεῖδον, κρατερ᾽ ἄλγε᾽ ἔχοντα,
Δᾶαν βαστάζοντα πελώριον ἀμφοτερῇσιν.
Ητοι ὁ μὲν σκηριπτόμενος χερσίν τε ποσίν τε,
Λᾶαν ἄνω ὤθισκε ποτὶ λόφον. *Odiss. l. 12.*

Denys d'Halicarnasse fait cette reflexion judicieuse, & élegante :

Ἐνταῦθα ἡ συνθεσις ἐστιν ἡ δηλοῦσα τὸ γινόμενον ἑκάστον, τὸ βάρος τοῦ πέτρου, τὴν ἐπίπονον ἐκ τῆς γῆς κινησιν, τὸν διερειδόμενον τοῖς κώλοις, τὸν ἀνοιβαίνοντα πρὸς τὸν ὄχθον, τὴν μόγις ἀναθυμενην πέτρον.

Homere, continuë cét habile Rheteur, se sert

dans

lans ses Vers de Voyelles qui s'entrechoquent, υσκρόμεναι. & qui arrêtent le cours de la prononciation; pour exprimer la longueur du temps que Sisyphe employe dans ce penible travail, il e sert de syllabes qui ont des arrêts, στηριγμὸς καὶ γκαθίσματα; pour signifier la resistance de cette pierre, à cause de sa propre pesanteur, & de la encontre des aûtres pierres, τὴν ἀντιτυποῦσαν καὶ τὸ βαρὺ καὶ μόγις. Et afin qu'on ne croye pas que e soit par hazard que les nombres répondent aux hoses dans ces Vers, il montre comme la cadence des Vers suivans est toute differente, dans esquels il décrit la chûte de la pierre de Sisyhe, & comment elle roule du haut du rocher où l'avoit portée avec peine: cette cadence est exremement vîte, il semble que les mots σκυολαίνουσι coulent & roulent avec la méme précipitaion que cette pierre. Cét Auteur en dit autant de Demosthene.

On ne doit pas s'imaginer qu'il soit necessaire n traitant toutes sortes de matieres de s'étudier rendre le son de ses paroles expressif; cette exatitude n'est point necessaire par tout; mais seulenent dans quelque partie d'un ouvrage qui est la lus en vuë, & dans laquelle on veut toucher plus ivement ses Auditeurs. Outre cela cette cadence oit être naturelle. Il n'est pas permis de renverer l'ordre naturel, de transposer les mots, de reancher quelque expression utile, ou d'en insecr d'inutile, pour faire une juste cadence. Quelque prix qu'ait un discours dont le nombre peut xprimer les choses autant que les paroles, on oit bien se donner de garde de preferer cette eauté à une plus solide qui est celle de la justesse du raisonnement, & de la grandeur des pensées. Nôtre esprit ne peut pas toûjours étre attentif à deux differentes choses à la fois, c'est pourquoy il arrive souvent que lors qu'il s'applique à contenter les sens, il dêplaît à la raison. La plus noble partie du discours est le sens des paroles qui en est l'ame; c'est cette ame qui merite nos premiers soins.

DE L'ART DE PARLER,

LIVRE QUATRIE'ME.

CHAPITRE PREMIER.

Il faut prendre un ſtile qui convienne à la matiere qu'on traite.

CE QUE C'EST QUE STILE.

NOus avons remarqué que les mots ne donnent pas tous la même idée des choſes qu'ils ſignifient, & que pour faire connoître la forme de nos penſées, il faloit choiſir entre ces termes ceux qui repreſentent leurs traits veritables, & leurs couleurs naturelles ; c'eſt à dire qui réveillent dans l'eſprit des autres les mêmes idées, & les mêmes ſentimens que nous avons. Nous ferons connoître dans ce quatriéme Livre, que ſelon la difference de la matiere, il faut employer une maniere d'écrire particuliere ; & que comme chaque choſe demande des paroles qui luy conviennent, auſſi un ſujet entier requiert un ſtile qui luy soit proportionné. Les regles que nous avons données de l'élocution cy dessus ne regardent, pour ainsi dire, que les membres du discours. Ce que nous allons enseigner en regarde tout le corps.

Stile dans sa premiere signification se prend pour une espece de poinçon dont les anciens se servoient pour écrire sur l'écorce, & sur des tablettes couvertes de cire. Pour dire quel est l'auteur d'une telle écriture, nous disons que cette écriture est de la main d'un tel : les Anciens disoient, c'est du stile d'un tel. Dans la suite du temps ce mot de stile ne s'est plus appliqué qu'à la maniere de s'exprimer : quand on dit qu'un tel discours est du stile de Ciceron, on entend que Ciceron a coûtume de s'exprimer de cette maniere.

Avant que je détermine avec quel stile il faut traiter les differentes choses qui sont les matieres des discours ordinaires; quel doit étre le stile d'un Orateur, d'un Historien, d'un Poëte qui veut plaire, & de celuy qui veut instruire. J'ay crû qu'il ne seroit pas inutile de rechercher les causes de la difference qui se remarque dans la maniere de s'exprimer des Auteurs qui parlans par la même langue, & qui écrivans sur les mémes matieres tâchent de prendre le même stile. Les uns sont diffus, & quelque retenuë qu'ils affectent ; on pourroit retrancher la moitié de leurs paroles sans faire tort au sens de leurs discours. Les autres sont secs; pauvres, steriles, & quelque effort qu'ils fassent pour revêtir les choses, ils les laissent demy-nuës. Il y en a dont le stile est fort, les autres sont languissans: les uns sont rudes, les autres sont doux. Enfin comme les visages sont differens; les manieres d'écrire le sont aussi ; c'est de cette difference dont nous allons rechercher la cause.

CHAPITRE II.

Les qualitez du Stile dépendent de celles de l'imagination, de la memoire & de l'esprit de ceux qui écrivent.

LOrs que les objets exterieurs frappent nos sens, le mouvement que ces objets y excitent, se communique par le moyen des nerfs jusques au centre du cerveau, dont la substance molle reçoit par cette impression de certaines traces. L'étroite liaison qui est entre l'ame & le corps fait que les idées des choses corporelles sont liées avec ces traces; de sorte que lors que les traces d'un objet, par exemple celles du Soleil sont imprimées dans le cerveau, l'idée du Soleil se presente à l'ame ; & toutes les fois que l'idée du Soleil se presente à l'ame, ces traces que cause la presence de cét Astre se r'ouvrent. Nous pouvons appeller ces traces les images des objets. La puissance qu'a l'ame de former sur le cerveau les images des choses qu'on a une fois apperçeuës s'appelle l'imagination ; & ce mot signifie en même temps, & cette puissance de l'ame & ces images qu'elle forme.

Les qualitez d'une bonne imagination sont fort necessaires pour bien parler ; car enfin le discours n'est rien qu'une copie du tableau que l'esprit se forme des choses dont il doit parler. Si ce tableau est confus, le discours ne peut être que confus. Si l'original n'est pas ressemblant, la copie ne le peut-être. La forme, la netteté, le bon ordre de nos idées dépend de la netteté, & de la distinction des traces que font les impressions des objets sur le cerveau. Ainsi l'on ne peut douter que la qualité du stile ne dépende de la qualité de l'imaginarion. Tous les hommes n'imaginent pas de la même maniere: la substance du cerveau n'a pas les mémesqualitez dans toutes les têtes: c'est pourquoy l'on ne doit pas s'étonner, si les manieres de parler de chaque Auteur sont differentes.

Les mots que nous lisons, ou que nous entendons, laissent aussi bien leurs traces dans le cerveau que les autres objets. Ainsi comme ordinairement on pense aux mots & aux choses en même temps, les traces des mots & des choses qui ont été ouvertes de compagnies plusieurs fois, se lient, de sorte que les choses se representent à l'esprit avec leurs noms. Lors que cela arrive, on dit que la memoire est heureuse; & son bon-heur ne consiste que dans cette facilité, avec laquelle les traces des mots, & celles des choses avec qui elles sont liées, s'ouvrent en méme temps; c'est à dire que le nom de la chose suit la pensée que l'on en a. Lors que la memoire n'est pas fidele à representer les termes propres des choses qu'on luy avoit confiez : l'on ne peut parler juste. L'on est obligé de se taire ou de se servir des premiers mots qui se rencontrent quoy qu'ils ne soient pas faits pour exprimer ce que l'on est pressê de dire. Les expressions heureuses & justes sont l'effet d'une bonne memoire.

Enfin il est constant que les qualitez de l'esprit sont cause de cette difference que l'on remarque entre tous les Auteurs. Le discours est l'image de l'esprit : on peint son humeur & ses inclinations dans ses paroles sans que l'on y pense. Les esprits étans donc si differens, quelle merveille que le stile de chaque Auteur ait un caractere qui le distingue de tous les autres, quoy que tous prennent leurs termes, & leurs expressions dans l'usage commun d'une même langue ?

CHAPITRE III.

Qualitez de la substance du cerveau, & des esprits animaux, necessaires pour faire une bonne imagination.

DAns l'imagination il y a deux choses; la premiere est materielle, la seconde est spirituelle: La materielle ce sont ces traces causées par l'impression que font les objets sur les sens; la spirituelle est la perception ou connoissance que l'ame a de ces traces, & la puissance qu'elle a de les renouveller ou ouvrir, quand elles ont été faites une fois. Il n'est question icy que de la partie materielle; je ne puis expliquer exactement ces traces sans m'engager dans des discussions Philosophiques dont mon sujet m'éloigne; je diray seulement que ces traces sont faites par les esprits animaux qui sont la partie du sang la plus pure qui monte en forme de vapeur du cœur au cerveau. Ces esprits sont indeterminez dans leur cours: lors qu'un nerf est tiré ils suivent sont mouvement, & c'est par leur cours qu'ils tracent differentes figures sur le cerveau, selon que les nerfs sont differemment tirez. De quelque maniere que cela se fasse, il est constant que la netteté de l'imagination dépend du temperament de la substance du cerveau, & de la qualité des esprits animaux.

Les figures que l'on décrit sur la surface de l'eau n'y laissent aucun vestige; les traces qu'elles y ſont étant auſſi-tôt remplies. Celles auſſi que l'on grave ſur le marbre, ſont ordinairement imparfaites, à cauſe de la reſiſtance que trouve le cizeau dans la dureté de cette matiere. Cela nous fait connoître que la ſubſtance du cerveau doit avoir de certaines qualitez ſans leſquelles elle ne peut recevoir les images exactes des choſes que l'ame imagine. Si le cerveau eſt trop humide, & que les petits filets qui le compoſent ſoient trop foibles, ils ne peuvent conſerver les plis que les eſprits animaux leur donnent; c'eſt pourquoy les images qui y ſont tracées ſont confuſes, & ſemblables à celles que l'on tâche de former ſur la fange. S'il eſt trop ſec, & que les filets ſoient trop durs, il eſt impoſſible que tous les traits des objets y ſoient imprimez: ce qui fait que toutes choſes paroiſſent maigres à ceux qui ont ce temperament. Je ne parle point des autres qualitez du cerveau, de ſa chaleur de ſa froideur : quand il eſt chaud les eſprits animaux le remuent plus facilement : ſa froideur rallentit le feu de leurs cours, elle fait que l'imagination eſt peſante, & qu'on ne peut rien imaginer qu'avec peine.

Les eſprits animaux doivent avoir ces trois qualitez, ils doivent étre abondans, chauds & égaux dans leur mouvement. Une tête épuiſée d'eſprits animaux eſt vuide d'images, l'abondance des eſprits rend l'imagination feconde; les veſtiges que tracent ces eſprits par leurs cours étant larges pendant que la ſource qui les produit n'eſt point épuiſée ; on ſe repreſente facilement toutes choſes, & ſous une infinité de faces qui fourniſſent une ample matiere de parler. Ceux qui n'ont point cette fecondité que l'abondance des eſprits animaux entretient, ſont ordinairement ſecs. Cóme les choses ne s'impriment que foiblement sur le siege de leur imagination, elles leur paroissent maigres, petites, décharnées. Ainsi leur discours qui n'exprime que ce qui se passe dans leur interieur est sec, maigre, & décharné. Les premiers sont grands causeurs, ils ne parlent que par hyperboles, toutes les choses leur paroissent grandes. Le discours des derniers est simple & bas; l'imagination des premiers grossit les choses, celle des derniers les retressit.

Lors que la chaleur se trouve avec l'abondance, que les esprits animaux sont chauds, promts, & en grande quantité; la langue n'est point assez promte pour exprimer tout ce qui est representé dans l'imagination; car outre que la premiere qualité fait que les images des choses sont tracées dans toute leur étenduë la seconde qualité qui est la chaleur rendant les esprits animaux vifs & legers, l'imagination est pleine dans un instant de differentes images Ceux qui possedent ces deux qualitez; sans meditation trouvent sur le champ plus de choses sur un sujet qu'on leur propose, que les autres aprés avoir medité long-temps sur ce même sujet. Un esprit froid ne peut remuer son imagination qu'avec des machines. L'experience fait connoître que le défaut de chaleur est un grãd obstacle à l'éloquence. Dans une violente passion, lors que les esprits animaux sont extraordinairement remuez; les plus secs parlent avec facilité, les plus steriles ne manquent point de paroles; & cette diversité d'images dans lesquelles le siege de l'imagination se metamorphose pour ainsi dire, cause une agreable varieté de figures, & de mouvemens qui suivent ceux de l'imagination.

Afin que l'imagination soit nette & sans confusion, le mouvement des esprits animaux doit étre égal. Lors que leur cours est dereglé, qu'ils sont tantôt lents dans leur mouvement, tantôt vîtes; les images qu'ils tracent sont sans proportion, comme il arrive à ceux qui sont malades, & dont la maladie consiste dans un mouvement dereglé de toute la masse du sang. Ceux qui sont gais & d'un temperament sanguin s'expriment avec facilité & avec grace. Dans ce temperament les esprits animaux ont un mouvement promt & égal; ainsi leur imagination étant nette, leur discours qui est une copie des images qui y sont tracées est necessairement net & distinct.

CHAPITRE IV.

De ce qui rend la Memoire heureuse.

LA bonté de la memoire dépend de la nature & de l'exercice, puis qu'elle ne consiste que dans la facilité avec laquelle les traces des objets que l'on a apperçeus se renouvellent; elle ne peut par consequent étre heureuse, si la substance du cerveau n'est propre à recevoir les traces des choses, & à les conserver; & si ces traces qui ne peuvent pas toûjours étre ouvertes, ne se r'ouvrent facilement. L'exercice donne de la memoire; chaque chose se plie facilement du côté qu'on la plie souvent; aussi les filets du cerveau s'endurcissent pour ainsi dire; & l'on se rend incapable d'apprendre par memoire, si l'on ne prévient cét endurcissement en les pliant souvent; c'est à dire en repetant souvent ce que l'on a appris, & tâchant tous les jours d'apprendre quelque chose de nouveau.

Il faut remplir sa memoire de termes propres, & faire que la liaison des images des choses & de leurs noms soit si étroite, que les images & les expressions se presentent de compagnie. Un excellent homme a dit que la memoire étoit comme une Imprimerie : Un Imprimeur qui n'a que des caracteres Gothique n'imprime rien qu'en caractere Gothique, quelque bel ouvrage qu'il mette sous la Presse. On peut dire de méme que ceux qui n'ont la memoire pleine que de mauvais mots, n'ayant dans l'esprit que des moules Gothiques, leurs pensées en se revêtant d'expressions, prennent toûjours un air Gothique.

CHAPITRE V.

Qualitez de l'esprit necessaires pour l'éloquence.

CE que nous venons de dire ne regarde que les organes corporels ; les qualitez de l'esprit sont plus considerables & plus importantes. C'est la raison qui doit regler les avantages de la nature, qui sont plûtôt des défauts que des avantages à ceux qui ne sçavent pas s'en servir. Celuy qui a l'imagination feconde, mais qui ne sçait pas faire le choix de ses richesses, se perd & s'égare dans de longs discours. Parmy la multitude des choses qu'il dit, il y en a quantité de mauvaises : & les bonnes sont étouffées par le grãd nombre de celles qui ne valent rien. S'il a de la chaleur avec cette fecondité, & s'il suit le mouvement de sa chaleur, il tombe dãs une infinité d'autres défauts, son discours est un tissu perpetuel de figures : Il ne parle jamais ſans paſſion, mais preſque toûjours ſans raiſon. Etant prompt & chaud, les plus petites choſes l'excitent & luy font prendre feu. Sans avoir égard à la bien-ſeance; ſans conſiderer ſi la choſe le merite, il entre en des fureurs; il ſe laiſſe emporter à la fougue de ſon imagination dont ſes paroles peignent le dereglement & l'extravagance.

Pour acquerir la perfection ſouveraine de l'eloquence; il faut que l'eſprit ſoit orné de ces trois qualitez; la premiere eſt une capacité, ou une étenduë d'eſprit, qui fait qu'on découvre ſur le ſujet qui eſt propoſé tout ce qui ſe peut dire avec abondance. Un eſprit borné eſt incapable de donner à une matiere l'étenduë qui luy eſt neceſſaire.

La ſeconde qualité conſiſte dans une certaine délicateſſe, une certaine vivacité qui entre d'abord dans les choſes, qui les approfondit, & en éclaire tous les recoins. Ceux qui ont l'eſprit peſant & groſſier ne penetrent pas dans les replis d'une affaire, ils n'en voyent que le gros; partant ils ne peuvent qu'effleurer la ſurface des choſes.

La troiſiéme qualité eſt la juſteſſe de l'eſprit, c'eſt elle qui regle toutes les autres qualitez, ſoit de l'eſprit, ſoit de l'imagination. Un eſprit juſte choiſit, il ne s'arréte pas à tout ce que ſon imagination luy preſente; il fait le diſcernement de tout ce qui ſe doit dire & de ce qui ſe doit taire: il n'étend pas les choſes ſelon la grandeur de leurs images, il amplifie ou abrege ſon diſcours ſelon que la choſe & le bon ſens le demandent. Il ne ſe fie pas à ſes premieres idées, il juge ſi les choſes ſont auſſi grandes qu'elles luy paroiſſent, & choiſit des expreſſions qui leur conviennent ſelon la lumiere de la raiſon, & non pas ſelon le rapport de ſon imagination qui souvent est semblable à ces verres qui font paroître les objets plusgrands qu'ils ne le sont. Il l'arrête lors qu'elle est trop legere: il l'excite, il l'échauffe, lors qu'elle est trop froide ; en un mot il use bien des avantages que la nature luy a donnez, il les perfectionne ; & si elle ne luy a pas été favorable, il combat ces défauts, & tâche de les corriger.

Les bonnes qualitez de l'esprit ne se rencontrent pas toûjours avec celle d'une bonne imagination, & celle d'une memoire heureuse. Ce qui met une difference tres grande entre parler & écrire. Souvent ceux qui écrivent bien lors qu'on leur donne du temps pour penser, parlent mal si on les oblige de parler sans preparation. Pour écrire il n'est pas besoin d'une imagination si feconde, si chaude & prompte. Quand on a un genie qui n'est pas entierement mal heureux, en meditant serieusement on trouve ce que l'on doit, & ce que l'on peut dire sur un sujet proposé. Ceux qui parlent avec facilité sans preparation reçoivent cét avantage d'une imagination abondante & pleine de feu, lequel s'éteint & se r'allenti dans le repos, & dans la froideur avec laquelle on compose une piece dans un cabinet.

Les qualitez de l'esprit sont preferables à celles du corps: l'éloquence de ceux qui ont ces dernieres qualitez est comme un grand feu de poudre à canon qui passe en un moment. Cette éloquence fait du bruit d'abord, elle éclatte; mais aussi-tôt on n'en parle plus, au contraire un ouvrage composé avec jugement conserve sa beauté, & plus il est lû, plus il est admiré, comme remarque Tacite au sujet d'ũ certain Halerius qui fut celebre pendant sa vie, mais dont les écrits n'eurent pas le méme succez que sa personne; parce qu'ayant plus de feu d'imagination que de justesse d'esprit, son talent étoit de parler sur le champ, & non pas d'écrire. Un ouvrage solide & travaillé, dit Tacite, vit dans l'estime des hommes aprés la mort de son Auteur. La douceur & l'éclat de l'éloquence d'Halerius s'éteignit avec luy: *Quintus Halerius....eloquentia quoad vixit celebrata, monimenta ingenii eius haud perinde retinentur. Scilicet impetu magis quàm curâ vigebat: utque meditatio aliorum & labor & posterum valescit, sic Haleris canorum illud & profluens cum ipso simul extinctum est.*

CHAPITRE VI.

La diversité des inclinations & du temperamment diversifie le stile. Chaque personne, chaque climat a son stile qui luy est particulier.

LE discours est le caractere de l'ame, nôtre humeur se peint dans nos paroles, & chacun sans y penser suit le stile auquel ses dispositions naturelles le portent : lesquelles étant toutes differentes dans chaque homme : il s'ensuit qu'il y a autant de differens stiles qu'il y a des personnes qui parlent, ou qui écrivent. De là vient encore que chaque climat a une maniere de parler qui luy est particuliere. Car comme ordinairement ceux qui sont d'un même païs ont beaucoup de rapport dãs leur temperament, ils ont aussi des manieres de parler assez semblables, & conformes à ce temperament qui leur est commun. Les Espagnols par exemple, qui ſont tous graves choiſiront bien plûtôt des mots dont la cadence ſera majeſtueuſe, & des expreſſions nobles, que des mots doux & languiſſans, & des expreſſions délicates, comme feroient les Italiens.

Les Orientaux qui ont l'imagination chaude & pleine d'images, ne parlent que par metaphore & par allegories, parce que lors qu'ils ſe propoſent de traiter quelque ſujet, auſſi-tôt leur imagination leur preſente mille images qui ont rapport à ce ſujet, dont ils peuvẽt tirer pluſieurs metaphores. Ainſi ſi ce ſujet eſt peu ſenſible, comme ces images ſont fort vives, qu'elles frappent fortement leur eſprit, & le tournent pour ainſi dire vers elles, ils ſont bien plûtôt portez à ſe ſervir du nõ de ces images avec leſquelles ce ſujet a rapport que du nom propre. Ils quittent donc les expreſſions naturelles pour employer celles qui ſont figurées, c'eſt ce qui rend leur ſtile obſcur à ceux qui n'ont pas une imagination auſſi promte qu'eux: car pour penetrer dans le veritable ſens de leurs paroles il ne faut preſque jamais conſiderer ce qu'elles ſignifient naturellement, mais ce qu'elles peuvent ſignifier, priſes dans un ſens metaphorique, qu'il n'eſt pas facile d'appercevoir, parce que les metaphores dont ils ſe ſervent ſont tirées d'objets qui ne nous frappent pas auſſi vivement qu'ils en ſont frappez, ainſi nous ne pouvons pas découvrir d'abord la liaiſon qu'ils ont avec la choſe qui eſt le ſujet du diſcours.

Cela ſe remarque dans les Poëſies que nous avõs des Orientaux, l'Ecriture ſainte nous en fournit même des exemples dans les Cantiques de Salomon. Nous ſommes ſurpris d'abord que ce Prince en décrivant les beautez de ſon épouſe, cõpare ſon viſage au côté de la Tour du mont Liban, qui regardoit la ville de Damas,& ses dents à une troupe de brebis nouvellement tonduës qui sortent du bain:mais avec un peu d'application on penetre dans sa pensée,& l'on apperçoit qu'en méme temps qu'il pense aux beautez de sõ épouse,il est frappé des images de ce qu'il avoit vû de beau. La Tour du Liban se presente à son imagination,qui faisoit une face extraordinairement belle du côté de Damas;il est frappé de la blancheur des brebis qui sortent du bain, & qui commencent à se revêtir d'une nouvelle toison. Les Septentrionaux n'ont pas tant de feu:leur imagination ne reçoit pas une si grande varieté d'images.Quand ils pensent à un sujet,ils en sont tout occupez; ainsi s'ils se servent de metaphores, ils ne les prennent que de choses qui ont une liaison fort étroite avec ce qui fait le principal sujet de leur discours. C'est pourquoy leur stile est simple,naturel , & il s'entend facilement. Ils donnent tout le temps qui est necessaire pour expliquer les choses qu'ils proposent.Ce que les Orientaux ne peuvent faire , étant emportez par la vivacité de leur imagination, qui les oblige de quitter ce qu'ils avoient commencé de dire pour passer tout d'un coup à d'autres choses.

Les anciens Rheteurs distinguent en trois classes les differens stiles que les differentes inclinations des peuples leur font aimer.Le premier est l'Asiatique,élevé,pompeux,magnifique : Les peuples de l'Asie ont été toûjours ambitieux , leur discours exprime leur humeur,ils aiment le luxe,leurs paroles sont accompagnées de plusieurs vains ornemens qu'une humeur severe ne peut souffrir. Le second stile est l'Attique : Les Atheniens étoient plus reglez dans leur maniere de vivre:aussi sont ils plus exacts,& pour ainsi dire plus modestes dans leurs discours. Le troisiéme est le stile Rhodien : Les Rhodiens tenoient de l'humeur ambitieuse, & passionnée pour le luxe des Asiatiques, & de la modestie des Atheniens: leur stile caracterise leur humeur, il garde un milieu entre la liberté du stile Asiatique, & la retenuë du stile Attique.

CHAPITRE VII.

Chaque siecle a son stile.

LA diversité des stiles vient encore des prejugez avec lesquels l'on parle. Quand on conçoit dans le monde de l'estime pour quelque maniere d'écrire, & qu'il s'en fait une mode, chacun tâche de la suivre, & de s'y conformer; mais comme l'on se lasse des modes, & que ceux qui les ont inventées en cherchent des nouvelles aprés que celles-là sont devenuës communes, pour se distinguer de la foule, il se fait un changement perpetuel dans le langage comme nous avons dit ailleurs, aussi-bien que dans les habits : ce qui est cause que chaque âge, chaque siecle a sa maniere de parler qui luy est particuliere. C'est pourquoy les bons critiques reconnoissent le temps auquel un Auteur a écrit, en observant sa maniere d'écrire, & son goût; c'est à dire l'estime qu'il a pour de certains tours, pour de certaines expressions qu'il affecte d'employer.

Le stile de chaque siecle fait aussi connoître quelles en ont été les inclinations, & les mœurs. Ordinairement dans les siecles où les peuples ont été serieux & reglez, le stile est sec, austere, & sans ornement. Le luxe s'est introduit pendant le déreglement des Republiques, aussi bien dans le langage que dans les habits; dans les tables, & dans les bâtimens. C'est ce qui est arrivé à la langue Latine. Dans les fragmens qui nous restent des premiers Auteurs de cette langue, nous voyons que les Romains se contentoient seulement de se faire entendre, & qu'ils ne recherchoient aucune douceur dans leurs paroles. Elles étoient grossieres rudes, & ne se pouvoient prononcer ni l'étre entenduës qu'avec peine. Aussi on sçait qu'en ce temps les Romains ne recherchoient aucune façon, ils ne sçavoient ce que c'étoit que de cuisiniers, de ragoût; leurs maisons étoient de briques sans peinture, sans architecture; en un mot tout ce qui s'appelle agrément étoit mal reçû chez eux, ils n'aimoient que l'utile, mais aussi-tôt qu'ils commencerent à se servir de leurs grandes richesses, aprés ces grandes victoires qui les rendirent maîtres de presque tout le monde, en méme temps qu'ils modererent cette premiere severité, & qu'ils ne furent plus si ennemis des plaisirs, on voit que leur langue se polit, & s'adoucit par degrez : ce qui continua depuis le siecle des Scipions, jusques à celuy de l'Empereur Auguste. Elle retint neanmoins encore ce premier air qui étoit simple & naturel, ayant seulement retranché ce qu'elle avoit de dur & de grossier. Ce changement luy fut ainsi avantageux, & la mit dans sa perfection. C'est pourquoy on a toûjours regardé comme des modeles achevez les Auteurs Latins qui ont écrit dans ce temps-là.

Mais enfin quand les Romains n'eurent plus d'ennemis considerables, & qu'ils ne penserent plus qu'à se divertir, leur langue fut pleine d'affections, de tours étudiez qui ne sont point naturels. Ils ne rechercherent plus dans leur stile que ce qui peut flater les oreilles, des cadences agreables, des jeux de mots, des metaphores tirées de loin; en un mot comme ils ne recherchent plus dans les viandes une nourriture solide, mais des plaisirs qui sont nuisibles à la santé, aussi dans le discours ils quitterent cet air naturel, & cette clarté qui sont si necessaires pour se faire entendre; ils n'aimerent plus dans les paroles que de vains ornemens qui en couvrent le sens, & empêchent qu'il ne paroisse. Aussi ceux qui ont le goût bon se donnent bien de garde d'imiter les Auteurs Latins qui ont écrit en ce temps-là; & ils regardent toutes ces choses, qu'ils estiment comme des defauts qui trompent par quelqu'agrément *dulcia vitia*. Quand la decadance se mit dans l'Empire Romain, quelque temps même auparavant, lors que toutes les Nations du monde se mélerent avec eux, il se fit un langage mêlé, & tout plein des impuretez des autres langues. Ceux qui écrivirent pour lors; & que l'on appelle les Auteurs de la basse Latinité, ne passent que pour la honte & l'infamie de la langue Latine, *dehonestamenta Latinitatis*.

CHAPITRE VIII.

La matiere que l'on traite doit determiner dans le choix du stile.

C'Est la matiere qui doit déterminer dans le choix du stile. Ces expressions nobles qui rendent le stile magnifique, ces grands mots qui remplissent la bouche representent les choses grandes, & font connoître le jugement avantageux qu'en fait celuy qui parle d'elles d'une maniere si relevée. Si donc ces choses ne meritent point cette estime, si elles ne sont grandes que dans l'imagination de l'Auteur, cette magnificence luy fait tort; elle fait remarquer son peu de jugement, en ce qu'il estime des choses qui ne sont dignes que de mépris. Les figures & ces tours éloignez de l'ordre naturel du discours découvrent aussi les mouvemens du cœur: or afin que ces figures soient justes, la passion dont elles sont le caractere doit être raisonnable. Il n'y a rien qui approche plus de la folie que de se laisser aller à des emportemens sans aucun sujet, de se mettre en colere pour une chose qu'on doit traiter avec froideur; chaque mouvement a ses figures. Les figures enrichissent le stile, mais elles ne peuvent meriter de loüanges, si le mouvement qui les cause n'est pas loüable comme nous l'avons dit ailleurs.

Je dis donc encore que c'est la matiere qui regle le stile; lors que les choses sont grandes, & que l'on ne peut les envisager sans ressentir quelque grand mouvement, le stile qui les décrit doit être necessairement animé, plein de mouvement, enrichy de Figures, de Tropes, & de Metaphores. Si le sujet qu'on traite n'a rien d'extraordinaire, si on le peut considerer sans être touché de passion; le stile doit être simple. L'Art de parler n'ayant point de matiere limitée, & toutes les choses qui peuvent être l'objet de nos pensées pouvant être matieres de parler, il y a une infinité de stiles differens, les especes des choses que l'on peut traiter étant infinies, neanmoins les Maîtres de l'Art ont reduit toutes les matieres d'écrire particulieres sous ces trois genres. La matiere de tout discours est ou extrement noble, ou extremement basse, ou elle tient un milieu entre ces deux extremitez; sçavoir la noblesse & la bassesse. Il y a trois genres de stiles qui répondent à ces trois genres de matieres, sçavoir le sublime, le simple, & le mediocre. L'on appelle quelquefois ces stiles Caracteres, parce qu'ils marquent la qualité de la matiere qui est le sujet du discours. Ie ramasseray dans ce Chapitre les regles qu'il faut garder dans chacun de ces trois Caracteres. Quand on entreprend un ouvrage on se propose toûjours une idée generale : Le dessein par exemple d'un Orateur qui fait que le Panegyrique d'un Prince, est de relever l'éclat des actions de son Heros, & de porter sa gloire dans un si haut point qu'on le regarde comme le premier de tous les hommes. Un avocat qui plaidera la cause d'un pauvre se contentera de persuader à ses Auditeurs que celuy dont il a pris la défense est un bon homme fort innocent, & qui parmy ceux de son ordre s'acquite de tous les devoirs d'un bon Citoyen. Ce que je diray de ces trois Caracteres regarde la prudence avec laquelle on doit conduire un ouvrage, sans perdre de veuë cette idée generale qu'on s'est proposé d'en donner.

CHAPITRE IX.

Regle pour le stile sublime.

APellez étant obligé de faire le portrait de son amy Antigonus, qui avoit perdu l'œil gauche à l'armée, il le peignit de porfil, faisant seulement paroître la partie du visage de ce Prince qui étoit sans difformité. Il faut imiter cét artifice, quelque noble que soit le sujet duquel on a dessein de donner une haute idée, sa noblesse ne paroîtra point, si l'on n'a l'adresse de la faire voir par la plus belle de ses faces. Les plus belles choses ont leurs imperfections; cependant la moindre tache qu'on découvre dans celle qu'on estimoit auparavant est capable de faire perdre toute cette estime qu'on en avoit conçuë. Aprés avoir dit mille belles choses, si on donne place entr'elles à quelque chose de bas, il se trouvera des esprits assez malins pour ne faire attention qu'à cette bassesse, & oublier tout le reste, & on doit prendre garde de ne rien dire dans aucune partie qui demente ce que l'on a dit dans le reste du discours, & qui détruise la premiere idée qu'on a donnée, comme fait Hesiode dans son Poëme, qu'il a intitulé le Bouclier, où aprés avoir dit tout ce que l'on pouvoit dire pour faire une peinture terrible de la Déesse des tenebres, il gâte tout ce qu'il avoit dit en ajoûtant ces mots : *Vne puante humeur luy couloit des narines*: car comme remarque Longin, Hesiode ne rend pas cette Déesse terrible qui étoit son dessein, mais odieuse & dégoûtante.

Il faut encore imiter l'adresse d'un autre Peintre, non moins fameux qu'Appelles, c'est Zeuxis, lequel pour represẽter Helene aussi belle que les Poëtes Grecs la font dans leurs Vers, étudia les traits naturels des plus belles personnes de la Ville où il faisoit cét ouvrage, & donna à son Helene toutes les graces que la nature avoit partagées entre un grand nombre de femmes bien faites. Lors qu'un Poëte est Maistre de son sujet, qu'il peut ajoûter ou retrancher, s'il entreprend de faire une description, par exemple d'une tempête, il doit considerer tout ce qui arrive dãs les tempêtes, & en examiner toutes les circonstances, afin de rapporter celles qui sõt les plus extraordinaires & les plus surprenãtes.

Comme l'on voit les flots soûlevez par l'orage,
Fondre sur un vaisseau qui s'oppose à leur rage,
Le vent avec fureur dans les voiles fremit,
La mer blanchit d'écume, & l'air au loin gemit:
Le Matelot troublé, que son art abandonne,
Croit voir dans chaque flot la mort qui l'environne.

Pour les expressions elles doivent étre nobles, & capables de donner cette haute idée qu'on envisage comme la fin de tout ce que l'on dit: Quoy que la matiere ne soit pas également noble dans toutes ses parties, neanmoins on doit garder une certaine uniformité de stile. Dans un Palais il y a des appartemens aussi bien pour les derniers Officiers, que pour ceux qui approchent de la personne du Prince. Il y a des sales & des écuries : les écuries ne doivent pas étre bâties avec autant de magnificence que les sales; cependant il y a quelque proportion entre tous les compartimens de cét édifice, & chaque partie pour basse quelle soit, fait assez voir de quel tout elle est partie. Dans le stile sublime quoy que les expressions doivent répondre à la matiere, il faut neanmoins parler des choses qui ne sont que mediocres avec un air qui les releve de leur bassesse, parce qu'ayant dessein de donner une haute idée de la chose qu'on traite, il est necessaire que toute sa suite porte ses livrées & luy fasse honneur. Un ouvrage doit faire connoistre dans toutes ses parties la qualité de son sujet.

Les Ecrivains ambitieux pour avoir sujet de n'employer que ce stile sublime, mélent avec tout ce qu'ils traitent des choses grandes & prodigieuses; sans prendre garde si l'invention de ces prodiges eſt fondée ſur la raiſon. Les Grecs appellent ce vice τερατολογία. Florus qui a fait un petit Abregé de l'Hiſtoire Romaine, me fournit un exemple aſſez remarquable de cette *Teratologie.* Il n'étoit queſtion que de dire, comme fait Sextus Rufus: *Que l'Empire Romain s'étoit étendu juſques à l'Ocean, par la conqueſte que Decimus Brutus avoit faite de toute l'Eſpagne. Hiſpanias per Decimum Brutum obtinuimus, & uſque ad Gades & Oceanum pervenimus,* Florus prenant un vol plus élevé, dit: *Decimus Brutus aliquanto latius Gallæcos, atque omnes Gallaciæ populos, formidatumque militibus flumen oblivionis, peragratoque victor Oceani littore non priùs ſigna convertit quàm cadentem in maria ſolem, obrutumque aquis ignem non ſine quodam ſacrilegii metu & horrore deprehendit.* Il groſſit ainſi ſa narration de prodiges: il s'imagine que les Romains ayant porté leurs conqueſtes juſques aux extremitez des Eſpagnes fremirent de peur appercevans l'Ocean, & qu'ils ſe crurent coupables d'avoir regardé avec des yeux temeraires le Soleil de ſon couchant, lors qu'il ſemble éteindre ſes feux dans les eaux de l'Ocean.

Ce défaut eſt auſſi appellé Enflure, parce que cette maniere de dire les choſes avec un air ſublime, qui ne leur convient point; eſt ſemblable à ce faux embonpoint des malades qui paroiſſent gras, lors que la fluxion les rend bouffis. Le caractere ſublime eſt difficile, tout le monde ne peut pas s'élever au deſſus du commun, & continuer long temps le méme vol. Il eſt facile de s'élever par la grandeur des expreſſions, mais ſi ces expreſſions ne ſont ſoûtenuës par la grandeur du ſujet, & remplies de choſes ſolides, on les compare juſtement nent à ces grandes échasses qui font remarquer la petite taille de ceux qui s'en servent en méme temps qu'elles les élevent. On peut bien par la machine d'une phrase faire monter une bagatelle fort haut; mais elle retombe bien tôt dans son neant, & cette élevatiõ ne fait que l'exposer aux yeux de ceux qui ne l'auroiẽt jamais apperçûë si elle étoit demeurée dans son obscurité. Cette affectation de donner un air de grandeur à toutes les choses que l'on propose, & de les revétir de paroles magnifiques fait naître ce soupçon aux personnes judicieuses qu'un Auteur a voulu cacher la bassesse de ses pensées sous cette vaine montre de grandeur. Aussi comme dit Quintilien, plus un esprit est rampant & borné, plus il affecte de paroître élevé & fecond. Les petites gens affectent de se faire paroître grands en s'élevant sur la pointe de leurs pieds. Ceux qui sont foibles font le plus de rodomontades. Cette enflure du stile, ces affectations de mots qui font du bruit, sont plûtôt des témoignages de foiblesse que de force. *Quo quisque ingenio minus valet, hoc se magis attollere & dilatare conatur & staturâ breves in digitos eriguntur, & plura infirmi minantur, nam & tumidos & corruptos & tinnulos, & quocumque alio Cacozeliæ genere peccantes certum habeo non virium, sed infirmitatis vitio laborare.*

CHAPITRE X.

Du stile ou caractere simple.

Le caractere simple a ses difficultez. Il est vray que le choix des choses n'y est pas si difficile;

puis qu'elles doivent étre communes & ordinaires: Mais c'est ce qui le rend difficile : car la grandeur des choses ébloüit, & cache les défauts d'un Ecrivain. Quand on parle des choses rares & extraordinaires, on peut employer des Metaphores: parce que l'usage ne donne point d'expressions assez fortes. Le discours peut-étre enrichy de figures ; parce que l'on n'envisage gueres ce qui est grand tranquillement, ny sans ressentir des mouvemens d'admiration, d'amour, ou de haine, de crainte ou d'esperance. Au contraire quand nous n'avons pour objet que des choses communes, nous sommes contraints pour lors d'employer les termes propres & ordinaires : il n'est pas permis de figurer nôtre discours, il faut parler simplement ce qui n'est pas sans difficulté : Car enfin ceux qui écrivent ne peuvent ignorer que la liberté de recourir aux figures est souvent commode pour s'exempter de la peine de rechercher des mots propres qui ne se trouvent pas toûjours l'experience fait connoître qu'il est plus facile de faire des figures que de parler naturellement.

Quand j'ay appellé ce caractere simple, je n'ay pas voulu signifier par ce mot une certaine bassesse qui n'est jamais bonne, & qu'il faut éviter. La matiere de ce stile n'a aucune élevation; mais ce n'est pas à dire que le discours qui l'exprime doive étre vil & méprisable. Elle ne demande pas les pompes & les ornemens de l'eloquence, ny d'étre revétuë d'habits magnifiques, mais aussi elle rejette les façons de parler basses; elle veut que les habits que l'on luy donne soient propres & honnêtes.

CHAPITRE XI.

Du stile mediocre.

JE ne diray rien du caractere mediocre, parce qu'il suffit de sçavoir qu'il consiste dans une mediocrité qui doit participer de la grandeur du caractere sublime, & de la simplicité du caractere simple. Virgile nous a donné l'exemple de ces trois caracteres. Son Eneide est dans le caractere sublime, il n'y parle que de combats, que de sieges, que de guerre, que de Princes, que de Heros. Tout y est magnifique, les sentimens, & les paroles: La grandeur des expressions répond à la grandeur du sujet. On ne lit rien dans ce Poëme qui soit ordinaire. Ce Poëte ne se sert point des termes que l'usage de la lie du peuple ait pour ainsi dire profané. S'il est obligé de nommer les choses communes, il le fera par quelque tour particulier, par quelque Trope, par exemple pour *panis* du pain, il mettra *Ceres*, qui étoit parmy les Payens la Déesse des bleds.

Le caractere des Eclogues est simple. Ce sont des Bergers qui parlent, qui s'entretiennent de leurs amours : de leurs troupeaux ; de leurs campagnes; d'une maniere simple, & qui convient à des Bergers.

Les Georgiques sont du caractere mediocre. La matiere qu'il y traite n'approche pas de celle de l'Eneïde : Virgile ne parle point dans cét ouvrage de ces grandes guerres, de ces illustres combats, & de l'établissement de l'Empire Romain, qui sont le sujet de son Eneïde ; mais aussi les Georgiques ne sont pas ravalez jusques à la condition des Bergers. Car dans ces livres il penetre dans les causes les plus cachées de la nature, il découvre les mysteres de la Religion des Romains, il y méle de la Philosophie, de la Theologie, de l'Histoire: ce qui l'oblige à tenir un milieu entre la majesté de son Eneide, & la simplicité de ses Bucoliques.

CHAPITRE XII.

Stiles propres à certaines matieres. Qualitez communes à tous ces stiles.

NOus allons parler des stiles particuliers qui sont affectez à certaines matieres, comme sont les stiles des Poëtes, des Orateurs, des Historiens, &c. Mais il est à propos de faire auparavant quelques observations sur les qualitez qui sont cômunes à tous ces stiles. Entre ceux qui s'exercent dans un même stile, les uns sont plus doux, les autres sont plus forts: Les uns sont fleuris, les autres sont austeres. Je diray en quoy consistent ces qualitez, & comment on peut les donner à un stile lors qu'elles conviennent à la qualité du sujet.

La premiere de ces qualitez est la douceur. On dit qu'un stile est doux lors que les choses y sont dites avec tant de clarté, que l'esprit ne fait aucun effort pour les concevoir, comme nous disons que le panchant d'une montagne est doux, lors que l'on y môte sans peine. Pour donner cette douceur à un stile, il ne faut rien laisser à deviner au Lecteur, On doit débroüiller tout ce qui pourroit l'embarasser prévenir ses doutes: En un mot, il faut dire les choses dans l'étenduë qui est necessaire, afin qu'elles soient apperçûës;ce qui est petit se dérobant à la veuë. J'ay dit dans le Livre precedant de quelle maniere on adoucissoit la cadence & la prononciation du discours. La douceur du nombre contribuë merveilleusement à la douceur du stile. Cette douceur peut avoir plusieurs degrez. On dit d'un Auteur qui écrit avec une douceur extraordinaire, que son stile est tendre & délicat. Je ne veux pas oublier icy qu'il n'y a rien qui cōtribuë davantage à la douceur du stile, que le soin d'inserer où il faut toutes les particules necessaires pour faire appercevoir la suite,& la liaison des parties d'un discours.

La seconde qualité est la force. Cette qualité est entierement opposée à la precedente : Elle frappe fortement l'esprit,elle l'applique, & le rend extrémement attentif. Pour rendre un stile fort , il faut se servir d'expressions courtes qui signifient beaucoup,& qui reveillent plusieurs idées Les Auteurs Grecs & Latins sont pleins d'expressions fortes,qui sont plus rares dans le François , qui aime que le discours soit naturel libre & un peu diffus ; c'est pourquoy on ne doit pas s'étonner que les traductiōs Françoises des Auteurs Grecs & Latins soient plus abondantes en paroles que les originaux,puis que l'on ne peut pas se servir d'expressions si courtes & si serrées , selon le genie de nôtre langue, qui veut qu'on developpe toutes les idées que le mot Grec ou Latin renferme. Saint Paul par exemple dit d'une maniere noble,qu'il est prêt de mourir,se servāt de cette expression ἐγὼ γὰρ ἤδη σπένδομαι que la version Latine rend par ces mots: *Ego enim iam delibor*. Pour traduire en François ce passage, il faut necessairement le faire de cette maniere. *Car pour moy je suis comme une victime qui a déja reçu l'aspersion pour être sacrifiée.* Toutes ces paroles ne font que développer les idées que donne le mot Grec σπινθομαι, lors qu'on considere sa force avec toute l'attention necessaire.

La troisiéme qualité rend un stile agreable & fleury. Cette qualité dépend en partie de la premiere, & elle en veut étre precedée, l'esprit ne se divertissant pas lors qu'il s'applique trop fortement. Les Tropes, & les Figures sont les fleurs du stile. Les Tropes font concevoir sensiblement les pensées les plus abstraites : Ils font une peinture agreable de ce que l'on vouloit signifier. Les Figures réveillent l'attention, elles échauffent, elles animent les Lecteurs, ce qui est agreable; le mouvement étant le principe de la vie & des plaisirs, la froideur au contraire mortifiant toutes choses. La derniere qualité est austere, elle retranche du stile tout ce qui n'est pas absolument necessaire, elle n'accorde rien au plaisir, elle ne souffre aucun ornement, & comme un juge de l'ancien Areopage, elle ne permet pas que le discours soit animé; elle en bannit tous les mouvemens capables d'attendrir les cœurs.

L'on doit faire en sorte que le stile ait des qualitez qui soient propres au sujet que l'on traite. Vitruve cét excellent & judicieux Architecte qui vivoit sous Auguste, remarque que dans la structure des Temples on suivoit l'ordre qui exprimoit le caractere de la Divinité à qui le Temple étoit dédié. Le Dorique qui est le plus solide & le plus simple, étoit employé dans les Temples de Minerve, de Mars & d'Hercule; les délicatesses, & les ornemens des autres ordres ne convenāt pas à la Deésse de la Sagesse, au Dieu des cōbats, ny à l'exterminateur des Monstres. Les Temples de Venus, de Flore, de Proserpine, & des Nymphes étoient bâtis selon l'ordre Corinthien, qui est tendre, délicat, chargé de festons, de feüillages, & paré de tous les ornemens de l'Architecture. L'ordre Ionique étoit consacré à Diane, à Junon, & aux autres Dieux de l'humeur desquels les regles de cét ordre donnent le caractere, obligeant de tenir un milieu entre la solidité de l'ordre Dorique, & la gentillesse du Corinthien. Il en est de même du discours : les fleurs & les gentillesses de l'eloquence ne sont pas propres pour un sujet grave & plein de majesté. L'austerité du stile est importune lors que la matiere permet de rire : la force des expressions est inutile quand les esprits se gagnent par la douceur, & qu'il n'est pas besoin de les combattre ny de les forcer.

CHAPITRE XIII.

Quel doit être le stile des Orateurs.

Eux qui jusqu'à present ont traité de l'Art de parler, semblent n'avoir écrit que pour les Orateurs. Leurs preceptes ne regardent que le stile Oratoire ; & ceux qui étudient cét art regardent abondance & la richesse des expressions que nous dmirons dans les discours des grands Orateurs, omme le principal & l'unique fruit de leur étu-. Il est vray que l'eloquence paroît avec éclat ans ce stile, ce qui m'oblige de luy donner la preiere place.

Les Orateurs parlent ordinairement pour éclair- des veritez obscures ou contestées ; ce qui deande un stile diffus, puisque dans cette occasion est necessaire de dissiper tous les nuages & toutes les obſcuritez qui cachent ces veritez. Ceux qui entendent parler un Orateur ne prenant pas autant d'interét que luy dans la cauſe qu'il défend, ils ne ſont pas toûjours attentifs;ou n'ayant pas l'eſprit aſſez vif ils ne conçoivent qu'avec peine ce qu'on leur dit. Cet Orateur eſt donc obligé de redire les mémes choſes en pluſieurs manieres,afin que ſi les premieres paroles n'ont pas porté coup, les ſecondes faſſent l'effet qu'il ſouhaite.

Mais cette abondance ne conſiſte pas dans une multitude d'Epithetes,de mots &d'expreſſions entierement Synonymes. Pour perſuader une verité, pour la faire comprendre par les plus groſſiers, & la faire appercevoir aux eſprits les plus diſtraits; il faut la repreſenter ſous pluſieurs faces differentes, avec cét ordre,que les dernieres expreſſions ſoient plus fortes que les premieres, & ajoûtent quelque choſe au diſcours; de ſorte que ſans étre ennuyeux on rende ſenſible & palpable ce que l'on vouloit faire connoître. Un habile homme s'accommode à la capacité de ſon Auditeur, il s'arréte aux veritez qu'il luy propoſe, & ne les quitte point juſques à ce qu'elles ſoient entrées dans ſon eſprit,& qu'elles s'y ſoient certainement établies.

Les veritez qui ſe démontrent dans les Plaidoyers,& dans les Harangues , ne ſont pas de la nature des veritez Mathematiques:Ces dernieres ne dépendent que d'un tres-petit nombre des principes certains & infaillibles : Les premieres dépendent d'une multitude de circonſtances qui ſeparées n'ont pas de force , & qui ne peuvent convaincre que lors qu'elles ſont ramaſſées & unies enſéble On ne peut les amaſſer ſans art,& c'eſt où paroît l'adreſſe des Orateurs ſubtils:Ils ménagent les moindres circonſtances,& ſouvent ils ſont le fondement de leur

leur preuve d'une particularité qu'un autre auroit rebutée, & n'auroit daigné employer. Pourquoy Ciceron grossit-il ses Oraisons de circõstances qui semblent inutiles & basses? A quoy bon rapporter que Milon changea de souliers, qu'il prit ses habits de campagne, qu'il partit tard attendant sa femme laquelle fut long temps à se preparer selon la coûtume des femmes? C'est que cette peinture simple & naive qu'il fait sans oublier le moindre trait de l'action qu'il veut mettre devant les yeux des Juges persuade efficacement qu'on ne peut rien appercevoir dans la conduite de Milon qui le fasse soupçonner d'avoir premedité d'assassiner Clodius, comme pretendoient ses ennemis.

Les grands Orateurs n'employent que des expressions riches, capables de faire valoir leurs raisons : Ils tâchent d'éblouïr les yeux & l'esprit, & pour ce sujet ils ne combattent qu'avec des armes brillantes. L'usage ne leur fournissant pas toûjours les mots propres pour exprimer le jugement qu'ils ont des choses, & pour les faire paroître aussi grandes qu'elles sont: ils ont recours aux Tropes, qui leur servent encore à dõner telle couleur qu'ils desirent à une action, à la faire paroître petite ou grande, loüable ou méprisable, juste ou injuste, selon que les termes Metaphoriques dont ils se servent la relevent ou l'abbaissent. Mais l'abus qu'ils font de cét art les rend souvent ridicules, on n'a pas droit de déguiser une action, de l'habiller comme l'on veut, de donner le nom de crime à une faute excusable ; & d'en parler comme d'une faute legere, si elle est criminelle. Les mots de crimes, & de fautes donnent des idées contraires. Si on n'applique ces termes avec justesse, on doit passer ou pour n'avoir pas de jugement, ou pour avoir peu de bonne foy. Les personnes sages qui écoutent s'attachent aux choses, & avant que de se laisser persuader par les mots, ils examinent s'ils sont justes. J'admire ces Declamateurs qui croyent avoir triomphé de leur ennemy, quand ils se sont raillez de ses raisons : ils croyent l'avoir terrassé quand ils l'ont chargé d'injures, & qu'ils ont épuisé toutes les Figures de leur art pour le representer tel qu'ils veulent qu'il paroisse.

On ne peut defendre fortement une verité, si l'on ne s'interesse dans sa défense. Le discours est languissant qui ne part pas d'un cœur échauffé & ardent à combattre pour la verité, dont il a pris le party. Nous avons montré dans le second Livre, que comme la nature fait prendre aux membres du corps des postures propres à attaquer & à se défendre dans un combat singulier, cette méme nature fait que l'on figure son discours, & que l'on luy donne de tours propres à soûtenir une verité contestée, à l'établir, & à refuter ce qu'on luy oppose: Aussi nous voyons qu'il n'y a rien de plus figuré que le discours d'un grand Orateur qui entre dans tous les sentimens, & se revêt de toutes les affections de celuy dont il plaide la cause. Pour le nombre du discours, il doit étre periodique de temps en temps ; les periodes se prononçant avec plus de majesté, elles donnent du poids aux choses.

CHAPITRE XIV.

Quel doit étre le stile des Historiens.

APrés les Harangues il n'y a point de sujet où l'éloquence se fasse davantage paroître que dans l'histoire; car c'est le métier de l'Orateur d'écrire l'Histoire, comme dit Ciceron : *Historia opus est maximè Oratorium.* C'est par sa bouche que les actions des grands hommes doivent étre publiées; c'est par son stile qu'il en doit conserver la memoire à la posterité. Les principales qualitez du stile historique sont la clarté & la briéveté. Un Historien éloquent fait une vive peinture de l'action qu'il rapporte, il n'en oublie aucune notable circonstance. Celuy qui est sec ou aride ne represente que la carcasse des choses, il ne les dit qu'à demy, ainsi son Histoire est maigre & décharnée. Quand on rapporte un combat qui a été suivy d'une victoire signalée, ce n'est pas étre Historien que de dire simplement, que l'õ a combattu, il faut rapporter les causes de la guerre, dire comment elle s'est allumée, faire connoître quel étoit le dessein des Princes, quelles étoient leurs forces; il faut faire une description du lieu du combat, particulierement si ce lieu a été cause de quelque accident considerable & découvrir tous les stratagémes dõt on s'est servy. Mais il faut sur toute chose que l'Histoire soit comme un miroir qui rend les objets tels qu'ils se presentent à luy sans augmentation ny diminution de leur naturelle grandeur. La briéveté contribuë à la clarté: je ne parle point de celle qui consiste dans les choses, & dans un choix de ce qu'il faut dire, & de ce qu'il faut negliger. Le stile d'un Historien doit étre coupé, degagé de ces longues phrases, & de ces periodes qui tiennent l'esprit en suspens : il faut que son cours soit égal, & qu'il ne soit point interrompu par ces figures extraordinaires, par ces grãds mouvemens qui sont défendus à un Historien, dont le devoir est d'écrire sans passion. Ce n'est pas qu'un Historien qui est bon Orateur ne puisse faire usage de son eloquence. L'occasion s'en presente assez souvent. Comme il est obligé de rapporter ce qui a été dit, aussi-bien que ce qui a été fait, il y a des Harangues à faire dans l'Histoire, où les figures sont necessaires pour peindre la passion de ceux qu'on fait parler.

CHAPITRE XV.

Quel doit étre le stile Dogmatique.

LE zele que l'on a pour la défense d'une verité contestée cause dans l'ame des mouvemens qui font qu'elle se tourne de tous côtez, qu'elle cherche par tout des armes, & qu'elle employe toutes les forces de l'éloquence pour triompher de ses adversaires ; mais dans les matieres Dogmatiques, où l'on a pour Auditeurs des personnes dociles qui reçoivent ce que l'on dit cõme ils recevroient des Oracles, on n'a point ces sujets de zele & de chaleur, particulierement dans les traitez de Geometrie ; car les veritez qu'on y démontre étant évidentes, elles n'empruntent point leur clarté des lumieres de l'éloquence, il ne faut que les proposer. Ce n'est pas comme dãs les procez où la verité est fâcheuſe aux uns,& avantageuſe aux autres , & où étant reconnuë,elle enrichit l'un,& appauvrit l'autre qui eſt celuy qui prend intereſt à conteſter ou à défendre une propoſitiō de Geometrie.Les Geometres démontrent que les trois angles d'un triangle ſont égaux à deux angles droits:Que cela ſoit vray ou faux,cela ne fait ny bien ny mal à perſonne,l'on ne s'y oppoſe point. C'eſt pourquoy le ſtile d'un Geometre doit étre ſimple , ſec & dépoüillé de tous les mouvemens que la paſſion inſpire à l'Orateur. Outre que plus une verité eſt claire & conçûë avec évidence,on eſt plus déterminé à l'exprimer d'une même façon,& en peu de paroles.

En traitant la Phyſique,& la Morale , on peut prendre une maniere d'écrire moins ſeche que ce ſtile des Geometres. Un homme qui s'applique avec contention à reſoudre un problême de Geometrie,à trouver une équation d'Algebre,eſt chagrin & auſtere ; il ne peut ſouffrir ces paroles qui ne ſont placées dans le diſcours que pour l'ornement.Mais la phyſique & la Morale ne ſont pas des matieres ſi épineuſes,qu'elles rendent de mauvaiſe humeur les Lecteurs. Il n'eſt donc pas neceſſaire que le ſtile de ces ſciences ſoit ſi ſevere.

Les veritez qui ſe démontrent dans les ſciences profanes ſont ſteriles & peu importantes:Les paſſions ne ſont juſtes & raiſonnables,que lorsqu'elles portent l'ame & la pouſſe à chercher un bien ſolide & à fuïr un mal veritable;c'eſt donc une choſe aſſez ridicule de ſe paſſionner pour ſoûtenir ces veritez qui ne font ny biē ny mal,d'en parler avec des emportemens,des tranſports,& des figures que le bon ſens veut qu'on reſerve à d'autres occaſions.Je ne puis ſouffrir ceux qui ſe paſſionnent pour défēdre la reputatiō d'Ariſtote,&qui diſent des injures à ceux qui n'estiment pas assez Ciceron, qui font des exclamations & des figures contre ceux qui se trompent en parlant des habits des Grecs & des Latins. Mais aussi je ne puis dissimuler que c'est avec peine que je lis les ouvrages de ces Theologiens qui parlent avec autant de froideur & de secheresse des principales veritez de nôtre Religion, que si elles n'étoient importantes à personne. C'est une espece d'irreligion que d'envisager les choses de Dieu, sans des mouvemens d'amour, de respect & de veneration, qui se fassent paroître au dehors. On ne peut assister aux saints Mysteres dans une posture negligeante, sans quelque espece de peché. Ceux qui se mélent de parler de Theologie, qui veulent instruire, doivent imiter le Maistre des maistres Jesus-Christ : il éclairoit l'esprit, & touchoit la volonté ; il embrasoit le cœur de ses Disciples en même temps qu'il les enseignoit ; & c'étoit à ce feu Divin qu'il allumoit dans leurs esprits, que ses Disciples le reconnoissoient. *Nonne cor erat ardens in nobis dum nobiscum loqueretur in via?* Avec quelle froideur les plus devots lisent-ils les écrits de la plus grande partie des Scholastiques? On n'y trouve rien qui réponde à la majesté des choses qu'ils traitent. Leurs expressions sont rempantes, leur stile languissant, & sans mouvement. L'Ecriture Sainte est majestueuse: Les écrits des Peres portent les traits de l'amour dont ils bruloient pour les saintes veritez qu'ils enseignent: Lors que le cœur est plein de feu, les paroles qui en sont ardentes.

CHAPITRE XVI.

Quel doit être le ſtile des Poëtes.

ON donne toute liberté aux Poëtes, ils ne s'aſſujettiſſent point aux loix de l'uſage commũ, & ils ſe font un nouveau langage. Il eſt facile de juſtifier cette liberté. Les Poëtes veulent plaire, & ſurprendre par des choſes grandes, merveilleuſes, extraordinaires : Ils ne peuvent arriver à ce but qu'ils ſe propoſent, s'ils ne ſoûtiennent la grandeur des choſes par la grandeur des paroles. Tout ce qu'ils diſent étant extraordinaire, les expreſſions qui doivent égaler la dignité de la matiere, doivẽt être extraordinaires, & éloignées des expreſſions communes; Les Hyperboles & les Metaphores ſont abſolument neceſſaires dans la poëſie, l'uſage ne fourniſſant point de termes aſſez forts. Le tour du diſcours poëtique doit être auſſi figuré pour la méme raiſon; car la dignité de la matiere rempliſſant l'ame du Poëte de transports, d'eſtime, & d'admiration, le cours de ſes paroles ne peut être égal; il eſt neceſſairement interrõpu par les flots de ces grands mouvemens dont ſon eſprit eſt agité. Auſſi lors que le ſujet de ſes Vers n'a rien qui puiſſe cauſer ces fougues & ces tranſports, cõme dãs les Comedies, dans les Eclogues, & dans quelques autres eſpeces de Vers dont la matiere eſt baſſe, ſon ſtile doit être ſimple & ſans figures. C'eſt la qualité des choſes qui ſont grandes & rares, qui excuſe & autoriſe la maniere de parler des Poëtes ; car ſi ces choſes ſont cõmunes, il ne leur eſt pas plus permis qu'à un Hiſtorien de s'éloigner de l'uſage commũ.

On n'aime pas ordinairement les veritez abstraites qui ne s'apperçoivent que par les yeux de l'esprit. Nous sommes tellement accoûtumez à ne concevoir que par les sens, que nous sommes incapables de faire usage de nôtre pur esprit, & comprendre un raisonnement, s'il n'est étably sur quelque experience sensible : de là vient que les expressions abstraites sont des Enigmes à la pluspart des gens; & que celles-là plaisent qui sont sensibles, & qui forment dans l'imagination une peinture de la chose qu'on leur veut faire concevoir. C'est pourquoy les Poëtes dont le but principal est de plaire, n'employent que ces dernieres expressions: Et c'est pour cette méme raison que les Metaphores qui rendent toutes choses sensibles, comme nous avons vû, sont si frequentes dans leur stile.

Ce desir de frapper vivement les sens, & de se faire entendre sans peine, a porté les anciens Poëtes à user si souvent de fictions, & à faire prendre à chaque chose un corps, une ame, un visage, comme le dit eloquemment un Poëte de ce temps.

Ce n'est plus la vapeur qui produit le tonnerre,
C'est Iupiter armé pour effrayer la terre:
Vn orage terrible aux yeux des matelots,
C'est Neptune en courroux qui gourmãde les flots.

Quand un Poëte dit que Bellone Déesse de la guerre porte la terreur & l'épouvante dans toute une armée, que le Dieu de Mars anime l'ardeur des soldats ; ces manieres de dire les choses font bien une autre impression sur les sens que celles-cy, dont on se sert dans l'usage ordinaire. *Toute l'armée fut épouvantée : Les soldats étoient animez au combat.* Chaque vertu, chaque passion est une divinité dans la Poësie. Minerve est la prudence, la crainte, la colere, l'envie sont des furies. Ces noms quand on n'en considere que les idées que l'usage y a jointes, ne font pas grande impression. Mais on ne peut se representer la Déesse de la colere avec ses yeux pleins de fureur, ses mains teintes de sang, ces flâmes qui sortent de sa bouche, ses serpents, ses torches allumées, sans fremir & sans s'effrayer. Dans les Poësies saintes, & dans celles qui se chantoient devant le Sanctuaire, les Prophetes se servent de manieres de parler à peu prés semblables pour se rendre intelligibles à la populace. David fait concevoir comme Dieu l'avoit secouru & protegé contre ses ennemis du stile qui est aussi vif & aussi hardy que celuy des Poëtes profanes dont nous venons de parler. Il represente Dieu qui descend du Ciel, & vient combattre pour sa défense.

En cette extremité derniere
J'invoquay le Seigneur, j'eu recours à mō Dieu;
Et voilà que de son haut lieu
Il entendit ma voix, il oüit ma priere.

Pour moy ses forces il assemble,
Ces hauts monts dont l'orgueil s'éleve jusqu'aux Cieux
Agitent leurs fronts glorieux,
Et jusqu'au fondement toute la terre temble.

De courroux son visage fum
De ses yeux irritez sort un feu dévorant
Qui court comme un affreux torrent,
Et tout ce qu'il rencontre aussi tôt il l'allume.

Les Cieux pour le laisser descendre
Abaissant par respect leurs grands cercles voutez
Et sous ses pas de tous côtez
Les nüages épais commencent de s'étendre.

Les Cherubins qui de sa gloire
Sont avec tant d'ardeur les ministres sçavans,
Tirent sur les ailes des vents,
Son char, où sa puissance attache la victoire.

Il cache sa Majesté sainte
Sous un noir pavillon fait de sombre broüillards
Qui comme des fermes remparts,
Font au tour de son trône une effroyable enceinte.

La Prose endort, la Poësie réveille : Les narrations que font les Poëtes sont interrompuës par des exclamations, par des apostrophes, par des digressions, & par mille autres figures qui entretiennent l'attention. Ils ne regardent jamais les choses que par les endroits capables de charmer : Ils n'en apperçoivent que la grandeur, & que la rareté: Ils ne considerent rien de tout ce qui pourroit refroidir la chaleur de leur admiration: Ce qui fait qu'ils sortent pour ainsi dire d'eux-mêmes, & que se laissant aller au feu de leur imagination, ils deviennent semblables à une Sibille qui étant pleine d'un esprit extraordinaire ne parloit plus le langage ordinaire des hommes.

Sed pectus anhelat,
Et rabie fera corda tument; majorque videri,
Nec montale sonans, afflata est numine quando
Iam propiore Dei. ——— ———

CHAPITRE XVII.

Des ornemens naturels.

L ſemble que nous n'avons travaillé juſqu'à preſent qu'à rendre ſolide l'ouvrage que nous avons ntreptis, & que nous n'avons point penſé à ſon mbeliſſement; c'eſt à dire que nous n'avons point arlé des ornemens du diſcours. On ſe trompe; car a beauté, ainſi que l'a dit un Ancien, n'eſt autre hoſe que la fleur de la ſanté. Les fleurs ſon un ef-et & une marque du bon état de la plante qui les produites. Les ornemens du diſcours naiſſent pa-eillement de la ſanté; c'eſt à dire de la juſteſſe avec aquelle il a été compoſé. Ainſi il ne faut point 'autres regles pour parler avec ornemens, que cel-es que nous avons données pour parler juſte.

La même choſe reçoit differens noms ſelon les ifferentes faces par leſquelles on la regarde. Quād n conſidere la beauté en elle-même, c'eſt la fleur e la ſanté; mais quand on la conſidere par rap-ort à ceux qui jugent de cette beauté, on peut ire que la veritable beauté eſt ce qui plait aux onnêtes gens, qui ſont ceux qui jugent raiſonna-lement des choſes. Il n'eſt pas difficile de déter-niner ce qui plait, & en quoy conſiſte ce que l'on ppelle, *un je ne ſçay quoy*, que l'on ſent dans la ecture des bons Auteurs; car ſi on refléchit un eu ſur ce ſentiment, on trouvera que le plaiſir que 'on prend dans un diſcours bien-fait n'eſt cauſé que par cette reſſemblance, qui ſe trouve entre image que les paroles forment dans l'eſprit, & les hoſes dōt elles font la peinture. De ſorte que c'eſt la verité qui plaît; car la verité d'un discours n'est autre chose que la conformité des paroles qui le cõposent avec les choses. Ainsi lors que cette conformité est extraordinairemẽt parfaite, le discours l'est extraordinairement ; & c'est pour lors qu'il merite d'étre nommé sublime. Car c'est l'idée que nous donne Longin dans le traité qu'il a composé du sublime, comme il paroît par l'exemple qu'il en propose. Cét exemple est tiré du commencement de la Genese, où Moïse en rapportant comment la lumiere fut creée, il parle de cette maniere. *Dieu dit que la lumiere se fasse, & la lumiere se fit.* La grandeur de cette expression consiste sans doute dans le rapport qu'il y a entre ces paroles & la chose signifiée; c'est à dire dans la verité de cette expression, qui donne une haute idée de la souveraine puissance de Dieu, qui est ce que Moïse vouloit faire concevoir.

Outre cette beauté qui consiste dans la verité, ainsi que nous venons de le dire, il y en a une autre qui vient de l'harmonie. Le discours est un instrument qui est fait pour signifier ce que l'on pense : cét instrument plaît quand il rend le service que l'on en attend, & qu'il le fait d'une maniere facile. Nous avons fait voir ailleurs qu'un discours qui se prononce facilement donne du plaisir. Il n'est pas necessaire de repeter icy ce que nous avons dit de cette idée que nous venons de donner des ornemens, il s'ensuit qu'il n'y a rien de veritablement beau dans un discours, que ce qui est utile, soit pour la clarté des expressions, soit pour la facilité de la prononciation, il est constant que dans les ouvrages de la nature tout ce qui est beau est accompagné d'une grande utilité. Par exemple dans un fruitier la disposition des arbres qui sont lantez à la ligne, & en échiquier est agreable & utile; car elle fait que la terre communique également son suc à tous ces arbres. *Arbores in ordinem certaque intervalla redacta placent; quincunce nihil speciosius est, sed id quoque prodest, ut succum terra aqualiter trahant.* Dans un bâtiment les colonnes qui en font le principal ornement y sont si necessaires, & leur beauté est si étroitement liée avec la solidité de tout l'édifice qu'on ne peut les renverser sans le ruïner entierement.

Cependant nous sommes obligez de reconnoître qu'outre cette beauté naturelle, il y a de certains ornemens que nous pouvons appeller artificiels, en les comparant à ceux dont les personnes bien faites accompagnent les graces naturelles de leur visage. Il faut avoüer que dans les ouvrages des Ecrivains les plus judicieux, on trouve de certaines choses qu'on pourroit retrancher sans faire tort au sens de leurs discours, sans en troubler la clarté, sans en diminuër la force. Elles n'y sont placées que pour l'embellissement; & elles n'ont point d'autre utilité que celle d'arrêter l'esprit du Lecteur par le plaisir qu'il reçoit de sa lecture, & de faire qu'il s'applique plus volontiers. Souvent aprés avoir dit tout ce qui est necessaire, on ajoûte quelque chose d'agreable; Aprés que les mots, & les expressions sont assez bien arrangées, & qu'elles se peuvent prononcer commodement, on fait davantage, on les mesure, & on leur donne une cadence agreable aux oreilles. La nature se jouë quelquefois dans ses ouvrages, toutes les plantes ne portent pas des fruits, quelques-unes n'ont que des fleurs.

CHAPITRE XVIII.

Des ornemens artificiels.

LEs ornemens artificiels consistent dans les Tropes, dans les figures, dans un arrangement harmonieux des paroles qui composent le discours, dans des pensées spirituelles conçûës en des termes rares, dans des allusions & des applicatiōs ingenieuses de passages de quelqu'Auteur fameux, il faut aller jusqu'à la source du plaisir qui donne ces ornemens. L'homme étant fait pour la grandeur, tout ce qui en porte les marques donne du plaisir. Ainsi la fecondité, la richesse des expressions, les grandes periodes, les grands mots, les figures hardies, les pensées relevées sont agreables. De cette inclination que nous avons pour la grandeur vient cét amour que nous avons pour tout ce qui est rare, & extraordinaire. La capacité de nôtre cœur est infinie, il n'y a que Dieu qui la puisse remplir. Ainsi toutes les choses communes, & que nous avons mesurées, pour ainsi dire avec cette capacité nous paroissent petites, & par consequent nous dégoûtent ; mais comme nous n'avons point encore trouvé les bornes des choses extraordinaires, elles nous plaisent. Il semble que tout ce qui se presente à nous d'extraordinaire, est ce qui nous va satisfaire. C'est pour cette raison que les Metaphores, les Figures qui sont des manieres de parler extraordinaires sont agreables, & generalement toutes les expressions qui ne sont pas communes.

Nous avons aussi naturellement de l'estime, & de l'amour pour ce qui est fait avec esprit, & ce qui marque quelque rare perfection. Ainsi quand un Auteur dit sur un sujet quelque chose qui ne vient pas dans la pensée de tout le monde, quand il se sert adroitement d'un passage de quelqu'Auteur qu'il l'applique bien, qu'il fait quelqu'allusion spirituelle, qu'il trouve un moyen fin de s'exprimer en un mot, il plaît, parce que ce sont là des marques de son esprit qui brille dans son ouvrage. Aussi toutes ces choses sont ce qu'on appelle *Orationis lumina*, les brillans du discours. De là vient encore que les imitations ingenieuses sont souvent aussi agreables que la verité même. Ne prend-on pas autant de plaisir à entendre un homme qui imite fort bien la voix d'un rossignol, que le rossignol même. Quand donc un Orateur se sert de quelqu'expression qui n'est pas naturelle, mais qui neanmoins fait concevoir les choses, cette imitation est agreable, l'adresse avec laquelle il s'est pû servir d'une telle expression qui n'étoit pas faite pour cet usage plaît.

Les allusions sont agreables pour cette raison; mais ce n'est pas la seule beauté de l'esprit de l'Auteur, qui charme dans ces occasions; un Lecteur spirituel prend part à la gloire de cet Auteur, parce qu'il remarque qu'il a luy-méme de l'esprit, puisqu'il a pû appercevoir sa pensée au travers du voile de l'allusion dont elle étoit couverte.

Les emblêmes doivent étre mises dans le rang de ces expressions ingenieuses qui font cõcevoir d'une maniere courte & rare ce que veut dire celui qui les propose, lequel plaît aussi; parce qu'il se sert adroitemẽt de quelque peinture sensible pour rendre palpables les pensées les plus spirituelles, cõme dans cet embléme, qu'un homme de qualité qui s'étoit donné autrefois à un Prince, & étoit toûjours demeuré attaché à sa personne, aprés même qu'il fut tombé dans une grande disgrace, prit pour sa devise : C'étoit un lierre qui embrassoit le tronc d'un chesne, & qui demeuroit enlassé aprés que le chesne avoit été renversé par terre avec ces mots : *Haretque cadenti*, il ne le quitte point dans sa chûte même. Nous avons dit ailleurs que les hommes ne conçoivent qu'avec une application penible les choses spirituelles, & que les expressions sensibles, qui leur épargnent cette peine leur sont agreables : c'est pourquoy les Metaphores qui sont prises des choses sensibles sont mieux reçeuës, & quelquefois sont plus claires que les expressions ordinaires.

Enfin un discours figuré, & qui porte les caracteres d'un esprit animé, doit causer un plaisir secret; car comme nous avons vû, la nature a mis les passions dans le cœur de l'hõme, comme des armes dont il se peut servir pour repousser le mal, & acquerir ce qui luy est avantageux. Ainsi le mouvement de ces passiõs qui sont si utiles pour sa conservation est toûjours accõpagné de quelque plaisir secret. Une trop grande tranquillité de l'ame donne de l'ennuy. On aime à ressentir quelques petites émotions, quand on ne craint point d'ailleurs aucune fâcheuse suite. Or selon ce que nous avons vû, les passions dont les figures sont les caracteres, s'impriment dans l'esprit des Lecteurs, ce qui leur est agreable. On ne lit jamais les Vers suivans, sans ressentir des mouvemens de tendresse & de douceur. Virgile fait dans ces Vers la peinture de Nisus, lors qu'épouvanté du peril de son amy Euriale, contre lequel Volcens s'avançoit l'épée à la main pour venger la mort de Tagus, il se declare Auteur de cette action, & se presente pour recevoir

cevoir le coup dont Volcens alloit frapper son amy Euriale.

Me me, adsum qui feci, in me convertite ferrum
O Rutuli: mea fraus omnis, nihil iste nec ausus,
Nec potuit : cœlum hoc & conscia sydera testor,
Tantùm infelicem nimium dilexit amicum.

Pour ce qui regarde le plaisir que donnent les jeux de mots, les cadences harmonieuses, nous en avons fait voir les causes dans le troisiéme Livre.

CHAPITRE XIX.

Des faux ornemens.

L'On trouve peu de personnes qui examinent avec jugement les choses qui se presentent. On se laisse surprendre par les apparences. Ainsi parce que les grandes choses sont rares & extraordinaires; les hommes se forment une telle idée de la grandeur, que tout ce qui a un air extraordinaire leur paroit grand. Ils n'estiment ensuite que ce qui n'est pas cõmun; ils méprisent les manieres de parler naturelles, parce qu'elles ne sont pas extraordinaires. Ils aiment les grãds mots, les phrases enflées, *sesquipedalia verba & ampullas*. Pour les éblouir il faut seulement revêtir d'un habit étranger & magnifique ce qu'on leur propose. Ils ne rechercherõt pas si sous cet habit extraordinaire il y a quelque chose de caché, qui soit effectivement grand & extraordinaire. Ce qui fait remarquer encore plus sẽsiblement leur sottise, c'est qu'ils admirent ce qu'ils n'entendent pas, *mirantur quæ non intelligunt* ;

parce que l'obscurité a quelque apparence de grandeur, les choses sublimes & relevées étant ordinairement obscures & difficiles.

Les hommes ayant donc une si fausse idée de la grandeur, il ne faut pas s'étonner si les ornemens dont ils chargent leurs ouvrages sont faux & en si grand nombre; car enfin, comme nous avons dit ailleurs, ils ne veulent rien dire que de grand : Or leur ambition les porte plus loin qu'ils ne peuvent aller, ainsi ils tombent en voulant s'élever, & crevent en voulant s'enfler. La fecondité est une marque de grandeur; l'ardeur qu'ils ont de paroître feconds fait qu'ils étouffent leurs pensées par une trop grande abondance de paroles. Quand quelque chose leur plaît, ils s'y arrêtent, ils la repetent : *Nesciunt quod bene cessit relinquere* : Ils sont comme ces jeunes chiens qui ne peuvent quitter leur proye, qui s'en joüent long-temps. Il faut donner à chaque chose son étenduë naturelle. Une statuë dont les parties ne sont pas proportionnées, qui a des grandes jambes & de petits bras, un petit corps & une grosse teste est monstrueuse. Le plus grand secret de l'éloquence est de tenir les esprits attentifs, & d'empêcher qu'ils ne perdent de veuë le but où il faut les conduire. Or quand on s'arrête trop long-temps à de certaines parties, le Lecteur en est si occupé qu'il ne se souvient plus du sujet principal. La fecondité n'est donc pas toûjours bonne. Les replетions, & le jeûne causent des maladies.

Entre les sçavans on estime ceux qui ont plus de lecture ; la difficulté des sciences en releve le prix; on a de l'estime pour ceux qui sçavent l'Arabe, & le Persan : on n'examine pas si par le moyen de ces langues on acquiert quelque rare connoissance qui ne se puisse trouver dans nos Auteurs : Il suffit que ceux qui ont chargé leur memoire de ces langues, sçachent ce qu'il est difficile de sçavoir, & ce qui est sceu d'un tres petit nombre de personnes. L'ambition qu'on a de paroître sçavant, & de faire remarquer son erudition fait qu'en parlant ou en écrivant on allegue continuellement les Auteurs, quoy que leur autorité ne soit necessaire que pour faire sçavoir qu'on les a leus, & pour passer pour docte, comme saint Augustin le reproche à Julien : *Quis hac audiat , & non ipso nominum sectarumque conglobatarum strepitu terreatur, si est ineruditus qualis est hominum multitudo, & existimet te aliquem magnum qui hac scire potueris ?* On entasse du Grec sur le Latin, de l'Hebreu sur de l'Arabe. Une sottise lorsqu'elle est dite en Grec est souvent bien receuë un mot Italien dans un discours, quelque application qu'on en fasse, fait passer son Auteur pour galand & poli. Si cette coûtume n'étoit point ordinaire, nous serions aussi étonnez de cette maniere bizare de parler, que d'entendre un phrenetique. Ce défaut gâte un stile, & empêche qu'il ne soit net & coulant. Si c'est pour donner du poids à ses paroles qu'on allegue les Auteurs, on ne le doit faire que dans la necessité d'appuyer ce que l'on avance de l'autorité d'un Auteur de reputation. Qu'est-il besoin d'alleguer Euclide pour prouver que le tout est égal à ses parties: de citer les Philosophes pour persuader le monde qu'il fait froid l'hyver. Je ne blâme pas toutes les citations : au contraire, je les approuve, lorsque les paroles sont belles, & qu'il est à propos de réveiller l'esprit du Lecteur par quelque diversité; le seul excés en est blâmable. Ceux qui ont beaucoup de lecture doivent imiter les Abeilles qui digerent ce qu'elles ont recüilly sur les fleurs, & en font une seule liqueur. La nature aime la simplicité, c'est une marque de quelque fâcheuse maladie que d'avoir la peau marquée de taches de differentes couleurs.

Les sentences trop frequentes troublent aussi l'uniformité du stile. Par sentence on entend ces pensées relevées qu'on exprime d'une maniere concise, ce qui leur fait donner le nom de pointes. Je ne parle point de ces sentences pueriles & fausses, qui ne contiennent rien d'extraordinaire & de particulier qu'un tour forcé, & qui n'est point naturel. Les plus belles, si elles sont placées trop prés-à-prés s'étouffent, & rendent le stile raboteux; & comme elles sont détachées du reste du discours, on peut dire que le stile qui est chargé de ces pointes est herissé d'épines. Ces pensées détachées sont comme des pieces cousuës & rapportées qui étant d'une couleur differente du reste de l'étoffe font une bizarrerie ridicule, ce qu'il faut éviter avec grand soin, *Curandum est ne sententiæ emineant extra corpus orationis expressa, sed intexto vestibus colore niteant.* On aime à parsemer ses ouvrages de sentences; parce qu'elles font honneur à l'esprit de l'Auteur: *Faciė ingenii blandiuntur.*

CHAPITRE XX.

Regles que l'on doit suivre dans la distribution des ornemens artificiels.

L'On ne peut pas condamner absolument les ornemens artificiels, qui ne sont inserez dans les ouvrages que pour divertir & délaſſer les Lecteurs comme nous avons dit cy-deſſus. Ils ont leurs prix; mais c'eſt le bon uſage qu'on en fait qui le leur dõne. Les regles ſuivantes ne feront pas inutiles pour bien uſer de toutes ces richeſſes du langage, & pour les ménager avec prudence. La premiere regle que l'on doit ſuivre dans la diſtribution des ornemens artificiels, eſt de les appliquer en temps & lieu. Les jeux ſont importuns quand on eſt accablé d'affaires. Quand une matiere eſt difficile, & que la difficulté rend le Lecteur chagrin, il faut éviter tous les jeux de paroles qui ne feroient qu'augmenter ſon travail, le détournant de ſon application ſerieuſe. Si on ne cherche que l'utilité, l'agreable déplaît. Il y a des matieres qui ne ſouffrent aucun ornement, telles que ſont celles qu'on appelle dogmatiques.

Ornari res ipſa negat, contenta doceri.

Lorſque la matiere du diſcours eſt ſimple, tout doit étre ſimple : Les habits chargez de pierreries, & extraordinairement ornez ne ſe portent que dans quelque grande Fête, & dans quelque ceremonie extraordinaire. Il faut proportionner les paroles aux choſes, comme nous avons dit en tant d'édroits, & avoir toûjours égard à la bien-ſeance. C'eſt pourquoy, comme remarque S. Auguſtin, il faut prendre garde lorſque l'on traite quelque matiere ſerieuſe, comme ſont celles qui regardent la Religion, de ne pas donner un agrément humain à ſes paroles, & une cadence qui leur faſſe perdre beaucoup de ce poids, & de cette gravité qui les doit rendre venerables. *Cavendum ne divinis gravibuſque ſententiis dum additur numerus, pondus detrahatur.*

La seconde regle prescrit que les ornemens soient raisonnables,& que les regles de l'Art soient exactement gardées. Vous trouvez de petits Esprits qui ne se mettent pas en peine de dire une impertinence,& d'avancer une chose fausse, pourveu que ce qu'ils disent ait l'air d'une sentence;de parler sans jugement,pourveu qu'ils fassent entrer une metaphore,& une figure dans leur discours. Ils ne font pas de reflexion si ce qu'ils disent est pour ou contre eux:s'ils peuvent faire une Antithese , une repetition, une cadence qui flate les sens , n'importe qu'ils blessent la raison; ils sont satisfaits de leur esprit. On doit étre convaincu qu'il n'y a rien de beau qui ne soit raisonnable : & si on estime quelquefois ces faux ornemens,c'est qu'on se laisse ébloüir par leur faux brillants, & étourdir par un certain bruit qui ne signifie rien ; ou pour découvrir franchement ce que je pense , c'est qu'on a l'esprit petit. Une ame élevée aime & cherche dans le discours la verité , & non pas des paroles. * *Bonorum ingeniorum insignis est indoles, in verbis verum amare non verba.* Je ne puis estimer un discours dont le son flatte les oreilles, lorsque les choses choquent le bon sans : † *Nullo modo mihi sonat disertè,quod dicitur ineptè.*

La troisiéme regle que l'on doit garder dans ces ornemens artificiels, est de penser premierement à ce qui est utile,de choisir des termes , & des expressions capables d'imprimer dans l'ame de ceux à qui s'adresse le discours,les pensées, & les mouvemens que l'on souhaite leur donner. Aprés si la bien-seance le permet , on peut travailler à rendre agreable ce qu'on a dit utilement. Un sage Architecte songe premierement à élever les murailles, & à faire soûtenir la fête de l'édifice par de for-

* *S. Aug.* † *S. Aug.*

tes colonnes. S'il veut rendre son ouvrage agreable à la vûë, il orne ces colonnes de canelures; il enrichit la Frise, de Roses, de Metropes, de Trigliphes, & des autres embellissemens que luy fournit son art. Mais remarquez que tous ces ornemens qui pourroient étre retranchez ne sont placez qu'apres qu'on a travaillé à la solidité de l'edifice.

La derniere regle demande qu'on garde quelque moderation dans ces ornemens: ils ne doivent pas étre trop frequens. Les grandes douceurs sont fades: *Omnis voluptas habet finitimum fastidium.* Il n'y a rien de plus beau que les yeux; mais si dans un visage, il y en avoit plus de deux, au lieu de plaire il feroit peur. La confusion des ornemens empêche qu'un discours ne soit net: & ce que je vous prie de remarquer comme un des plus importans avis que j'aye donné dans ce traité, c'est que l'excés des ornemens fait que l'esprit des Auditeurs qui en est entierement occupé ne s'applique point aux choses. Cela arrive assez souvent dans les Panegyriques, dans lesquels les Orateurs prodiguent leur éloquence, & jettent à pleines mains toutes les fleurs de l'art. L'Auditeur se retire plein d'admiration pour celuy qui a parlé; mais à peine pense-t-il à celuy dont on a fait le Panegyrique. On doit toûjours dans chaque chose rechercher sa fin. Quand on veut arriver où l'on s'est proposé d'aller, on choisit un beau chemin; mais qui y conduise. Lorsque les feüilles couvrent les fruits, & les empêchent de meurir, on les ôte sans avoir égard qu'on dépoüille l'arbre de ses ornemens.

C'est pour cette raison que le Saint Esprit, qui conduisoit la plume des Ecrivains sacrez, n'a pas permis qu'ils employassent cette éloquence pompeuse des Orateurs profanes qui arrête les yeux, & fait que l'on ne considere que les superbes paroles dont les choses sont revêtuës. Les saintes Ecritures ne nous ont pas été données pour entretenir nôtre vanité, mais pour remplir le vuide de nôtre ame. Ceux qui ne recherchent dans les Livres qu'un divertissement sterile, les méprisent ; mais ceux qui aiment les choses, trouvent dequoy se remplir dans ces Livres divins. Un seul Pseaume de David vaut mieux que toutes les Odes de Pindare, d'Anacreon, & d'Horace: Demosthene, & Ciceron ne meritent pas d'être comparez à Isaïe: Tous les Livres de Platon, & d'Aristote n'égalent pas un seul Chapitre de S. Paul. Car enfin les paroles ne sont que des sons: on ne doit pas preferer le plaisir que peut donner l'harmonie de ces sons à celuy de la connoissance solide de la verité. Pour moy je n'estime l'Art de parler, que parce qu'il contribuë à la faire connoître, qu'il la tire pour ainsi dire du fond de l'esprit où elle étoit cachée, qu'il la développe, qu'il l'expose aux yeux. C'est ce qui m'a porté à travailler avec soin à cet Art qui m'a paru pour cette raison si utile & si necessaire.

DISCOURS

DISCOURS DANS LEQUEL ON DONNE UNE IDÉE de l'Art de Persuader.

CHAPITRE PREMIER.

I.

Quelles sont les parties de l'Art de Persuader.

QUoy que les Maîtres de Rhetorique comprennent sous un même nom, l'Art de Parler, & l'Art de Persuader, entendans par les mots de Rhetorique l'un & l'autre; l'on ne peut contester neanmoins qu'il ait entr'eux une difference tres-considerable. ous ceux qui parlent bien, ne sçavent pas le secret gagner les cœurs, & d'attirer à leurs sentimens ux qui en sont éloignez, ce qu'on nôme Persuader. C'eſt pourquoy étant obligé de traiter de ces deux Arts, j'ay crû que je le devrois faire ſeparément. Je ne pretens donner ici qu'une idée de l'Art de Perſuader, ne pouvant pas le traiter dans toute ſon étenduë, parce qu'il emprunte ſes armes de pluſieurs autres Arts, dont il ne peut étre détaché, comme je le feray voir dans la ſuite de ce diſcours.

Pour perſuader, il faut trouver les moyens de faire tomber dans ſon ſentiment ceux qui ſont dãs un ſentiment contraire. On doit mettre en ordre ce que l'on a trouvé; & aprés avoir diſpoſé en ſon eſprit toutes ces choſes, il faut employer les paroles propres pour communiquer les penſées que l'on a euës. Il faut apprendre par memoire ce que l'on a écrit pour le prononcer enſuite. Ainſi l'Art de perſuader a cinq parties. La premiere eſt l'invention des moyens propres pour perſuader; la ſeconde la diſpoſition de ces moyens; la troiſiéme l'élocutiõ, la quatriéme la memoire: la cinquiéme la prononciation. Si on conteſte une verité de bonne foy, ſi ce n'eſt point l'intereſt, ny la mauvaiſe humeur, ny la paſſion qui aveuglent, & qui empêchent qu'on ne ſe rende; il n'eſt beſoin que de bonnes preuves qui levent toutes les difficultez, & qui diſſipent par leur clarté les obſcuritez qui cachoient la verité. Mais lorſqu'on a affaire à des gens qui ne l'aiment pas, qu'il s'agit de leur perſuader une choſe qui choque leur inclination, & dont quelque paſſiõ les éloigne, la raiſon ſeule ne ſuffit pas: l'adreſſe eſt neceſſaire. Dans cette occaſion il faut faire deux choſes: Premierement, il faut étudier leur humeur & leur inclination, pour les gagner. En ſecond lieu, puiſque chacun juge ſelon ſa paſſion, qu'un amy a toûjours raiſon, qu'un ennemi eſt toûjours coupable, il faut leur inspirer des mouvemens qui les fassent tourner de nôtre côté. Ainsi les Maîtres de l'Art reconnoissent trois moyens de persuader, les argumens ou les preuves; les mœurs, & les passions. Ils enseignent que pour persuader il faut trouver de preuves, il faut parler conformément à l'inclination de ceux que l'on veut gagner, il faut exciter les passions dans leur esprit qui puissent les faire pancher du côté où l'on veut les conduire.

II.

De l'Invention des Preuves.

LA clarté est le caractere de la verité, l'on ne peut douter d'une verité claire; & lors que son évidence est dans le dernier degré, les plus opiniâtres sont obligez de quitter les armes, & de s'y soûmettre. Personne n'osera jamais nier que le tout ne soit plus grand que sa partie: que les parties prises ensemble n'égalent leur tout. Quelquesfois on détourne la vûë pour ne pas appercevoir des veritez claires qui blessent: Mais enfin lorsque leur éclat malgré toutes nos fuites vient à frapper nos yeux, il faut se rendre, & la langue ne peut démentir l'esprit. Pour persuader ceux qui nous contestent quelque proposition, parce qu'elle leur sẽble douteuse & obscure, il faut se servir d'une ou de plusieurs propositions qui ne souffrent aucune difficulté, & leur faire voir que cette proposition contestée est la même que celles qui sont incontestables. Les Juges de Rome doutoient si Milon avoit commis un crime en tuant Claudius: Ils ne doutoient point qu'il ne fût permis de repousser la force par la force. Ciceron voulant donc prouver l'innocence de l'accusé, il leur fit voir que ces deux propositions ; on peut tuër celui qui nous veut ôter la vie; Milon a pû tuër Claudius, qui luy vouloit ôter la vie, dont l'une est claire, l'autre est obscure; l'une contestée, l'autre receuë, ne signifient que la méme chose; & que par consequent l'une étant incontestable, l'autre le doit aussi étre. C'est à la premiere partie de la Philosophie, qu'on appelle *Logique*, à donner les regles du raisonnement. c'est pourquoy vous pouvez commencer à reconnoître dés l'entrée de ce discours, que c'est avec raison que nous avons dit, que pour traiter l'Art de Persuader dans toute son étenduë, il faudroit embrasser plusieurs autres Arts, ce qui ne se pourroit faire sans confusion.

La matiere de l'Art de Persuader n'est point limitée: Cét Art se fait paroître dans les chaires de nos Eglises, dans le Barreau, dans toutes les negociations, dans les conversations ; en un mot le but que nous avons dans le commerce de la vie est de persuader ceux avec qui nous traitons, & de les faire tomber dans nos sentimens. Pour étre donc parfait Orateur, & parler utilement sur toutes les matieres qui se presentent, comme les Rheteurs pretendent que leurs disciples le peuvent faire, il faudroit posseder toutes les cõnoissances & n'ignorer rien; car enfin un homme n'est capable de raisõner que lorsqu'il cõnoît à fond le sujet sur lequel il parle, lorsqu'il a l'esprit plein de veritez constantes, de maximes indubitables dont on peut tirer des consequences propres à decider la question agitée. Par exẽple un Theologien raisonne bien & persuade, lorsque d'abord qu'on s'oppose à son sentiment il tire en méme-temps des saintes Ecritures, des Peres, des Conciles, & de la Tradition, les témoignages propres pour faire voir que son sentiment a toûjours esté celuy de l'Eglise.

III.

Des lieux Communs.

ON ne se remplit l'esprit de veritez certaines sur les matieres qu'on est obligé de traiter, que par des serieuses meditations, & par de longues études dont peu de gens sont capables. La science est un fruit environné d'épines qui éloigne de luy presque tous les hommes : Ainsi s'il n'étoit permis de parler que de ce que l'ō sçait;la pluspart de ceux même qui font métier de haranguer, seroient obligez de se taire. Pour remedier à une necessité qui leur seroit si fâcheuse, ces Declamateurs ont cherché des moyēs courts & faciles pour trouver de la matiere de discourir sur les sujets même qui leur sōt entierement inconnus. Ils distribuent ces moyens en certaines classes qu'ils appellent lieux communs;parce qu'ils sont exposez au public,& que chacun y peut prendre librement des preuves pour prouver avec abondance tout ce qui luy sera contesté,quoy qu'il ignore d'ailleurs la matiere sur laquelle il dispute. Les Logiciens parlent de ces lieux communs dans la partie de la Logique qu'ils appellent la *Topique*. J'expliqueray en peu de paroles l'artifice de ces lieux : Ensuite nous verrons quel jugement on en doit faire.

Les lieux communs ne contiennent proprement que des Avis generaux qui font ressouvenir ceux qui les consultent, de toutes les faces, par lesquelles on peut considerer un sujet:ce qui peut étre utile,parce qu'envisageāt une matiere de tous côtez, on trouve sans doute avec plus de facilité ce que l'on peut dire de cette matiere. On peut regarder une chose par cent endroits differens : cependant il a plû aux Auteurs de la Topique de n'établir que seize lieux communs.

Le premier de ces lieux est le *Genre*; c'est à dire qu'il faut considerer dans un sujet ce qu'il a de commun avec tous les autres sujets semblables. Si on parle de faire la guerre en general, & tirer des preuves de cette generalité.

Le second lieu est appellé *difference*, il faut examiner ce qu'une question a de particulier.

Le troisiéme est *la Definition* ; c'est à dire qu'il faut considerer toute la nature du sujet. Le discours qui exprime la nature d'une chose, est la définition de cette chose.

Le quatriéme lieu est *le Dénombrement des parties*, que le sujet que l'on traite contient.

Le cinquiéme, *l'Etymologie* du nom du sujet.

Le sixiéme, *les Conjuguez*, qui sont les noms qui ont liaison avec le nom du sujet, comme ce nom, *amour*, a liaison avec tous ces autres noms, *aymer*, *aymant*, *amitié*, *aymable*, *amy*, &c.

On peut considerer que les choses que l'on traite, ont quelque *ressemblance*, ou *dissemblance* : Ces deux considerations font le septiéme & le huitiéme lieu.

On peut faire quelque comparaison, & dans cette comparaison remarquer toutes les choses ausquelles le sujet dont on parle est opposé : *Cette comparaison, & cette opposition* sont le neuviéme & le dixiéme lieu.

L'onziéme lieu est *la Repugnance* ; c'est à dire qu'en examinant une chose, il faut prendre garde à celles qui luy repugnent pour découvrir les preuves que cette veüe peut fournir.

Il est tres important de considerer toutes les *circonstances* de la matiere proposée. Or ces circonstances ont ou precedé, ou accompagné, ou suivi la chose dont il est question: ainsi ces circonstances sont distribuées en trois lieux, qui sont le douziéme, le treziéme, le quatorziéme lieu. On comprend ordinairement toutes les circonstances qui peuvent accompagner une action dans ce Vers:

Quis, quid, ubi, quibus auxiliis, cur, quomodo, quando.

C'est à dire qu'il faut examiner quel est l'auteur de l'action: quelle est cette action; où elle s'est faite, par quels moyens, pourquoy, comment, quand.

Le quinziéme lieu est *l'Effet*: le seiziéme *la Cause*; c'est à dire qu'il faut avoir égard aux effets dont la chose que vous traitez peut étre la cause, & aux choses dont elle-même est l'effet.

Ces lieux communs fournissent sans doute une ample matiere de discourir. Ces considerations differentes font que l'on apperçoit plusieurs preuves: & cette methode peut sans doute rendre fecōds les esprits les plus steriles. Je n'examine pas à present si cette fecondité est loüable ou inutile. Selon cette methode si on parle contre un parricide; on s'étend sur le parricide en general, & on rapporte ce qui est commun à l'accusé, & à tous les autres parricides; & aprés on descend aux circonstances du parricide: on en reperesente la noirceur d'une maniere étenduë par des définitions, par des descriptions, par des dénombremens. Quelque-fois l'Etymologie du nom de la chose sur laquelle on parle & les autres noms qui ont liaison avec celuy-là, donnent sujet de parler, & font trouver de bonnes preuves. On peut discourir long-temps de l'obligation que les Chrêtiens ont de bien vivre, en les faisant ressouvenir du nom qu'ils portent.

Les grands discours sont grossis par les similitudes, les dissimilitudes, les comparaisons, qui servent à éclaircir une difficulté, & mettre une verité obscure dans un grand jour. En un mot, quand on veut circonstancier une action, rapporter ce qui est devant & aprés les circonstances qui l'ont accompagné, ce qui l'a causée, ce qu'elle a produit: on lasseroit plustôt ses Auditeurs, que l'on ne manqueroit de matiere.

IV.

Des lieux propres à certains sujets.

CEs lieux dont nous venons de parler sont appellez Communs, & parce qu'ils sont exposez à tout le monde, & parce qu'ils fournissent des preuves pour toutes les causes: il y a d'autres lieux qui sont propres à certains sujets. Avant que de parler de ces lieux, il faut considerer qu'il y a deux sortes de questions: la premiere s'appelle These: la seconde Hypotese. These, c'est une question qui n'est point déterminée par aucune circonstance, soit du lieu, soit du temps, soit de la personne: côme si on doit faire la guerre. Hypothese, c'est une question finie, & circonstanciée, comme est celle-cy, s'il faut faire la guerre avec le Turc en Hongrie cette année, &c. Or toutes ces questions se peuvent rapporter à trois Genres. Car l'on délibere si on doit faire une action, ou l'on examine quel jugement on doit faire cette action, ou on loüe ou on blâme cette action. Le premier genre s'appelle *Deliberatif*: le second le genre *Judiciaire*: le troisiéme le genre *Démonstratif*. Chacun de ces genres a ses lieux propres, c'est à dire comme nous avons dit pour chacun de ces genres on donne de certain avis : comme pour le Deliberatif, selon qu'on voudra conseiller d'entreprendre une action ou de la quitter, il faut faire voir qu'elle est utile ou inutile; necessaire, ou qu'elle ne l'est pas; qu'elle est possible ou impossible; que l'évenement en sera avantageux, ou fâcheux; que l'entreprise est juste, ou injuste.

Une question dans le genre Judiciaire peut étre considerée en l'un de ces trois états. Ou l'on ne connoît pas l'Auteur de l'action qui fait le sujet du discours, & pour lors parce que l'on tâche de découvrir cét Auteur par des conjectures: cét état est appellé état *de conjectures*. Si l'Auteur est connu, on examine quelle est la nature de l'action: par exemple un voleur a pris dans un Temple les coffres qu'un particulier y avoit mis en dépôt, on examine si cette action doit étre appellée un sacrilege, ou un simple vol, on cherche la definition de ce crime: aussi cét état s'appelle l'état *de la definition*. Le troisiéme état est appellé l'état *de la qualité*, parce qu'on examine la qualité de l'action, si elle est juste ou injuste.

Pour le premier état il faut considerer si celuy qu'on soupçonne a voulu faire une telle action, s'il l'a pû, & si on a quelque marque. On considere quelle est sa volonté, en cõsiderant s'il avoit quelque interest à commettre cette action; sa puissance, par la consideration de sa force, de ses moyens. On reconnoit s'il est effectivement auteur de l'action proposée par les circonstances de cette action, comme s'il a été trouvé seul dans le lieu où elle s'est faite; si avant ou aprés cette action il a fait ou dit quelque chose qui le puisse faire soupçonner raisonnablement. Pour le second état, il faut simplement considerer la nature de cette action: Tout ce qu'on en peut dire dépend de la connoissance particuliere que l'on en a. Pour le troisiéme état on consulte la raison, les loix, la coûtume, les préjugez, les conventions, l'équité.

Dans le genre Demonstratif pour loüer ou blâmer, il faut rapporter le bien ou le mal. Il y a trois sortes de biens dans l'homme; les uns regardent le corps, les autres l'esprit, les autres dépendent de la fortune. Les biens du corps sont, une partie heureuse, une naissance noble, une bonne êducation, la santê, la force, la beauté. Les biens de l'esprit, sont les vertus, la sagesse, la prudence, la science, & les autres qualitez & les autres vertus. Les biens de la fortune sont, les richesses, les dignitez, les charges, &c. Remarquez que dans ces dénombremens je rapporte les sentimens des autres.

Tous les lieux propres & communs à chacun des trois genres, dont nous avons parlé, sont appellez interieurs ou intrinseques, pour les distinguer de ceux qu'on nomme exterieurs ou extrinseques, qui sont quatre, sçavoir, les Loix, les témoignages, les transactions, les réponses de ceux que l'on met à la torture. L'Orateur n'a pas besoin de chercher ces preuves, celuy qui donne une cause à plaider, met entre les mains de son Avocat ses pieces, ses contracts, ses transactions, produit les dépositions des témoins, & les réponses de ceux qui ont été appliquez à la torture.

V.

Reflexion sur cette Methode des Lieux.

VOilà en peu de paroles quel est l'Art de trouver des argumens sur toutes sortes de matieres, que les Rheteurs ont coûtume d'enseigner, & qui fait la plus grande partie de leur Rhetorique. C'est à vous à juger de l'utilité de cette Methode. Le respect que j'ay pour les Auteurs qui l'ōt loüée m'a obligé d'en faire un abregé, & de vous en faire connoistre le fond. On ne peut douter que les avis qu'elle donne n'ayent quelque utilité: ils font prendre garde à plusieurs choses dont on peut tirer des argumens; ils montrent comme l'on peut tourner un sujet de tous côtez, & l'envisager par toutes ses faces. Ainsi ceux qui entendent bien la Topique, peuvent trouver beaucoup de matiere pour grossir le discours, il n'y a rien de sterile pour eux, ils peuvent parler sur tout ce qui se presente autant de temps qu'ils le voudront, comme nous avons dit. Ceux qui méprisent la Topique, ne cōtestent point sa fecondité, ils demeurent d'accord qu'elle fournit une infinité de choses; mais ils soûtiennent que cette fecondité est mauvaise, que ces choses sont triviales, & que par consequent la Topique ne fournit que ce qu'il ne faudroit pas dire. Si un Orateur, disent-ils, connoit à fond le sujet qu'il traite, s'il est plein de maximes incontestables, par lesquelles il peut resoudre toutes les difficultez qui s'élevent sur ce sujet; si c'est une question de Theologie, & qu'il soit Theologien, par la connoissance qu'il a des Peres, des Conciles, des saintes Ecritures, il appercevra d'abord si le dogme qu'on a proposé est Heretique ou Catholique : Il ne sera pas necessaire qu'il consulte la Topique, qu'il aille de porte en porte frapper à chacun des lieux communs, où il ne pourroit trouver les connoissances necessaires pour decider la questiō presente. Si un Orateur au contraire ignore le fond de la matiere qu'il traite, il ne peut atteindre que la surface des choses, il ne touchera point le neud de l'affaire; de sorte qu'aprés avoir parlé long-temps, son adversaire aura sujet de luy dire: finissez ces grands discours qui ne disent rien, dites quelque chose, opposez des raisons à mes raisons, & venant au point de la difficulté, établissez vôtre cause, & tâchez de renverser les fondemēs sur lesquels je m'appuye *Separatis locorum communium nugis, res cum re, ratio, cum ratione, causa cum causâ confligat.*

Si on veut dire en faveur des Lieux Comuns, qu'à laverité ils n'enseignent pas tout ce qu'il faut dire, mais qu'ils aydent à trouver une infinité de raisons qui se fortifient les uns les autres: ils répondent, & je serois bien de leur avis, que pour persuader il n'est besoin que d'une seule preuve qui soit forte & solide, & que l'éloquence consiste à étendre cette preuve, & à la mettre en son jour, afin qu'elle soit apperçüe. Toutes les preuves foibles qui sont communes aux accusez & à ceux qui accusent, dont on se peut servir pour détruire & pour établir; comme sont celles qui se tirent des lieux Communs, sont de mauvaises herbes qui étouffent la bonne semence.

Cét art est dangereux pour les personnes qui n'ōt qu'un petit sçavoir, parce qu'ils se contentent de ces preuves qui se trouvent facilement, & qu'ils ne prennent pas la peine d'en chercher d'autres qui soient plus solides. Un homme d'esprit en parlant de cette Methode que Raimond Lulle a traitée d'une maniere particuliere, dit que c'est un Art qui apprend à discourir sans jugement des choses qu'õ ne sçait point, ce qui est un défaut indigne d'un homme raisonnable. J'aimerois mieux, dit Ciceron, étre sage & ne pouvoir parler, que d'étre parleur & étre impertinent. *Mallem indisertam sapientiam quàm stultitiam loquacem.* Adjoûtez que dans toutes sortes de discours il faut absolument retrancher tout ce qui ne peut servir à la resolution de la difficulté. Aprés un tel retranchement, je croy qu'il resteroit peu de choses que la Topique auroit fournies.

CHAPITRE II.

I.

Second Moyen de Persuader.

SI les hommes aimoient la verité, & s'ils la cherchoient sincerement, il ne seroit besoin pour la leur faire recevoir que de la leur proposer simplement & sans art, comme nous avons déja remarqué; mais ils la haïssent, & parce qu'elle ne s'accommode pas avec leurs interêts, ils s'aveuglẽt volontairement pour ne la pas voir. Ils s'aimẽt trop pour se laisser persuader que ce qui leur est desagreable, soit vray. Avant que de recevoir une verité ils veulent étre asseurez qu'elle ne sera point incõmode. C'est en vain qu'on se sert de fortes raisons, quand on parle à des personnes, qui ne veulent pas les entendre, & qui regardant la verité qu'ils persecutent comme leur ennemie, ne veulent pas envisager son éclat, de crainte de reconnoître leur injustice. On est donc contraint de traiter la plûpart des hommes qu'on veut guerir de leurs fausses opinions, comme on traite les phrenetiques à qui on cache avec artifice les remedes qu'on employe pour les guerir. Il faut proposer les veritez dont il est necessaire qu'ils soient persuadez, avec cette adresse qu'elles soient maîtresses de leur cœur avant qu'ils les ayent apperçeuës; & comme s'ils étoient encore enfans, il faut obtenir d'eux par de petites caresses, qu'ils veüillent bien avaller la medecine qui est utile à leur santé.

Les Orateurs qui sont animez d'un veritable zele, doivent étudier toutes les manieres possibles de gagner les hommes, pour les gagner à la verité. Une mere pare ses enfans avec soin, & l'amour qu'elle a pour eux la porte à faire que toutes les autres personnes les ayment avec la tendresse qu'elle ressent. Si nous aimons donc sincerement la verité, nous devons travailler à ce qu'elle soit aimée. Les saints Peres de l'Eglise ont toûjours tâché d'éviter tout ce qui la pouvoit rendre odieuse. Lorsque Jesus-Christ commença à prêcher son Evangile devant les Juifs, qui étoient jaloux de la gloire de la Loy de Moïse, pour ne les pas choquer, comme remarque S. Jean Chrysostome, il témoigna qu'il ne pretendoit pas renverser cette Loy; mais au contraire qu'il étoit venu pour l'accomplir. Sans cela ils eussent bouché leurs oreilles pour ne les pas entendre, comme firent ceux que par un juste jugement il ne daigna pas gagner.

Nous avons dit que les anciens Maîtres font cōsister l'Art de Persuader dans la science de faire ces trois choses, instruire, gagner, & émouvoir: *Docere, flectere, & movere.* J'ay rapporté les moyens que ces Maîtres ont découvert pour trouver les choses qui peuvent instruire & éclaircir la matiere sur laquelle on parle. Je ferai icy quelques reflexiõs sur les moyens de s'insinuër dans les cœurs de ceux que l'on veut gagner. Dans les Rhetoriques ordinaires, on ne fait point ces reflexions: ainsi quoy que je n'aye pas eu dessein de traiter l'Art de Persuader dans toute son étenduë, j'en diray plus que ceux qui promettent de ne rien oublier. Il est vray que la science de gagner les cœurs est bien au dessus de la portée d'un jeune écolier, pour lequel on fait des Rhetoriques: Elle s'acquiert par de sublimes speculations, par des reflexions sur la nature de nôtre esprit, sur les inclinations, sur les mouvemens de nôtre volonté. C'est le fruit d'une longue experience de la maniere que les hommes agissent, & se gouvernent; en un mot, cette science ne se peut enseigner methodiquement que dans la Morale.

II.

Qualitez requises dans la personne de celuy qui veut gagner ceux à qui il parle.

IL est important que les Auditeurs ayent de l'estime pour celuy qu'ils écoutent, & qu'il passe dans leur esprit pour une personne sage. Un Orateur doit dõner des témoignages d'amitié à ceux qu'il veut Persuader, & faire paroître que c'est un zele sincere de leur interest qui le fait parler. La modestie luy est necessaire, la fierté & l'orgueil étant d'invincibles obstacles à la persuasion. Ainsi il faut qu'on remarque ces quatre qualitez dans la personne d'un Orateur, de la probité, de la prudence, de la bien-veillance, & de la modestie, comme nous l'allons faire voir plus au long.

Il est constant que l'estime que l'on a de la probité & de la prudence d'un Orateur fait souvent une partie de son éloquence, à laquelle on se rend avant même que de sçavoir ce qu'il doit dire. C'est sans doute l'effet d'une grande préoccupatiõ: mais cette préoccupation n'est pas mauvaise, & on ne doit pas la confondre avec un certain entêtement, par lequel on demeure attaché à de fausses opinions sans aucune raison. Outre que les paroles qui sortent d'un cœur plein d'ardeur pour la verité, embrasent le cœur de ceux qui écoutent, il est fort raisonnable d'adjoûter foy à ce que dit un homme de bien, & qu'on sçait n'étre pas un trompeur. C'est pourquoy il est plus avantageux à un Orateur que sa vertu éclate que sa doctrine:* *In Oratore non tam dicendi facultas quàm honesta vivendi ratio eluceat.* Le Christianisme oblige ceux qui font profession de persuader les autres, de travailler à s'acquerir de l'autorité dans l'esprit des peuples; & le méme Evangile qui cõmande à tout le monde de fuïr l'éclat, les oblige de faire éclater leurs bonnes œuvres, avec cette intention que ceux qu'ils instruisent soient autant portez par leurs exemples à embrasser la vertu que par leurs paroles. *Sic luceat lux vestra coram hominibus, ut videant opera vestra bona.* Cette necessité a porté quelquefois les plus modestes à se donner des loüanges, & à défendre leur reputation en même-temps que la patience & la douceur les portoit à aimer les injures dont on les chargeoit. La bonne vie est la marque que JESUS-CHRIST nous a donnée pour distinguer les Predicateurs de la verité d'avec ceux que l'esprit d'erreur envoye pour tromper les hommes.

* *Quintilien.*

On

On est bien aise de se décharger de la peine d'examiner un raisonnement; & pour cela de s'en fier à l'examen de ceux que l'on estime, & de soûmettre son jugement aux lumieres de ceux en qui on voit briller une grande sagesse.* *Auctoritati credere magnum compendium, & nullus labor.* L'autorité d'un homme de bien, sage, & éclairé, & à ceux qui se défient de leurs lumieres; ce qu'est un appuy à un malade. Personne ne veut être trompé, peu se peuvent défendre de l'erreur; c'est pourquoi l'on est ravy de trouver une personne, sous l'autorité de laquelle on se tienne à couvert. Dans toutes les disputes on voit que deux ou trois têtes, à qui leur suffisance a acquis de l'estime, partagent tout le monde, & que chacun se range du party de celuy qu'il croit étre le plus habile. Lors qu'un Orateur n'a pû encore gagner une si grande autorité, il n'attirera jamais dans ses sentimens qu'un tres-petit nombre de personnes; parce que peu sont capables d'appercevoir la subtilité de ses raisonnemens. S'il veut avoir la multitude de son côté, il faut qu'il fasse voir qu'il a pour luy ceux à l'autorité desquels cette multitude a coûtume de se rendre, & dont elle suit les sentimens aveuglement.

Il n'y a rien qui soit plus capable de gagner les hommes que les marques d'amitié qu'on leur dõne. L'amitié donne toutes sortes de droits sur la personne aimée. On peut dire toutes choses à ceux qui sont convaincus qu'on les aime : *Ama & dic quod vis.* Il faudroit que l'amour qu'on a pour la verité fût bien desinteressée pour vouloir biẽ la recevoir lors qu'elle vient de la bouche d'un ennemi. L'on ne peut pas s'imaginer qu'une personne ennemie veüille procurer un aussi grand bien qu'est la connoissance de la verité. Les Epistres de S. Paul

*S. August.

sont pleines de marques d'affection & de tendresse qu'il faisoit paroître à ceux à qui il écrivoit; & jamais il ne les reprend de leurs défauts, qu'aprés les avoir convaincus que c'étoit le zele qu'il avoit pour leur salut qui l'obligeoit de les en avertir.

La quatriéme qualité que je croy étre absolument necessaire à un Orateur, est la modestie. Souvent la resistance que quelques-uns font à la verité, n'est causée que par la fierté avec laquelle on veut extorquer de leur bouche un aveu de leur ignorance. Pourquoy chicane-t-on dans les conversations? Pourquoy est-ce qu'ō dispute sans vouloir demeurer d'accord des veritez les plus incontestables? * C'est que les uns veulent triompher, & les autres s'opiniâtrent à ne pas ceder, & à disputer une victoire dont la perte leur paroît honteuse. Ceux qui sont sages laisse refroidir la chaleur de la dispute, & laissent passer le temps de l'opiniâtreté; ils cachent tellement leur triomphe que les vaincus ne s'apperçoivent pas de leur défaite, & qu'ils ne se considerent pas tant vaincus que victorieux de l'erreur où ils étoient engagez.

Un sage Orateur ne doit jamais parler de soy avantageusement: Il n'y a rien qui soit plus capable d'éloigner de luy l'esprit de ses Auditeurs, & de leur inspirer des sentimens d'aversion & de haine; que cette vanité que font paroître ceux qui se vantent. La gloire est un bien que chacun pretend luy appartenir. On ne peut souffrir qu'un particulier se l'approprie; car enfin comme Quintilien l'a fort bien remarqué: * Nous avons tous une certaine ambition qui ne peut rien souffrir au dessus de soy. De là vient que nous prenons plaisir à relever ceux qui

* *Non de adversario victoriam, sed contra mendacium quærimus veritatem.* S. Jer. liv. 1. contre les Pelagiens.

s'abbaissent eux mêmes*, parce qu'il semble que nous le faisons comme étans plus grands qu'eux. *Habet enim mens nostra sublime quiddam, & impatiens superioris; ideoque abjectos & submittentes se lubenter allevamus, quia hoc facere tanquam majores videmur.* Cette modestie ne doit rien avoir de bas: la fermeté & la generosité sont inseparables du zele que nôtre Orateur a pour la défense de la verité, & comme elle est invincible, il doit être intrepide, & donner des marques de sa confiance. Il est constant qu'un homme se rend redoutable, qui ne craint rien davantage que de blesser la verité; ainsi il ne sied pas mal quelquefois de relever les avantages de son parti, qui est celuy de la verité. Ajoûtez que le discours doit convenir à la qualité de celuy qui parle. Un Roy, un Evêque doivent parler avec majesté; & ce qui est la marque d'une autorité legitime dans leur personne, seroit en celle d'une personne privée une marque de fierté & d'arrogance,

III.

Ce qu'il faut observer dans les choses sur lesquelles on parle. & comment on peut s'insinuer dans l'esprit des Auditeurs.

APrés avoir parlé de la personne de l'Orateur, voyons ce qui regarde les choses que l'on traite. Si les Auditeurs n'y prennent aucune part & qu'elles ne blessent point leur interest, l'artifice n'est pas necessaire. Lorsqu'il n'est questiō que de prouver que les trois angles d'un triangle sont égaux à deux angles droits; il n'est point necessaire de disposer les esprits à recevoir cette verité: mais pour an causer aucun dommage, il ne faut pas craindre que quelqu'un la rejette. Mais lorsque l'on propose des choses contraires aux inclinations de ceux à qui on parle, l'adresse est necessaire: l'on ne peut s'insinuër dans leur esprit que par des chemins écartez & secrets; c'est pourquoy il faut faire ensorte qu'ils n'apperçoivent point la verité dont on veut les persuader qu'aprés qu'elle sera maistresse de leur cœur; autrement ils luy fermeront la porte de leur esprit, comme à une ennemie; ainsi que nous l'avons dit ailleurs.

Les hommes n'agissant que par interest, lors méme qu'il semble qu'ils y renoncent, il faut necessairement leur faire voir que ce qu'on leur persuade, ne leur sera point desavantageux. On doit combattre leurs inclinations par leurs inclinations; & s'en servir pour les attirer dans les sentimens qu'on leur veut faire prendre, comme les matelots se servent du vent contraire pour arriver dans le port d'où le vent les éloignoit: cela se comprendra mieux par ces exemples. Afin d'inspirer de l'aversion pour le fard à une femme qui n'a de l'amour que pour elle méme, & que rien ne touche que sa beauté, il faut selon le conseil de S. Jean Chrysostome se servir de la passion qu'elle a pour sa beauté pour moderer cette passion, en luy montrant que les poudres & le fard gâtent le tein. On détache de la débauche un homme qui ne refuse rien à ses plaisirs, en luy proposant des plaisirs plus doux, ou les persuadant fortement que ces débauches serōt suivies de quelque grande douleur. Il faut toûjours dédommager l'amour propre; c'est à dire desinteresser ceux que l'ō veut faire renoncer à quelque interest. Car enfin à moins que la grace divine ne change le cœur, les passions ne peuvent changer d'objet: mais elles demeurent toûjours les mêmes. Or ce changement d'objet n'est pas difficile. Un orgueilleux fera tout ce que l'on voudra, pourveu qu'il évite l'humiliation, & que son orgueil soit content; ainsi il n'y a rien qu'on ne puisse persuader, quand on sçait bien se servir des inclinations des hommes.

Lorsqu'on veut obtenir de ceux à qui on parle une chose qu'ils ont dessein de ne point accorder; quoy qu'on la puisse exiger d'eux avec droit, il faut se contenter de la recevoir comme une grace. On ne doit pas leur faire cette demande qui les choque, qu'aprés qu'on aura clairement prouvé que ce qui leur restera servira plus à leur gloire, & sera plus avantageux que ce qu'ils accorderont. S. Jean Chrysostome louë la prudence de Flavien Patriarche d'Antioche, qui fit revoquer à l'Empereur Theodose l'Arrest sanglant qu'il avoit donné contre les habitans de cette ville, qui avoient renversé les statuës de l'Imperatrice. Ce Patriarche étant venu à Constantinople pour fléchir la colere de Theodose, il exagera la faute de ceux d'Antioche, il confessa qu'une semblable faute meritoit les châtimens les plus rigoureux; mais ensuite ayant montré que la gloire du pardon seroit d'autant plus illustre que l'offense étoit grande, & qu'un Prince Chrêtien ne pouvoit vanger une injure avec une si grande severité. Il gagna l'esprit de Theodose qu'il auroit irrité, s'il eût entrepris de diminuër le crime du peuple d'Antioche; outre qu'il eût semblé approuver leur sedition, & en eût paru cōplice.

Il est avantageux à un Orateur que ses Auditeurs soient persuadez qu'il entre dans leur sentiment: ce qui n'est pas impossible, quoy qu'il travaille à ce que ses Auditeurs changent de sentiment. Dans une opinion quelle qu'elle soit, tout n'est pas faux, tout n'est pas déraisonnable. On peut sans blesser la verité s'attacher d'abord à ce qui est vray dans l'opinion que l'on veut combattre, & la loüer en ce qu'elle a de veritable, & qui merite des loüanges. Un peuple par exemple s'est revolté contre son legitime Souverain, & a enlevé la puissance d'entre ses mains pour le partager à ceux qu'il a choisi pour le gouverner. L'amour de la liberté est juste & raisonnable. On pourra donc commencer son discours par loüer l'amour de la liberté. Ensuite faisant voir à ce peuple que la liberté est plus grande sous un Monarque que dans une Republique, où cent tyrans usurpent l'autorité souveraine; on le gagne, & on se sert de la passion qui l'a porté à la revolte pour les ramener à l'obëissance.

C'est avec cette méme prudence que l'õ détache les hommes de ceux pour qui ils ont une amour déraisonnable, contre lesquels il faut bien se donner de garde de déclamer d'abord, au contraire il est bõ de commencer par leur donner quelques loüanges de cette maniere; par exemple : Il est vray, ô Romains, que personne n'à jamais été plus liberal que Spurius Melius, il vous a fait des profusions de toutes ses richesses. Mais prenez garde que c'est un ambitieux, que toutes ces liberalitez sont des appas pour vous surprendre, & que tous ces presens qu'il vous fait, sont le prix avec lequel il pretend acheter vôtre liberté, & se rendre vôtre maistre.

L'humilité est la plus rare de toutes les vertus, elle est l'appanage des ames innocentes, & elle ne se rencontre que fort rarement dãs ceux qui sont criminels; c'est pourquoi ces derniers ne peuvẽt souffrir que l'õ leur reproche leurs fautes. Il est difficile par consequent de gagner ceux qu'on veut corriger; neanmoins lorsque les coupables sont effecti-

ement persuadez que leur faute leur est pernicieu-
e,que c'est l'amour de leur interest qui fait parler
eluy qui les reprend,qu'ils reconnoissent qu'ayant
lus de prudence, il prévoit les malheurs qui les
egardent,& qu'ils n'apperçoivent pas; ils suppor-
ent avec patience ce reproche penible, comme
s malades souffrent qu'on leur coupe un mem-
re pourry.

Ce qui fait souvent que les avertissemens sont
esagreables,c'est qu'on les fait avec empire, &
vec insulte.Quād on veut corriger les coupables,
n doit quelquesfois se contenter de leur montrer
qu'il faloit faire,sans leur reprocher ce qu'ils ont
it.Il y a de certaines choses qui ne sont mauvai-
s que par le defaut d'une circonstance, on peut
oüer cette chose, mais faire voir qu'elle n'a pas
té faite dans le temps,ny dans le lieu necessaire.
Afin qu'un coupable n'ait pas de honte d'avoüer
faute,& de s'en repentir,il est bon de la faire pa-
ître petite en la comparant avec une plus grande
afin qu'il ne la soûtienne point, il faut trouver
s moyens de l'en décharger. Il y a de certaines
ens qui ne veulent jamais condamner ce qu'ils ont
it. On doit separer l'erreur de ces personnes, &
point prouver qu'ils en sont coupables,qu'aprés
'ils l'auront condamnée.C'est ce que fit le Pro-
ete Nathan, lors qu'ayant voulu reprendre le
oy David de l'adultere qu'il avoit commis,il luy
des plaintes d'un homme qu'il disoit avoir com-
is le crime dont David étoit coupable. Aprés
e ce Roy eut condamné cét homme, pour lors
athan luy dit que c'étoit de sa Majesté méme
nt il avoit parlé,& qu'il étoit cét homme qu'il
oit condamné.

III.

Les qualitez que l'on a montré estre necessaires à un Orateur, ne doivent pas estre feintes.

JE ne doute point qu'on ne puisse faire un tres-mauvais usage de cét Art que nous enseignons; ce qui n'empêche pas que les regles que nous avõs données ne soient tres justes. On peut feindre que l'on a de l'amour pour ceux à qui on parle, afin de cacher le mauvais dessein que la haine aura fait concevoir contr'eux. On peut prendre le masque d'honnête homme pour surprendre ceux qui ont de la vertu; mais il ne s'ensuit pas que l'on ne doive point témoigner d'amour à ses Auditeurs, & s'acquerir quelque estime dans leur esprit, lorsque cét amour est sincere, comme il le doit étre, & que l'on n'a point d'autre fin que l'interest de la verité.

Les Rheteurs Payens ont donné ces mêmes preceptes que nous donnons, & les Sophistes s'en sont servis; & c'est ce qui nous oblige à les suivre avec plus de soin. Les impies ne doivent pas avoir plus de zele pour le mensonge, que les Chrêtiens pour la verité. Ce seroit une chose honteuse aux amis de la verité, de negliger de se servir des moyens naturels qu'ils ont pour la faire recevoir, pendant que les partisans du mensonge employent tant d'artifice pour tromper. Ces moyens sont bons & justes d'eux-mémes, & tout homme qui a de la charité & de la prudence les employe, quoy qu'il n'y fasse pas de reflexion.

Quelque criminels que soient les hommes, nous,

nous devons les aymer, on ne doit ressentir pour leur personne que de la tendresse, il n'y a que leur crimes qui meritent de la haine : *Dilige homines, interficite errores.* Ceux qui ont de la pieté, n'ont pas besoin de feindre : leur charité se peint elle-méme dans leurs discours : elle supporte avec patience les fautes des autres : elle les corrige avec douceur, elle ne les considere que du côté qu'elles paroissent plus legeres. * Elle cherche tous les moyens pour ne point choquer, pour ne point contrister les personnes qu'elle est obligée d'avertir ; & pour cela elle adoucit les corrections qui sont un remede amer ; elle tâche de repandre un miel sur ses paroles, qui en puisse ôter toute l'amertume ; en un mot, elle fait pour Dieu tout ce que fait faire l'amour de son propre interêt ; de sorte que la conduite exterieure de l'une ne paroît pas differente de la conduite de l'autre ; la maniere d'agir de l'une n'est distinguée de l'autre que par son principe. Un Orateur Chrêtien n'a pas moins de complaisance pour ceux qu'il veut persuader, sans aucun autre interêt que celuy de la verité que les gens du monde en ont pour ceux de qui ils attendent quelque recompense.

Quand j'ay dit qu'on ne doit pas choquer ceux à qui on parle, je n'ay pas conseillé de se servir d'une lâche complaisance, qui n'a point d'autre fin qu'une vaine satisfaction de n'étre pas rebuté. Les hommes ayment qu'on les entretienne de choses qui leur plaisent : *Loquere nobis placentia.* C'est le métier d'un flateur d'entretenir les hommes dans cette humeur délicate. Pendant qu'un Orateur

* *Monitio acerbitate, objurgatio contumeliâ careat.* Cicer. de Amicit.

Chrêtien espere de gagner ses Auditeurs par la douceur, il s'en doit servir; mais s'ils sont endurcis, & qu'ils ne veüillent point quitter les armes qu'ils ont prises contre la verité; ce seroit pour lors flaterie & non pas charité que de s'amuser à vouloir leur plaire, & si les prieres n'ont point de force, il faut avoir recours aux menaces.

C'est la conduite que les Peres ont toûjours tenuë. Ils ont toûjours commencé par la douceur; mais ils ont fini par la severité, lors que la douceur a été inutile. Saint Augustin dit qu'il n'avoit pas voulu nommer Pelage dans les premiers Livres qu'il composa contre cét Heretique, afin de luy épargner la honte de se voir reconnu pour Auteur d'une Heresie; mais quand ce Pere vit que cét Heresiarque ne profitoit point de cette retenuë, & qu'elle pouvoit contribuër à luy donner de la fierté, il crût que la même charité qui l'avoit fait parler d'abord avec douceur, l'obligeoit à se servir de remedes plus violens, & proportionnez à la maladie de cét Heresiarque, ou pour le guerir, ou pour avertir les peuples, & leur faire connoître le danger qu'il y avoit à communiquer avec luy.

CHAPITRE III.

I.

Il est permis d'exciter dans ceux à qui l'on parle les passions qui les peuvent porter où on les veut conduire.

LE troisiéme moyen que l'Orateur doit employer pour Persuader, est l'Art d'exciter dans l'esprit de ses Auditeurs, les passions qui les feront pancher du côté où il les veut porter, & d'éteindre le feu de celles qui pourroient éloigner de luy ses mêmes Auditeurs. Mais on me dira qu'il n'est point permis d'user de moyens aussi injustes que sont les passions. Que c'est mal s'y prendre pour regler, & pour éclaircir l'esprit d'un Auditeur, que d'y exciter le trouble, & les fumées obscures de ses passions. Répondons à cette objection que nous avons prevenuë, la chose merite qu'on la considere.

Les passions sont bonnes en elles-mêmes : leur seul déreglement est criminel. Ce sont des mouvemens dans l'ame qui la portent au bien, & qui l'éloignent du mal, qui la poussent à acquerir l'un & qui l'excitent lors qu'elle est trop paresseuse à fuïr l'autre. Jusques-là il n'y a point de mal dans les passions ; mais lors que les hommes suivans les fausses idées qu'ils ont du bien & du mal, n'ayment que la terre, alors ces passions qui les font agir, qui étoient bonnes par leur nature, deviennent criminelles par les qualitez mauvaises de l'objet vers lequel on le tourne. Qui peut douter que les passions ne soient mauvaises, lors que dans l'idée de ce nom de passion on comprend les mouvemens de l'ame avec tous ses dereglemens? Si par la colere il faut entendre ces rages, ces emportemens, ces fureurs qui troublent la raison; j'avoüeray que la colere est une chose tres-mauvaise: mais si on la prend pour un mouvement, pour une affection de l'ame qui nous anime à vaincre les empêchemens qui nous retardent la possession de quelque bien, & pour une force qui nous fait combattre & surmonter le mal; je ne crois pas qu'une personne puisse dire raisonnablement qu'il n'est pas permis d'exciter la colere, & se servir de son mouvement pour aimer les hommes à chercher le bien qu'on leur propose.

Dans les passions les plus dêreglées, dans celles qui n'ont pour objet que des faux biens, il y a toûjours quelque chose de bon. N'est-ce pas une bonne chose d'aymer ce qui est bien fait, ce qui est grand, ce qui est noble ? On peut donc se servir de ce mouvement qui nous porte vers la beauté, & vers la grandeur pour faire agir les hommes ? On peut sans scrupule réveiller dans leur cœur ce mouvement, en proposant la beauté & la grandeur de la chose vers laquelle on les porte, puisque je suppose qu'on n'entreprend de faire aymer que ce qui est beau d'une veritable beauté, & qui possede une grandeur réelle.

L'on ne peut faire agir les hommes que par le mouvement des passions: chacun est emporté par le poids de son amour, & l'on suit ce qui donne plus de plaisir. Il n'y a donc point d'autre moyen naturel de conduire les hômes que celui dont nous parlons. Vous ne détournerez jamais un avare de l'inclination qu'il a pour l'or & l'argent, que par l'esperance de quelques autres richesses plus grandes : un voluptueux de ses sales plaisirs, que par la crainte de quelque grande douleur, ou par l'esperance d'un plus grand bien. Pendant que nous sommes sans passions, nous sommes sans action, & rien ne nous fait sortir de l'indifference que le branle de quelque affection. On peut dire que les passions sont le ressort de l'ame; quand une fois l'Orateur s'est pû saisir de ce ressort, & qu'il le sçait manier, rien ne luy est difficile, il n'y a rien qu'il ne persuade.

Les Chrêtiens sçavent que tant d'illustres Martyrs n'ont triomphé que par un secours du Ciel, que tant de saintes Vierges n'ont soûtenu dans leur corps foibles une vie austere, & accablée de penitence, que parce qu'elles étoiét aidées de la grace, mais aussi il est constant que les plus méchans sont capables d'entreprendre les mémes actions; & de faire tout ce que les Martyrs & les Vierges ont fait, s'il arrive qu'ils ne puissent satisfaire la passion qui les domine qu'en supportant ces peines. Catilina a êtê un tres-méchant homme: cependant on remarque dans sa vie des exemples d'une austerité & d'une patience extraordinaire. Je sçay que ces vertus apparentes n'étoient que les servantes de son ambition, comme parle un grand Docteur: Aussi je ne fais cette reflexion, que pour prouver que l'on peut faire entreprendre toutes choses à un homme, lorsqu'on a pú luy inspirer les passions propres pour cela; & que par consequent le défenseur de la verité ne doit pas negliger un moyen si efficace.

Saint Augustin dit fort bien au pecheur: Faites par la crainte des peines, ce que vous ne pouvez faire encore par un pur amour de la justice. *Fac timore pœna, quod nondum potes amore justitiæ.* Je ne ferois point de difficulté pour inspirer à une femme du monde de l'horreur pour le fard, de luy faire connoistre qu'il n'y a rien qui gâte davantage le visage. Je tâcherois par cette crainte de la detourner d'une action qu'elle ne peut encore haïr par un amour de Dieu. Cette crainte n'est pas sans peché. Mais enfin les Peres ont approuvé ce saint artifice par l'usage qu'ils en ont fait. Les grandes playes ne se guerissent que par des blessures, pour faire créver un apostume, il faut faire des incisions. Cette conduite se peut justifier sans peine, mais ce n'est pas icy le lieu de le faire.

II.

Ce qu'il faut faire pour exciter les Passions.

LE moyen general pour remuër le cœur des hommes, est de leur faire sentir vivement l'objet de la passion dont on desire qu'ils soient émûs. L'amour est une affection qui est excitée dans l'ame par la veuë d'un bien present: Pour allumer cette affection dans un cœur capable d'aymer, il faut luy presenter un objet qui ait des qualités aimables. La crainte a pour objet des maux qui arriveront certainement, ou qui peuvēt arriver. Pour donner de la crainte à une ame timide, il faut luy faire connoistre les maux qui la menacent. On a quelque raison de ne pas separer l'Art de Persuader de l'Art de bien dire; car l'un ne sert pas de grand chose sās l'autre. Pour émouvoir une ame, il ne suffit pas de luy represēter d'une maniere seiche l'objet de la passion, dont on veut l'animer : il faut déployer toutes les richesses de l'éloquence pour luy en faire une peinture sensible, & étenduë qui la frappe vivement, & qui ne soit pas semblable a ces vaines images, qui ne font que passer devant les yeux. Il ne suffit pas dis-je pour donner de l'amour, & dire simplement que la chose qu'on propose est aimable ; il faut approcher des sens ses bonnes qualitez, les faire sentir, en faire des descriptions, les representer par toutes leurs faces; afin que si elles ne gagnent pas étant veuës d'un certain côté, elles le fassent quand elles sont regardées de l'autre. On doit s'animer soy même; il faut si je l'ose dire, que nôtre cœur soit embrasé, qu'il soit comme une fournaise ardente, d'où nos paroles sortent pleines de ce feu que nous voulons allumer dans le cœur des autres.

Pour bien traiter cette matiere, je serois obligé de parler au long de la nature des passions, de les expliquer toutes en particulier, de dire quels sont leurs objets, quelles choses les excitent, & les calment : Mais il faudroit pour cela comprendre dans cét Art la Physique & la Morale, ce qui ne se peut faire sans confusion: neanmoins je ne puis m'exempter de parler plus exactement icy de quelques unes de ces passions; sçavoir de l'admiration, de l'estime, du mépris, & du ris, qui sont de tres-grand usage dans l'Art de Persuader.

L'admiration est un mouvement dans l'ame qui la tourne vers un objet qui se presente à elle extraordinairement, & qui l'applique à considerer si cét objet est bon ou mauvais, afin qu'elle le suive, ou qu'elle l'évite, il est important à un Orateur d'exciter cette passion dans l'esprit de ses Auditeurs. La verité persuade : mais il faut pour cela qu'elle soit connuë. Or afin qu'elle soit connuë, il faut que celuy à qui on la declare s'applique à la connoître. Tous les jours nous voyons que de certains raisonnemens n'ont point esté goûtez, lesquels sont approuvez dans la suite; parce que pour lors on ne prenoit pas la peine de les examiner. Il y a de certaines opinions lesquelles aprés avoir été negligées pendant plusieurs siecles se réveillent, & font du bruit; parce qu'on les étudie, & par l'étude on en reconnoit la verité ou la fausseté.

Ce n'est donc pas assez de trouver de bonnes raisons, de les exposer avec clarté : il faut les dire avec un certain tour extraordinaire qui surprenne, qui donne de l'admiration, & qui attire les yeux de tout le monde : J'ay lû en quelque Auteur qu'un homme d'esprit s'étant presenté plusieurs fois devant un Prince, pour luy proposer une affaire de grande importance, sans que ce Prince eust seulement daigné jetter les yeux sur luy, il s'avisa de paroître nud devant luy couvert de feüilles de figuier. Ce qui luy reüssit fort bien ; car cêt habit extraordinaire ayant donné de la curiosité à ce Prince, & l'ayant porté à luy demander qui il étoit pour lors il prit occasion de proposer ce qu'il avoit tant de fois tâché de faire.

Saint Jean Chrysostome remarque que saint Mathieu commence l'histoire du Fils de Dieu, par dire qu'il étoit Fils de David & d'Abraham, au lieu de dire Fils d'Abraham & de David, pour obliger les Juifs à lire son Histoire avec plus d'attention : car les Juifs attendoient le Messie de la famille de David; ainsi rien n'étoit plus capable de les rendre attentifs que de leur parler d'un Fils de David. Tous les livres qui sont lûs, tous les Orateurs qui sont écoûtez, ont tous quelque chose d'extraordinaire, soit dans la matiere qu'ils traitent, soit dans la maniere de la traiter, soit dans les circonstances du temps & du lieu.

L'admiration est suivie d'estime & de mépris. Lors qu'on remarque du bien dans l'objet qu'on a envisagé avec application, on l'estime, on le recherche, on l'ayme. C'est pourquoy, comme vous voyez, on n'estime proprement que ce qui est veritable, que ce qui est grand, que ce qui est bien fait; & lors qu'on fait estime des choses mauvaises, c'est ou que l'on se trompe dans son jugement, ou qu'on considere ces choses sous une face qui n'est pas mauvaise. Ainsi un Orateur trompeur ne persuade que pour quelque temps; & ses Auditeurs changent leur estime, & leur amour en haine, & en mépris aussi-tôt qu'ils reconnoissent qu'ils ont été trompez.

Le mépris a pour objet la bassesse & l'erreur, c'est à dire que cette passion est excitée lorsque l'ame n'apperçoit dans l'objet qu'elle considere: que de la bassesse & de l'erreur. On se laisse aller volontiers à cette passion. Elle est agreable, elle flatte cette ambition naturelle que tous les hommes ont pour la superiorité & pour l'élevation. On ne méprise veritablement que ce qu'on regarde au dessous de soy. Ce regard donne du plaisir, au lieu que ce n'est qu'avec chagrin qu'on leve les yeux pour considerer ce qui est au dessus de nous; parce que nous nous appercevons de ce que nous ne sommes pas. Les autres passions épuisent, & interessent la santé, mais celle-là luy est utile, & on peut dire qu'elle est plûtôt un repos qu'un mouvement de l'ame, qui se délasse dans cette passion, au lieu que dans les autres elle travaille avec contention.

Tout mépris n'est pas agreable; car si le mal qui en est l'objet est redoutable, pour lors on ressent de la craiute qui est une veritable douleur; mais si ce mal ne nous touche pas de fort prés, & qu'on n'y prenne pas grand interest, le mépris qu'on en fait donne du plaisir, & est suivi du ris qui accompagne ordinairement les excez de joye impreveuës & extraordinaires. Il n'y a rien de plus utile pour détourner les hommes de quelque erreur, que de leur en donner du mépris, & de la faire paroître ridicule. Car il n'y a rien qu'on apprehende davantage que d'être méprisé, & d'être exposé à la risée de tout le monde. Aussi une raillerie faite à propos fait quelquefois plus d'effet, que le plus fort raisonnement.

Ridiculum acri.
Fortius & melius magnas plerumque secat res.

Quand on combat avec de fortes raisons, la peine que trouve l'Auditeur à concevoir la suite d'un raisonnement serieux le rebute: lors qu'on luy propose quelque chose de grand, cette grandeur l'éblouït, & luy est un sujet d'humiliation; mais lors qu'il n'est question que de rire, & de se divertir, cét Auditeur s'applique volontiers, & cette application luy donnant du divertissement, & le mépris qu'il fait de la chose qui luy paroit ridicule, flattant sa vanité, qui regarde de haut en bas cette chose. C'est pourquoy on excite & on entretient plus facilement le mépris que toutes les autres passions; puisque les hommes aymen mieux mépriser qu'estimer, se divertir que travailler. Ajoûtez qu'il y a beaucoup de choses qui meritent d'être ainsi moquées, de peur de leur donner du poids en les combattant serieusement. *Multa sunt sic digna revinci ne gravitate adorentur.*

III.

Comment on peut donner du mépris des choses qui sont dignes de risée.

PUis qu'il est permis de se servir du mouvement des passions pour faire agir les hommes, l'on ne peut pas blâmer l'Art que nous enseignons de rendre ridicules les choses, dont on veut détourner ceux que l'on instruit: mais il faut avoüer que si les railleries ne sont faites avec prudence, elles ont un effet tout contraire à celuy que l'on en attendoit. Les Poëtes pretendent dans leurs Comedies combattre le vice en le rendant ridicule: Leurs pretentions sont bien vaines, l'experience ne faisant que trop connoître que la lecture de ces sortes d'ouvrages n'a jamais produit aucune veritable conversion. La cause en est bien évidente. On ne méprise & on ne se rit que d'une chose basse que l'on regarde comme un petit mal. L'on ne rit pas du mauvais traitement que souffrent les innocens: Si les libertins se raillent d'un adultere, & de crimes semblables qui sont un sujet de larmes aux gens de bien, c'est qu'ils ne considerent ces crimes que comme des bagatelles.

Or les Poëtes dans les Comedies ne travaillent point à inspirer l'aversion que l'on doit avoir du vice, ils tâchent seulement de le rendre ridicule; ainsi ils accoûtument leurs Lecteurs à regarder les débauches comme des fautes de peu de consequence. On n'y conçoit point cette horreur necesfaire pour resister à la concupiscence. La crainte d'être raillé ne pouvāt domter l'amour des plaisirs; aussi voyons-nous que les débauchez sont les premiers à se railler de leurs desordres. Il y a des vices que l'on ne surmonte que par le silence & l'oubli, & dont la bien-seance ne permet jamais de parler. Les descriptions d'un adultere n'ont jamais rendu chastes ceux qui les ont entenduës; cependant ces sortes de crimes sont la matiere ordinaire des Comedies.

L'Orateur doit garder la bien-seance dans les railleries, & ne s'arrêter jamais aux choses que l'honéteté oblige de passer sous silence. Puis qu'il est sage & homme de bien, il n'est pas necessaire de l'avertir qu'il doit éviter ces railleries bouffonnes & ridicules, qui se font à contre temps; & qu'il n'y a que le mal qui merite d'étre raillé. Si ce mal est pernicieux & considerable, il ne doit pas se contenter de le rendre ridicule, il faut qu'il en donne de l'horreur. Neanmoins on peut quelquefois commencer par les railleries, en combattant des erreurs de grande consequence; lors que c'est une necessité de rendre ses Auditeurs attentifs par le plaisir: ce qui est l'effet & l'utilité des railleries, & ce qui m'oblige de donner quelques regles touchant la maniere de tourner en ridicule les choses qui le meritent.

Puis que le ris est un mouvement qui est excité dās l'ame lors qu'aprés avoir été frappé de la veuë d'un objet extraordinaire, elle apperçoit qu'il est extrémement petit, pour rendre une chose ridicule, il faut trouver une maniere rare, & extraordinaire de representer sa bassesse. L'on ne peut donner des preceptes particuliers pour faire des railleries. Ceux qui ont voulu, cōme dit Ciceron, enseigner le moyen de railler les autres, se sont fait railler eux-mêmes. Neanmoins on peut remarquer que tous les tours, & toutes les manieres extraordinaires sont propres pour faire une raillerie, c'est à dire pour faire appercevoir la bassesse de l'objet que l'on veut faire mépriser. C'est pourquoi l'Ironie est de grand usage dans ces occasions; parce que disant le contraire de ce que l'on pense, & avec des termes extraordinaires qui ne conviennét pas à la chose dont on parle, cette disproportion fait que l'on remarque ce qu'elle est effectivement Quand on donne à un fripon la qualité d'honnête homme, cette expression fait ressouvenir de ce qu'il n'est pas. L'on ne peut faire connoistre plus sensiblement la lâcheté d'un homme sans cœur qu'en luy mettant des armes entre les mains, dont il n'a pas la hardiesse de se défendre. Ainsi quand le Prophete Elie disoit aux Prophetes de Samarie, qui invitoient avec de grands cris leur Idole à faire descendre le feu du Ciel, pour reduire en cendres le sacrifice qu'ils luy offroient; *Criez encore plus haut, car peut-être que ce Dieu ne vous entend pas, à cause qu'il parle à d'autres personnes, ou qu'il est dans une hostellerie, ou en chemin, ou qu'il dort, & ne peut-être éveillé que par un grand bruit.* Cette maniere de parler de cét Idole qui étoit extraordinaire faisoit connoistre son impuissance & sa bassesse.

Les allusions sont propres pour les railleries; parce que la difficulté qu'il y à a les entendre, fait qu'on s'applique à en penetrer le sens, & cette application est cause qu'õ le découvre avec beaucoup plus de clarté. Lorsqu'aussi apres avoir loüée la chose qu'õ veut faire mépriser, & l'avoir relevée par des expressions magnifiques, qui font atten-

que chose de grand , on vient tout d'un coup à marquer sa bassesse; il est manifeste que cette surprise fait qu'on s'applique: ainsi l'on rend tres-sensible ce que l'on dit.

Quand on expose toute nuë la bassesse d'une chose en luy ôtant toutes les qualitez dignes d'estime, dont elle paroit revétuë, on la rend ridicule infailliblement. Lucien ne rapporte rien des Dieux & des Sages de la Grece , que ce que les Adorateurs des uns, & les Admirateurs des autres publient dans les loüanges qu'ils leur donnent: Mais dans les écrits de cét Auteur ils paroissent ridicules, parce qu'il détache la bassesse des Divinitez de la Gentilité, & des Sages de la Grece de ces qualitez imaginaires, que les Anciens admiroient dans leurs Dieux, & dans leurs Sages ; ainsi on ne peut lire ses ouvrages sans concevoir du mépris de la religion, & de la vaine sagesse des Grecs. Outre cela la nature des Dialogues , qui est la maniere d'écrire de Lucien, est tres propre pour découvrir la bassesse de ceux qu'on veut jouër: car les faisant parler conformement à leurs propres inclinations, & aux principes qu'ils suivent, on fait qu'ils publient eux-mêmes ce qu'ils ont de ridicule & de bas; de sorte qu'il n'est pas possible d'en douter.

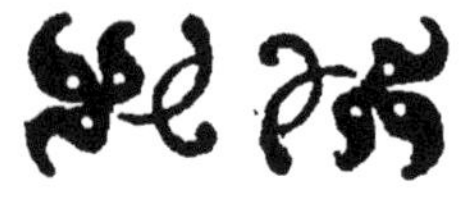

I.

De la disposition & des parties, dont un discours doit être composé.

DE L'EXORDE.

POur Persuader il faut disposer les Auditeurs à écoûter favorablement les choses, dont on doit les entretenir. En second lieu, il faut leur donner quelque connoissance de l'affaire que l'on traite, afin qu'ils sçachent dequoy il s'agit. On ne doit pas se contenter d'établir les preuves dõt on se sert, il faut renverser celles des adversaires, & lorsqu'un discours est grand, & que l'on peut craindre qu'une partie des choses qu'on a dites avec étenduë, ne se soient échappées de la memoire de ceux à qui on parle, il est bon sur la fin de dire en peu de mots ce que l'on a dit plus au long. Ainsi un discours doit avoir cinq parties, l'Entrée ou l'Exorde la Narration ou la Proposition de la chose sur laquelle on doit parler; les Preuves ou la confirmation des veritez que l'on défend, la Refutation de ce que les ennemis de ces veritez alleguent contre, & l'Epilogue ou la recapitulation de tout ce que l'on a dit dans le corps du discours. Je parleray de ces cinq parties separément.

L'Orateur doit se proposer trois choses dans l'Exorde ou entrée de son discours, qui sont la faveur, l'attention, la docilité des Auditeurs. On gagne ceux à qui on parle, & on acquiert leur faveur, en leur donnant d'abord des marques sensibles, que l'on ne parle que par un zele sincere de la verité, & par un amour du bien public. On les rend attentifs en prenant pour Exorde ce qu'il y a de plus noble, & de plus éclatant dans le sujet qu'on traite ; & qui par consequent puisse exciter le desir d'entendre la suite du discours.

Un Auditeur est docile lorsqu'il aime, & qu'il est attentif : L'amour luy ouvre l'esprit, & le dégageant de toutes les préoccupations avec lesquelles on écoute un ennemy, elle le dispose à recevoir la verité. L'attention luy fait percer dans les choses les plus obscures. Il n'y a rien de caché qui ne se découvre à une personne qui s'applique, & qui s'attache aux choses qu'elle veut connoître.

J'ay dit qu'il étoit bon de surprendre d'abord ses Auditeurs en plaçant quelque chose de noble à l'entrée de son discours; mais il faut aussi prendre garde de ne pas promettre plus qu'on ne peut, & qu'aprés s'être élevé dans les nuës, on ne soit contraint de ramper par terre. Vn Orateur qui commence d'un ton trop élevé, excite dans l'esprit de ses Auditeurs une certaine jalousie, qui fait qu'ils se preparent à le critiquer, & qu'ils conçoivent le dessein de ne le pas épargner en cas qu'il ne soûtienne pas ce ton. La modestie sied fort bien en commençant, & gagne un Auditoire.

II.

PROPOSITION.

QVelquefois on commence son discour par en proposer le sujet sans se servir d'Exorde: ce qu'il faut faire de telle maniere que la justice la de la cause que l'on défend, paroisse dans cette proposition, laquelle ne consiste que dans une declaration de ce qu'on a à dire; par consequent elle n'a point de regle pour sa longueur. Quand il ne s'agit que de traiter une question, il suffit de la proposer, ce qui demande peu de paroles : Si c'est une action qui soit la matiere du discours, on doit faire un recit de cette action, en rapporter toutes les circonstances, & en faire une peinture qui l'expose aux yeux des Juges, afin qu'ils en puissent juger aussi exactement que s'ils avoient esté presens lors qu'elle s'est faite.

Il y a des personnes qui ne font point de scrupule pour faire paroître une action telle qu'ils souhaitent qu'elle paroisse, de la revêtir de circonstances favorables, à leurs desseins, & qui sont contraires à la verité. Ils croyent le pouvoir faire ; parce qu'ils pretendent rendre service à la verité : augmentans la bonté de la cause qu'ils défendent. Il n'est pas necessaire que je combatte cette fausse persuasion; car il est manifeste que si c'est contre la verité qu'on employe le mensonge ; c'est une chose tres-mauvaise, puisqu'on abuse de la parole qui nous a été donnée pour exprimer la verité de nos sentimens contre la verité méme ; & si l'on ment pour la verité, cét office qu'on luy rend luy est desagreable, n'ayant pas besoin du secours du mensonge pour se défendre.

On doit donc dire les choses simplement comme elles sont, & prendre garde de ne rien inserer qui puisse porter les Juges à rendre un jugement injuste. Dans une affaire il y a plusieurs faces dont les unes sont plus agreables, les autres ont quelque chose de choquant, & qui peut rebuter les Auditeurs: Il est de l'adresse d'un sage Orateur de nepas proposer une affaire par une face choquente & qui puisse donner une opinion desaventageuse de ce qui doit suivre.

L'Orateur doit faire choix des circonstances de l'action qu'il propose, il ne doit pas s'arrêter à toutes également. Il y en a qu'il faut passer sous silence, ou ne dire qu'en passant. Quand on est obligé de rapporter quelque circonstance odieuse, & qui peut faire paroître criminelle l'action que l'on défend, il ne faut pas passer outre sans avoir remédié au mal que ce recit pourroit faire, & laisser l'Auditeur dans la mauvaise opinion qu'il aura pû concevoir: Il faut apporter quelque raison, ou quelqu'autre circonstance qui change la face de la premiere, & luy en fasse prendre une moins odieuse. Vous étes obligé de rapporter la mort de celuy qui a esté tué par celuy que vous défendez; comme vous ne parlez que pour un homme innocent, en même temps que vous rapportez cette mort, il faut rapporter les justes causes de cette mort, & faire voir que celuy qui a tué ne l'a fait que par malheur, que par hazard, & sans dessein. On doit ainsi prévenir l'esprit des Juges, & faire preceder toutes les raisons, toutes les occasions, toutes les circonstances qui peuvent justifier cette action, afin que lorsque l'on la proposera, ils soient disposez à l'examiner, & a reconnoître qu'elle n'a que l'apparence de crime, & qu'en effet elle est juste, puisqu'elle a été accompagnée de toutes les circonstances qui rendent innocentes de semblables actions. Non seulement cét artifice n'est pas défendu; mais ce seroit une faute de ne s'en pas servir. L'on doit craindre de rendre la verité odieuse par son imprudence, c'en seroit une bien grande que de dire les choses d'une maniere dure, & de donner occasion à ceux qui écoutent de faire un jugement temeraire. Les hommes jugent d'abord, & suivent aprés leurs premiers jugemens ; ainsi il est important de les prevenir.

Les Rheteurs demandent trois choses dans une Narration, qu'elle soit courte, qu'elle soit claire, qu'elle soit probable. Elle est courte lorsqu'on dit tout ce qu'il faut, & que l'on ne dit que ce qu'il faut. On ne doit pas juger de la brieveté d'une Narration par le nombre des paroles, mais par l'exactitude à ne rien dire que ce qui est necessaire La clarté est une suite de cette exactitude, le nombre des choses inutiles étouffant une histoire, & empêchant qu'elle ne represente exactement à l'esprit l'action qu'on raconte. Il n'est pas difficile à nôtre Orateur de rendre vray-semblable ce qu'il dira, puisqu'il n'y a rien de si semblable à la verité qu'il défend, que la verité même. Cependant pour cela il faut un peu d'adresse ; & il est certain qu'il y a de certaines circonstances qui toutes seules seroient suspectes, & ne pourroient être crûes, si elles n'étoient soûtenuës par d'autres circonstances. Pour faire donc paroître une Narration vraye comme elle l'est en effet, il ne faut pas oublier ces circonstances.

III.

De la Confirmation, ou de l'établissement des preuves, & en même temps de la Refutation.

LEs regles que l'on doit suivre pour établir par des raisonnemens solides la verité que l'on defend, & pour renverser le mensonge que l'on oppose à cette verité, appartiennent à la Logique, c'est d'elle qu'il faut apprendre à raisonner. Cependant nous pouvons donner icy ces regles.

Premierement, on doit considerer le sujet sur lequel on doit parler, faisant attention à toutes ses parties, & les envisageant toutes, afin d'appercevoir quel chemin l'on doit prendre, ou pour faire connoître la verité, ou pour découvrir le mensonge. Cette regle ne peut être pratiquée que par ceux qui ont une grande étenduë d'esprit, qui se sont exercez à resoudre des questions difficiles, à percer les choses les plus cachées, qui sont rompus dans les affaires, qui d'abort qu'on leur propose une difficulté quoy quembarrassée, en trouvent aussi tôt le dénouëment, & qui ayant l'esprit plein de veuës & de veritez, apperçoivent sans peine des principes incontestables pour prouver les choses dont la verité est cachée, & convaincre de faux celles qui sont fausses.

La seconde regle regarde la clarté des principes sur lesquels on appuye son raisonnement. La source de tous les faux raisonnemens que font les hômes, est cette facilité de supposer temerairement pour vray les choses les plus douteuses. On se laisse éblouïr par un faux éclat dont on ne s'apperçoit que lorsque l'on se trouve précipité dans de grandes absurditez, & que l'on se trouve obligé de consentir à des propositions évidemment fausses.

La troisiéme regle regarde la liaison des principes qui ont esté examinez avec les consequences que l'on en tire. Dans un raisonnement exact les principes & les consequences sont si étroitement liez, qu'on est obligé d'accorder la consequence ayant consenti aux principes, puisque les principes,

& la consequence ne sont qu'une même chose; ainsi l'on ne peut pas nier raisonnablement ce que l'on a une fois accordé. Si j'accorde qu'il est permis de repousser la force par la force, & d'ôter la vie à un ennemy lorsqu'on ne trouve point d'autre moyen de conserver la sienne; aprés que l'on m'aura prouvé que Milon en tuant Clodius n'a fait que repousser la force par la force, je suis obligé d'avoüer que Milon est innocent; parce qu'effectivement en consentant à cette proposition qu'il est permis de repousser la force par la force: je consens que Milon n'est point coupable d'avoir tué Clodius qui luy vouloit oster la vie, la liaison de ce principe, & de cette consequence étant manifeste.

Il y a bien de la difference entre la maniere de raisonner des Geometres & celle des Orateurs. Les veritez de Geometrie dépendent d'un petit nombre de principes: celles que les Orateurs entreprennent de prouver ne peuvent étre éclaircies que par un grand nombre de circonstances qui se fortifiẽt, & qui ne seroient pas capables de convaincre étant détachées les unes des autres. Dans les preuves les plus solides, il y a toûjours des difficultez qui fournissent de la matiere de chicaner aux opiniâtres, que l'on ne peut vaincre qu'en les accablãt par une foule de paroles, par un éclaircissemẽt de toutes les difficultez, & de toutes les chicanes qu'õ peut faire. Les Orateurs doivent imiter un soldat qui cõbat son ennemy. Il ne se contente pas de luy faire voir ses armes, il l'en frappe, il s'étudie à le prẽdre par son défaut, par où il lui fait jour, il évite les coups que son ennemy tâche de lui porter, en un mot, il prend toutes les postures que la nature & l'exercice enseignent pour attaquer & pour se défendre, comme nous avons dit ailleurs. Les Geometres se contentent de proposer leurs preuves, & cela suffit.

Il y a de certains tours, & de certaines manieres de proposer un raisonnement, qui font autant que le raisonnement même, qui obligent l'Auditeur de s'appliquer, qui luy font appercevoir la force d'une raison, qui augmentent cette force, qui disposent son esprit, le préparent à recevoir la verité, le dégagent de ses premieres passions, & luy en donnent de nouvelles. Ceux qui sçavent le secret de l'éloquence ne s'amusent jamais a rapporter un tas & une foule de raisons: ils en choisissent une bonne, & la traitent de cette maniere. Ils établissent solidement le principe de leur raisonnement, ils en font voir la clarté avec étenduë: Ils montrent la liaison de ce principe avec la consequence qu'ils en tirent, & qu'ils vouloient démontrer. Ils éloignent tous les obstacles qui pourroient empêcher qu'un Auditeur ne se laissât persuader: Ils repetent cette raison tant de fois qu'on ne peut pas en éviter le coup. Ils la font paroître sous tant de faces, qu'on ne peut pas l'ignorer, & ils la font entrer avec tant d'adresse dans les esprits, qu'enfin elle en devient la Maîtresse.

Les preceptes que l'on trouve dans les Rhetoriques communes touchant les preuves & la refutation ne sont pas considerables. Les Rheteurs conseillent de placer d'abord les plus fortes raisons, & de les mettre à la tête du discours, les plus foibles au milieu, & de reserver quelqu'une des plus fortes à la fin. L'ordre naturel que l'on doit tenir dans la disposition des argumens, c'est de les placer de sorte qu'ils servent de degrez aux Auditeurs pour arriver à la verité; & qu'ils fassent entr'eux comme une chaîne qui arrête ceux que l'on veut assujettir à la verité.

La refutation ne demande point de regles particulieres. Quand on sçait démontrer une verité, on peut bien découvrir l'erreur qui y est opposée, & la faire paroître. Ce que nous venons de dire du soin que l'Orateur doit avoir de bien faire paroître la force de ses principes, & leur liaison avec les consequences qu'il en tire, doit être pareillement entendu du soin que l'on doit avoir de faire remarquer la fausseté der principes des adversaires, ou si leurs principes sont vrais, que leurs consequences sont tres mal tirées.

I.V.

Epilogue, & des autres parties de l'Art de Persuader.

UN Orateur qui apprehende que les choses qu'il a dites ne s'échappent de la memoire de son Auditeur, doit luy renouveller ces choses avant que de cesser de parler. Il se peut faire que ceux à qui il parle, ont été distraits pendant quelque temps; & que la quantité des choses qu'il a rapportées n'ont pú trouver place dans son esprit: ainsi il est à propos qu'il repete ce qu'il a dit, & qu'il fasse comme une espece d'abregé qui ne charge point la memoire. Tout ce grand nombre de paroles, ces amplificatiõs, ces redites ne sont que pour expliquer davantage les choses, & les mettre dans leur jour. C'est pourquoy aprés qu'on a convaincu les esprits de leur verité, & qu'on les leur a fait cõprendre nettement, afin que cette conviction dure toûjours, il faut faire en sorte qu'on ne puisse pas perdre facilement le souvenir des raisons dont on s'est servi. Pour cela il faut faire ce petit abregé, &

cette petite repetition dont je viens de parler d'une maniere animée, & qui ne soit pas ennuyeuse, réveillant les mouvemens qu'on a excitez, & rouvrãt pour ainsi dire les playes qu'on a faites. Mais la lecture des Orateurs, sur tout de Ciceron qui excelle particulierement dans ses Epilogues, vous fera connoître mieux que mes paroles, l'adresse & l'art avec lequel il faut ramasser dans l'Epilogue., ce qu'on a répandu dans le discours.

Je finis ce discours dans lequel j'ay eu dessein de donner une idée de l'Art de Persuader. Il me reste encore trois parties de cét Art à expliquer, qui sont l'Elocution, ou la maniere d'exprimer les choses que l'on a trouvées & disposées: la Memoire, & la prononciation. Mais j'ay donné un Traité entier à la premiere de ces trois Parties: & pour la seconde, qui est la Memoire, tout le monde demeure d'accord qu'elle est un don de la nature que l'Art ne peut perfectionner que par un continuel exercice qui ne demande point de preceptes. La Prononciation est assez avantageuse à un Orateur pour meriter que dans l'Art de Persuader on en parle fort au long. Car enfin il faut avoüer qu'il y a une éloquence dans les yeux, & dans l'air de la personne, qui ne persuade pas moins que les raisons. Dés qu'un Orateur qui a cét air commence à parler on lui donne les mains. Telles Predicatiõs sont biẽ receuës étant bien prononcées; qui sont méprisées dans la bouche d'un homme qui prononce mal. Les hommes se contentent de l'apparence des choses: Dans le monde ceux qui parlent avec un ton ferme & élevé, & qui ont l'air agreable, sont assurez de remporter la victoire. Peu de personnes fõt usage de leur raison: On ne se sert ordinairement que des sens: On n'examine pas les choses que dit un

Orateur

Orateurs : On en juge avec les yeux & avec les oreilles: S'il contente les yeux, s'il flatte les oreilles, il sera maître du cœur de ses Auditeurs.

La necessité de prendre les hommes par leur foible, oblige donc nôtre Orateur zelé pour la verité, à ne pas negliger la prononciation. Il a sans doute de certains défauts, des postures indecentes, ridicules, affectées, basses, que l'on ne peut souffrir: & des tons de voix qui blessent les oreilles, & qui les fatiguent. Il n'est pas necessaire que je les specifie, on les remarque assez. Tous les sentimens ont chacun un ton de voix, un geste, & une mine qui leur sont propres. Ce rapport bon ou mauvais fait les bons, & les mauvais Declamateurs, s'il est bon, il ne contribuë pas peu à faire concevoir ce que l'on veut faire connoître, & la peine qu'on prendra à ce qu'il se trouve dans la prononciation, ne sera ny vaine ny vtile. Mais cette étude ne se fait que vainement dans les Livres : Les regles de la prononciation ne se peuvent enseigner que par un Maître vivant.

On s'étonnera sans doute que je n'aye point parlé de cette dispositiõ que l'on donne aux discours que l'on prononce dãs les chaires de nos Eglises, & qui leur est particuliere: je n'ay pas crû y étre obligé, parce qu'elle n'est pas l'effet de quelque secret de l'éloquence, mais d'une pieuse coûtume que l'on a prise de demãder les lumieres du saint Esprit, par l'intercession de la sainte Vierge, aprés que l'on a proposé le Texte de l'Ecriture que l'on a pris pour Thesme, ou sujet de son discours. Cette division en trois points est aussi une chose qui dépend de l'usage, & qui est venuë des anciens Scholastiques qui expliquent toutes les sciences par des divisions, & subdivisions. Les Predicateurs les ont imitez, autrefois ces divisions alloient bien plus loin qu'aujourd'huy, comme l'on le voit dans les anciens Sermonaires. Maintenant l'on se contéte de diviser un sujet en trois points. Comme l'on doit éviter la singularité en parlant en public, il faut s'assujettir autant qu'õ le peut à cette disposition, qui n'est pas sans art & sans utilité. Il y a de l'esprit à trouver une division ingenieuse, par le moyen de laquelle l'on puisse rapporter naturellement à deux ou trois chefs, toutes les differentes choses que l'on a dites. Ce qui donne aussi une grande facilité aux Auditeurs pour conserver dans leur memoire ce qu'ils ont entendu dire.

Les Prédicatiõs ne demandent point tant d'art que les Plaidoyers & les Apologies; car l'on n'y propose que des veritez morales, connuës presque de tout le mõde, il n'est besoin que d'éloquẽce, non pour en convaincre les Auditeurs qui le sont déja, mais pour les leur faire cõcevoir encore plus clairement, & en imprimer l'amour dãs leur cœur. Ce n'est pas qu'un Predicateur ne doive se servir de la force du raisonnement pour renverser les fausses raisons que la concupiscence oppose à la verité: Il doit employer l'autorité de l'Ecriture sainte & des saints Peres. Les paroles dictées par le saint Esprit ont plus d'onction que les siennes, & elles sont mieux receuës.

L'on garde cette disposition dont nous venons de parler cy dessus dans les Panegyriques des Saints; & dans les Sermons que l'on fait sur les Misteres. Le Texte de l'Ecriture quë l'on choisit doit convenir au sujet que l'on traite.

Le premier Exorde qui se fait avãt l'*Ave Maria*, doit donner une idée generale de ce sujet aux

Auditeurs, & préparer leur esprit. Le second Exorde qui se fait aprés, est comme la propositiõ du sujet, dans laquelle le Prédicateur fait voir que l'on peut reduire sous deux ou trois chefs, tout ce qui est renfermé dans ce sujet ; ce qu'il execute dans le reste de son discours avec éloquence, parlant avec clarté, avec force d'une maniere capable d'instruire, & de plaire, & de toucher. A quoy les preceptes que nous avons donné, ne luy seront pas inutiles, pourveu qu'aprés avoir étudié la Theorie, de la Rhethorique, il vienne à la pratique qui consiste dans la lecture des Orateurs, & des compositions que l'on doit faire: Dans ces exercices toutes speculations ne servent de rien, si ce n'est pour juger des Ouvrages des autres.

FIN.

Extrait du Privilege du Roy.

PAR Lettres patentes du Roy, données à saint Germain en Laye le 13. Juillet 1675. Signées, Par le Roy en son Conseil, DES VIEUX : Et scellées du grand Sceau de cire jaune : Il est permis à ANDRE' PRALARD, Libraire & Imprimeur à Paris, d'imprimer, vendre & debiter par tous les lieux de l'obeïssance de Sa Majesté, un Livre intitulé, *l'Art de Parler*, &c. composé par * * *, durant le temps & espace de dix années consecutives ; Avec défenses à tous Libraires & autres personnes de l'imprimer ou débiter, à peine de trois mille livres d'amande, comme il est plus au long porté par lesdites Lettres.

Registré sur le livre de la Communauté des Libraires & Imprimeurs de Paris, le 20. Iuillet 1675.

Signé, D. THIERRY, Syndic.

Achevé d'imprimer pour la premiere fois, le 31. Octobre 1675.

Les Exemplaires ont été fournis.